ROGER CAILLOIS

DER MYTHOS UND DER MENSCH

Herausgegeben von Anne von der Heiden
und Sarah Kolb

Aus dem Französischen und mit einem Nachwort
von Peter Geble

August Verlag

INHALT

HINWEIS [1937]

Die vielfältigen Formen, in denen sich die Einbildungskraft zu erkennen gibt, sind in ihrer Gesamtheit nicht eben häufig untersucht worden. Statt die einen durch die andern zu erhellen, widmete man sich der Literaturgeschichte, der Mythographie, der normalen und pathologischen Psychologie usw. und unterteilte damit die Einheit des Geisteslebens willkürlich in ebenso viele autonome Provinzen, deren Gegebenheiten selten miteinander konfrontiert werden, es sei denn aus dem eitlen Bestreben, einige grobe und flüchtige Bestimmungen daraus zu ziehen, die so allgemein gehalten sind, dass es schwerfällt, sie zu bestreiten. Häufig wird auf diese Weise das mythische, das poetische, das kindliche und das krankhafte Denken auf eine Stufe gestellt. Mehr als ein paar Sentenzen eines Mystikers, die eine oder andere Ansicht eines Dichters, einige Formulierungen von Lévy-Bruhl, Piaget oder Freud braucht es dazu nicht. Man scheint nicht zu begreifen, dass es für eine allgemeine Phänomenologie der Einbildungskraft wesentlich fruchtbarer wäre, die Unterschiede herauszuarbeiten, als ferne Analogien zu behaupten.

Allein unter der Bedingung, von Anfang an die spezifischen Merkmale der verschiedenen Äußerungsformen der Einbildungskraft klar zu benennen, wird es möglich, für alle erfassten Tatsachen so etwas wie eine vollständige Klassifikation ins Auge zu fassen, die sie in einer systematischen und derzeit noch schmerzlich vermissten Ordnung zusammenfassen würde.

Bereits jetzt ist es jedoch möglich, einen vorläufigen und natürlich noch sehr partiellen und schematischen Entwurf eines solchen Gebäudes vorzustellen: So ist man etwa bei der Untersuchung der Feenmärchen und der fantastischen Märchen zu der Auffassung gelangt, dass die ersteren der Ausdruck einer Seele seien, die höheren, aber wohlgesonnenen Mächten unterworfen ist, die letzteren dagegen der eines rebellischen, auf seine eigene Kraft stolzen Wesens, das sich gegen die höheren Mächte mit den übernatürlichen Mächten des Bösen verbündet.[1] Zugleich, aber unabhängig davon wurde behauptet, dass der religiöse Mensch sich den höheren Mächten respektvoll beuge, während der Zauberer sich bemühe, sie zu bezwingen.[2] Es genügt, diese beiden Ergebnisse nebeneinander zu stellen, um zu erkennen, wie eng die beiden Klassen von Tatbeständen miteinander verbunden sind und welch zusätzliche Überzeugungskraft die Erklärungen durch diese Parallelisierung gewinnen.

Indessen schreitet die Systematisierung voran, wobei die ethnographische Forschung zuletzt zwei grundlegende geistige Haltungen als repräsentativ für einen bestimmten Gegensatz identifizierte: den *Schamanismus*, der die Macht des Einzelnen im Kampf gegen die natürliche Wirklichkeitsordnung zum Ausdruck bringt, und den *Manismus*, der durch Hingabe und die Suche nach der Einswerdung von Ich und Nicht-Ich, von Bewusstsein und Außenwelt geprägt ist.[3] Nun ist

[1] Józef Hieronim Retinger, *Le Conte fantastique dans le romantisme français*, Paris: B. Grasset 1909, S. 6f.

[2] Das ist insbesondere die Position von James George Frazer.

[3] Leo Frobenius, *Kulturgeschichte Afrikas*, Zürich: Phaidon 1933, S. 295.

das genau die in demselben System festgestellte Unterscheidung zwischen dem Poetischen und dem Magischen: »Es ist selbstverständlich, dass in den geistigen Schöpfungen der Menschheit und ihren Dichtungen das Wunderbare auftritt als Phänomen der aus Hingabe erwachsenen Mystik, das Zauberische aber aus dem primitiven Bedürfnis des ›Ich‹, sich von der unfassbaren Wirklichkeit freizumachen und so *Machtmittel* aus der Magie zu gewinnen.«[4]

Diese Dichotomie steht selbst wiederum in einem größeren Zusammenhang, der die doppelte Grundlage der geistigen Äußerungsformen erst deutlich macht: Mit der Magie wird man jede auf Eroberung ausgehende Haltung in Verbindung bringen, mit der Mystik jede Form des Sich-Verströmens. Bei letzterer ist die Sinnlichkeit bestimmend. Charakteristisch für sie ist eine gewisse Passivität: Im Extremfall wird man sie ihrem Wesen nach theopathisch nennen. Die Magie hingegen ist mit dem Verstand verbunden und mit dem Willen zur Macht. Sie ist ein Versuch, das Bewusstseinsfeld auszuweiten und die übersinnliche Welt mit einzubeziehen. Durch diesen zugleich aggressiven und wissenschaftlichen Aspekt lässt sie sich als theurgisch kennzeichnen.[5]

Aber auch der Übergang zum Sozialen ist auf allen Ebenen der Konstruktion möglich: Wie wir gesehen haben, wurden Religion und Magie einander entgegengesetzt, die eine als eine Haltung der Unterwerfung, die andere als eine Haltung, die auf Zwang

[4] Ebd., S. 242.

[5] Evelyn Underhill, *Mystik. Eine Studie über Natur und Entwicklung des religiösen Bewusstseins im Menschen*, München: E. Reinhardt 1928.

zurückgreift. Die Soziologen hingegen stellen sie als zwei Phänomenbereiche gegenüber: der eine, »systematisch, geordnet, obligatorisch«, die Religion; der andere, »ungeordnet, fakultativ oder kriminell«,[6] die Magie. Dabei müssen sich diese beiden Gesichtspunkte nicht ausschließen, im Gegenteil: Es ist durchaus denkbar, dass eine bestimmte geistige Haltung generell von einem bestimmten Verhalten im Hinblick auf die soziale Gruppe begleitet wird, sei es, dass sie es zur Folge hat, sei es umgekehrt, dass sie selbst eine Folge der sozialen Stellung des Einzelnen und seiner unmittelbaren Reaktionen auf die Gesellschaft ist.

Diese Beispiele sollten genügen, um zwar noch nicht die allgemeine Architektur der Systematisierung, aber doch den Mechanismus ihres Aufbaus erahnen zu lassen; es geht darum, einen breiten Phänomenbereich, dessen vielfältige Elemente voneinander abhängig sind, als organische Totalität in den Blick zu nehmen. Unser ganzes Bemühen gilt somit dem Versuch einer Synthese: Das Ziel besteht darin, unter seinen äußerst wandlungsfähigen Äußerungsformen eine Funktion des Geistes zu erfassen, vielleicht die flexibelste und geschmeidigste von allen, die sich unbegrenzt zu verkleiden weiß und auf den scheinbar unfruchtbarsten Gebieten Nahrung findet. Manche Querbezüge, die wir zwischen dem einen und anderen der heterogenen Gebiete herzustellen versuchen, werden gewiss willkürlich und wenig gesichert erscheinen. Ohne einen

[6] Marcel Mauss, »Review [Ohne Titel]«, in: *L'Année Sociologique* X (1905–1906), S. 223–226, hier: S. 224; siehe auch Henri Hubert u. Marcel Mauss, »Entwurf einer allgemeinen Theorie der Magie«, in: Marcel Mauss, *Soziologie und Anthropologie*, Bd. I: *Theorie der Magie/Soziale Morphologie*, München: Hanser 1974, S. 43–179. Übersetzungen von Zitaten sind, wenn nicht anders angegeben, vom Übersetzer, P. G.

gewissen Mut zur Parteinahme wird man jedoch nicht darauf hoffen können, die diesbezüglichen Forschungen zu einer Abkehr von ihrer exzessiven Atomisierung zu bewegen.

Daher haben die in diesem Band zusammengestellten Studien auch kein anderes Ziel, als im Labyrinth der Beobachtungstatsachen die Kreuzungen, die kritischen Stellen, die Punkte ausfindig zu machen, an denen die sonst völlig divergierenden Gegebenheiten sich überschneiden. Sie beschäftigen sich vor allem mit dem charakteristischsten unter ihnen, dem *Mythos*, und bemühen sich, durch die Analyse eines besonders aufschlussreichen Beispiels sein Wesen und seine Funktion zu definieren. Dabei gilt es, die verschiedenen Bestimmungen zu präzisieren, die (von den Elementargesetzen der Biologie bis hin zu den überkomplexen Gesetzen, welche die sozialen Phänomene regieren) dazu beitragen, die mythischen Kollektivvorstellungen zur exemplarischen Äußerungsform des imaginativen Lebens zu machen. Tatsächlich ist im Mythos das Zusammenspiel der geheimsten, heftigsten Strebungen des individuellen Psychismus und des gebieterischen, beunruhigenden Drucks der sozialen Existenz am leichtesten zu erfassen. Mehr bedarf es nicht, um ihm eine herausragende Stellung einzuräumen und ihm einige der wesentlichen Probleme zuzuordnen, die sowohl die Welt der Erkenntnis als auch die des menschlichen Handelns berühren.

Man möge daher nicht allzu überrascht sein, wenn die Ebene der tatsächlich oder scheinbar unparteiischen Beobachtung im Verlauf der folgenden Essays zuletzt zugunsten der Ebene der Entscheidung verlassen wird. In dem Maße, wie der Gegenstand der Untersuchung der heutigen Wirklichkeit näher rückt und stärker am Wesen der aufgeworfenen Probleme teilhat, drängen die abschließenden Formulierungen immer stärker in den Bereich der Verantwortlichkeit: Sie beziehen sich nicht mehr auf das Definitive und Abgeschlossene, auf die Vergangenheit. Sie suchen sozusagen den Anschluss an die Zeit und rücken Entwicklungen in den Blick, die ihr Ende noch nicht gesehen haben. *Ohne sich ihrem Wesen nach zu verändern*, sind sie darum nicht mehr feststellend, sondern gebieterisch. Vielleicht wird gegenwärtig von manchen Geistern nichts mehr ersehnt als ein Vorstoß, der es möglich macht, ohne schlechtes Gewissen von der Konzeption zur Tat überzugehen. Jedenfalls verdient eines festgehalten zu werden: Gerade dadurch, dass die Methode, die diesen Untersuchungen zugrunde liegt, darauf angelegt war, sie in ein *totales*, nichts auslassendes System einzubinden, vermochten dieselben Untersuchungen bei Fragen, die durch menschliches Handeln zu lösen sind, Elemente einer Antwort zu geben, die frei sind von jeder Zweideutigkeit, Ängstlichkeit und Willkür.

Paris, Juni 1937

VORWORT VON 1972

Dieses Buch ist vor mehr als 30 Jahren entstanden. Dass es heute als Taschenbuch erscheint, ist ein Zeichen dafür, dass es seine Aktualität nicht völlig verloren hat, obwohl es in einen Bereich fällt, in dem es nur wenige Titel gibt, die nicht schnell (und immer schneller) veralten und überholt sind.

Als ich es erneut las, fand ich nichts, was ich zurücknehmen müsste. Es zeugt eher von Illusionen, die ich nicht mehr teile. Jedenfalls habe ich keinerlei Korrekturen daran anzubringen. Im Gegenteil, es beweist mir die Einheit, die Kontinuität, die Hartnäckigkeit einer weitverzweigten, mitunter fast schon disparat erscheinenden Forschung, deren ursprüngliche Intuition sich jedoch bereits explizit in diesem ersten Bekenntnis meiner Interessen zu erkennen gibt. Die nachfolgenden Bücher, *Der Mensch und das Heilige*, *Méduse & Cie*, *Die Spiele und die Menschen*, *L'Incertitude qui vient des rêves*, *Instincts et société*, *Bellone ou la pente de la guerre*, *Cases d'un échiquier*, ja sogar *Pontius Pilatus* führen meistenteils nur dessen Programm aus oder sind Weiterentwicklungen des einen oder anderen Kapitels, wenn nicht nur eines einfachen Satzes. Es sind im Grunde nur meine Beschreibungen von Mineralien, die der vorliegende Band noch nicht ankündigt. Aber der Umschwung der inneren Haltung, dem sie sich verdanken, war für mich selbst nicht vorauszusehen.

Abgesehen davon kann ich nur mit Freude feststellen, mit welcher Treue ich an meinen Anfängen festhielt, einer Treue, von der ich nicht angenommen hätte, dass sie derart tyrannisch sein würde.

R. C.
Januar 1972

I
FUNKTION DES MYTHOS

Und meine Mutter schützend, die mich säugte,
Pflanz' ich zu Füßen ihr den Drachenzahn.

Gérard de Nerval

Es sieht nicht so aus, als wäre die Fähigkeit, Mythen hervorzubringen oder zu leben, schon durch die Fähigkeit ersetzt worden, sich über sie Klarheit zu verschaffen. Zumindest muss man zugeben, dass die Deutungsversuche fast immer enttäuschend waren: Die Zeit hat, wie im Fall von Troja, die Trümmer dieser Versuche wahllos übereinandergeschichtet. Dabei sind diese Ablagerungen durchaus lehrreich, und ein Tiefenschnitt würde vielleicht die großen Linien einer gewissen Dialektik freilegen.

Bei der Untersuchung dieses Gegenstands gehört es nicht zu den geringsten Überraschungen, die ungeheure Heterogenität des Materials festzustellen, das sich der Analyse darbietet. Nur selten, so scheint es, ist ein und dasselbe Erklärungsprinzip unter demselben Blickwinkel und im selben Umfang zweimal erfolgreich. Am Ende fragt man sich sogar, ob es nicht für jeden Mythos ein eigenes Erklärungsprinzip bräuchte, gerade so, als wäre jeder Mythos – als Organisation einer irreduziblen Besonderheit – seinem Erklärungsprinzip wesensgleich, sodass dieses von jenem nicht ohne einen deutlichen Verlust an Eindringlichkeit und Verständnistiefe getrennt werden könnte. Die Annahme, die Welt der Mythen wäre homogen und könnte nur mit einem einzigen Schlüssel erklärt werden, entspringt einer geistigen Haltung, der es vor allem darauf ankommt, das Selbe im Anderen zu erfassen, das Eine in der Vielfalt. Freilich steuert sie hier allzu rasch ihr Ziel an: Hier wie auch sonst zählt das Ergebnis, wenn die Herleitung es vorhersehbar macht oder wenn ein Schiedsrichter es im Voraus bekanntgibt, weniger als der konkrete Weg seines Zustandekommens.

Wie dem auch sei, es ist unstrittig, dass der Mythos, der an oberster Stelle des gesellschaftlichen Überbaus und der geistigen Aktivitäten steht, seiner Natur nach eine Antwort auf die unterschiedlichsten, sich überschneidenden Einwirkungen darstellt, die sich in ihm auf eine komplexe Art und Weise verdichten. Daraus folgt aber auch, dass die Analyse eines Mythos ausgehend von einem Erklärungs*system*, so begründet es sein mag, den Eindruck eines nicht zu behebenden Mangels hinterlassen muss und tatsächlich hinterlässt; es bleibt ein irreduzibler Rest, dem man – als Reaktion hierauf – sogleich eine entscheidende Bedeutung beimisst.

Jedes System ist somit wahr durch das, was es setzt, und falsch durch das, was es ausschließt. Der Anspruch, alles erklären zu wollen, kann das System rasch zu einer Art Deutungswahn führen, wie es den Sonnentheorien (Max Müller und seine Schüler), den Astraltheorien (Stucken und die panbabylonische Schule) und erst kürzlich den erbärmlichen psychoanalytischen Versuchen (C. G. Jung etc.) ergangen ist. Dabei ist es durchaus möglich, dass der Deutungswahn auf diesem Gebiet seine Berechtigung hat, gelegentlich sogar eine wirkungsvolle Untersuchungsmethode darstellt. Dennoch ist er wegen seines Ausschließlichkeitsanspruchs extrem gefährlich. Es geht nicht mehr darum, das Prinzip durch Daten zu verifizieren und es so flexibel zu halten, dass es im Kontakt mit Widerständen, auf die es stößt, an Tiefe und Weite gewinnt und ihm ein gewisser Austausch erlaubt, das Erklärte im Zuge des Erklärens zu durchdringen. Es geht dann nur noch darum, die unterschiedlichsten Tatsachen vermittels eines Abstraktionsprozesses, der sie mitsamt ihrer konkreten Merkmale ihrer eigentlichen Wirklichkeit beraubt, gewaltsam an die Starrheit eines verknöcherten und *a priori* für notwendig und ausreichend erachteten Prinzips anzupassen. Darüber hinaus ist klar, dass der uneingeschränkte Geltungsanspruch eines Erklärungssystems ihm zuletzt jegliche Bestimmungsgenauigkeit und folglich jeden Erklärungswert raubt, mit einem Wort, dass er es unterminiert. Sowie man jedoch all diese gedanklichen Fehlentwicklungen als solche erkannt hat, das heißt, sowie alle Fälle ausgesondert sind, bei denen die Erklärung durch eine erzwungene Angleichung der Tatsache an das Prinzip ersetzt wird, wie auch alle Fälle, bei denen ein Erklärungsprinzip außerhalb seines spezifischen Geltungsbereichs missbräuchlich zur Anwendung kommt, gibt es in den früheren Bemühungen um eine Deutung der Mythen nichts, was eine unwiderrufliche Verurteilung verdienen würde.

Alle haben um die Mythen ein engmaschiges Bestimmungsnetz gelegt und dabei die Bedingungen ihrer Genese herausgearbeitet, seien sie natürlicher, geschichtlicher, gesellschaftlicher oder rein menschlicher Art. Es ist hier nicht der Ort, die Abfolge der verschiedenen Schulen nachzuzeichnen oder die Kritik an ihnen zu erneuern. Im Übrigen gibt es zu diesem Punkt genügend Werke, die das Thema mit mehr oder weniger Erfolg behandelt haben.[1] Für den Augenblick genügt es, das dialektische Schema ihrer Entwicklung darzustellen. Im Wesentlichen scheint sie sich von *außen nach innen* vollzogen zu haben. Eine erste Bestimmungsebene stellen die Naturphänomene dar: Der Tageslauf der Sonne, die Mondphasen, die Mond- und Sonnenfinsternisse und die Stürme bilden für die Mythen sozusagen eine erste Hülle, einen universellen Wertträger, der jedoch nur einen sehr geringen Einfluss hat. Vor allem sollte man daraus nicht den Schluss ziehen, dass die Mythologie eine Art poetische Übersetzung atmosphärischer Phänomene sei,[2] und damit Schlegel folgen, der sie definiert als »ein[en] hieroglyphische[n] Ausdruck der umgebenden Natur in [einer] Verklärung von Fantasie und Liebe«.[3] Die natürlichen Phänomene sind lediglich ein Rahmen, sie sind nur als eine ursprüngliche *Erdbedingtheit*[4] der Seele oder zumindest der fabulatorischen Funktion zu betrachten. Geschichtsschreibung, Geographie und Soziologie präzisieren ihrerseits und übereinstimmend die Voraussetzungen der Genese der Mythen und ihrer

[1] Vgl. Jean Réville, *Les Phases successives de l'histoire des religions*, Paris: E. Leroux 1909; Otto Gruppe, *Geschichte der klassischen Mythologie und Religionsgeschichte*, Leipzig: B.G. Teubner 1921; Henry Pinard de la Boullaye, *L'Étude comparée des religions*, Paris: G. Beauchesne 1922–1925.

[2] Genauso wenig kann man ernsthaft annehmen, die Mythologie stelle eine vorläufige oder sich allegorisch ausdrückende Wissenschaft dar. Sicherlich können die vermeintlichen Mythen Platons diese Funktion erfüllen, aber niemand wird sich einfallen lassen, sie mit der wirklichen Mythologie, der Mythologie als »Zweckmäßigkeit ohne Zweck« gleichzusetzen, wie auch niemand die Fiktion der »Flachwesen«, die in den Darstellungen der Relativitätstheorie für gewöhnlich dazu dienen, eine vierdimensionale Welt vorstellbar zu machen, als einen Mythos betrachten wird.

[3] Friedrich Schlegel, »Rede über die Mythologie«, in: ders., *Kritische Schriften*, München: Hanser [3]1971, S. 496–503, hier: S. 502.

[4] Der Ausdruck stammt von Carl Gustav Jung. Vgl. ders., »Die Erdbedingtheit der Psyche«, in: *Mensch und Erde (= Der Leuchter. Weltanschauung und Lebensgestaltung*, Bd. XIII), hg. v. Hermann Keyserling, Darmstadt: O. Reichl 1927, S. 87–137.

Entwicklung. Auch die Physiologie trägt das ihre bei, angefangen bei der Mythologie des Alptraums[5] bis hin zu jener des Gähnens und Niesens.[6] Selbst die Gesetze des mythischen Denkens und die psychologischen Notwendigkeiten ihrer Struktur können bestimmt werden.[7] Es wäre unsinnig, die Bedeutung der Beiträge dieser verschiedenen Disziplinen zu leugnen. Namentlich die Deutung der Mythen hätte sicher viel zu gewinnen, würde sie sich an den von der Geschichtsschreibung und der Soziologie beigebrachten Erkenntnissen orientieren und ihre Interpretationen auf sie stützen. Mit Sicherheit ist das der Weg des Heils. Die geschichtlichen und sozialen Daten liefern die wesentlichen Rahmenbedingungen der Mythen und die Forschung bewegt sich, wie man weiß, fast ausschließlich und mit zunehmendem Erfolg in dieser Richtung. Mehr ist dazu nicht zu sagen: Für jeden, der auch nur ein wenig mit den Arbeiten und Methoden der heutigen Mythographie vertraut ist, ist ihr Wert unmittelbar einsichtig. Doch trotz all dieser Bemühungen und ihrer bemerkenswerten Ergebnisse ist nicht zu leugnen, dass der Eindruck eines *Abstands* bleibt. Man erkennt sehr wohl

[5] Vgl. Wilhelm Heinrich Roscher, *Ephialtes. Eine pathologisch-mythologische Abhandlung über die Alpträume und Alpdämonen des Klassischen Altertums*, Leipzig: B. G. Teubner 1900.

[6] Pierre Saintyves, *L'Éternuement et le bâillement dans la magie, l'ethnographie et le folklore médical*, Paris: E. Nourry 1921.

[7] Vgl. die Werke von Ernst Alfred Cassirer und Lucien Lévy-Bruhl. Mit größerer Entschiedenheit schreibt Victor Henry: »Der Mythos geht dem Menschen voraus: Jede Wahrnehmung einer äußeren Tatsache in einem mit Bewusstsein begabten Organismus ist ein potenzieller Mythos; die Welt im Gehirn eines höheren Tiers übersetzt sich in eine Reihe von Mythen, das heißt von augenblicklichen Vorstellungen, die ebenso schnell verblassen, wie sie hervorgerufen wurden; je mehr das Gedächtnis und das Bewusstsein zwischen diesen Wahrnehmungsblitzen des Nicht-Ichs Verbindungen herstellen, desto mehr schält sich der Mythos heraus und behauptet sich, desto mehr auch steigt das Tier auf der Stufenleiter der Lebewesen auf.« Victor Henry, *La Magie dans l'Inde antique*, Paris: Dujarric 1904, S. 242, Anm. 1.

die Mitwirkung der erwähnten Bestimmungen, seien sie natürlicher, geschichtlicher oder gesellschaftlicher Natur, man sieht indes nie den *hinreichenden Grund.* Anders gesagt, diese Bestimmungen können nur von außen wirken; es sind, wenn man so will, die *externen Komponenten* der Mythologie; jedem, der eine gewisse Vertrautheit im Umgang mit Mythen besitzt, ist indes bewusst, dass diese *zugleich von innen durch eine spezifische Dialektik der Selbst-Erzeugung und Selbst-Kristallisation gelenkt werden, die ihr eigener Antrieb und ihre eigene Syntax ist.* Der Mythos ist das Ergebnis einer Konvergenz dieser beiden bestimmenden Strömungen, der geometrische Ort ihrer gegenseitigen Begrenzung und ihres Kräftemessens; sein Inhalt bildet sich – aus innerer Notwendigkeit – aus äußeren Einwirkungen und Gegebenheiten, die teils empfehlend, teils nötigend, teils richtungsweisend sind; und da nichts deren Einfluss auszugleichen schien, hielt man sie – trotz des stets empfundenen Ungenügens – fast immer für ausreichend, um den Mythen gerecht zu werden.

Offensichtlich lassen sie jedoch den Kern der Frage unbeantwortet: Woher rührt die starke Wirkung der Mythen auf die Sinnlichkeit? Welchen affektiven Nöten sollen sie antworten? Welche Befriedigungen sollen sie verschaffen? Schließlich gab es Zeiten, in denen ganze Gesellschaften ihnen Glauben schenkten und sie durch Riten gegenwärtig hielten. Und selbst jetzt, da sie erloschen sind, werfen sie weiterhin ihren Schatten auf die Vorstellungen der Menschen und versetzen sie in Unruhe. Trotz ihrer beträchtlichen Irrtümer muss man der Psychoanalyse zugutehalten, dass sie sich dieses Problems angenommen hat. Bekanntlich waren ihre Bemühungen meist nicht sehr glücklich. Der Wunsch, auf die Analyse der Mythen um jeden Preis ein Erklärungsprinzip zu übertragen, das man schon auf die ganze Psychologie nur missbräuchlich ausdehnen kann – die mechanische und blinde Verwendung eines dümmlichen Symbolismus, die vollkommene Unkenntnis der Schwierigkeiten, die der Mythologie eigen sind, die Unzulänglichkeit der Dokumentation, die zu allen Nachlässigkeiten des Dilettantismus einlädt –, hat zu Ergebnissen geführt, von denen man nur hoffen kann, dass sie schnellstens in Vergessenheit geraten. Man sollte die Schwächen ihrer Anhänger aber nicht als Argument gegen die Lehre selbst benutzen. Die Psychoanalyse hat das Problem in seiner ganzen Schärfe gestellt, und indem sie die Prozesse der Übertragung, der Verdichtung und der Überdeterminierung definierte, hat sie die Grundlagen für eine verlässliche Logik der affektiven Einbildungskraft gelegt; vor allem hat sie durch den Begriff des Komplexes eine grundlegende psychologische Wirklichkeit in den Blick gerückt, die im besonderen Fall der Mythendeutung noch eine wesentliche Rolle spielen könnte.

Wie dem auch sei, will man die letzte Funktion der Mythen verstehen, so wird man diese Richtung einschlagen und neben der Psychoanalyse bei Bedarf auch die Biologie heranziehen müssen, um ihre Daten mit Blick auf ihre Rückwirkung auf die menschliche Psyche neu zu interpretieren. Vergleicht man die vollkommensten Modelle der zwei divergierenden Entwicklungen im Tierreich, Entwicklungen, die jeweils zum Menschen und zu den Insekten führten, so liegt es nahe, nach Entsprechungen zwischen den einen und den anderen zu suchen, insbesondere *zwischen dem Verhalten der einen und der Mythologie der anderen* – wenn es denn zutrifft, wie Bergson vorschlägt, dass die mythische Vorstellung (das *quasi halluzinatorische Bild*) dazu bestimmt ist, in Ermangelung des Instinkts das Verhalten hervorzurufen, das der Instinkt, wäre er vorhanden, auslösen würde.[8] Um einen *élan vital* oder etwas dergleichen kann es sich jedoch nicht handeln. Der Instinkt ist nicht in jedem Fall eine rettende oder lebenserhaltende Kraft, auch hat er nicht immer eine pragmatische Schutz- oder Verteidigungsfunktion. Die Mythologie liegt jenseits (oder diesseits, wie man möchte) der Kraft, die das Lebewesen in seinem Sein beharren lässt, jenseits des Selbsterhaltungstriebs. Der prinzipielle Utilitarismus oder genauer die Hypothese eines den Erscheinungen des Lebens innewohnenden nützlichen Zwecks ist das Ergebnis des Rationalismus. Soweit man weiß, hat dieser die Mythologie aber noch nicht in sich integriert, und *dies wird ihm auch nur gelingen, wenn er Zugeständnisse macht*, sei es durch Wandlung, sei es durch Erweiterung, aufgrund des osmotischen Gleichgewichts, das sich, worauf ich bereits hingewiesen habe, stets zwischen dem Erklärenden und dem Erklärten herstellt.[9] Die Mythen sind keineswegs

[8] Henri Bergson, *Die beiden Quellen der Moral und der Religion*, in: ders., *Materie und Gedächtnis und andere Schriften*, Frankfurt a.M.: S. Fischer 1964, S. 325ff. Es ist kaum nötig, daran zu erinnern, dass für Bergson der ganze Unterschied darin liegt, dass der Mensch von der Intelligenz und das Insekt vom Instinkt beherrscht wird, was Bergson zufolge auf die Aussage hinausläuft, »dass in der Natur des Insekts die Handlungen vorgebildet sind, beim Menschen dagegen nur die Funktion«. Ebd., S. 326.

[9] Natürlich hört der Rationalismus durch diese Anverwandlung, diese Anpassung nicht auf, ein Rationalismus zu sein. Er wird sich weiterhin einer gewissen Anzahl von Einstellungen widersetzen, da er kein einziges seiner Postulate aufgeben wird: Determinismus, innere Systematisierung, zweckmäßiger Aufbau, das Verbot, auf äußere Erkenntnisquellen zurückzugreifen, etc. Der Utilitarismus ist viel stärker ein Ergebnis des Positivismus als des Rationalismus, und Letzterer könnte nur gewinnen,

Schutzvorrichtungen, die an den gefährlichen Wendepunkten angebracht sind, um das Leben des Einzelnen oder der Art zu verlängern.[10] Um mich auf das Zeugnis eines Mannes zu berufen, dem man eine gewisse (philologisch genaue) Kenntnis der Mythologie nicht absprechen kann, möchte ich daran erinnern, dass Nietzsches »orgiastische Selbstvernichtung«* eine ganze Reihe von Forderungen voraussetzt, die in eine andere Richtung weisen. Jedenfalls ist man weit entfernt von dem allzu berühmten Selbsterhaltungstrieb.

Dies vorausgeschickt, das heißt nachdem die allgemeinen Beziehungen zwischen den grundlegenden Bestimmungen der Mythologie geklärt sind, empfiehlt es sich, ihre Struktur zu untersuchen. Zunächst sind zwei Erzählsysteme festzustellen: *eines in vertikaler Konzentration und eines in horizontaler Konzentration* (wenn es nicht allzu gewagt erscheint, diese Systeme mit einer dem ökonomischen Vokabular entlehnten Metapher zu definieren). Es handelt sich dabei um zwei sich ergänzende Muster, deren Überschneidungen relativ frei, soll heißen, situationsabhängig sind, da sie nur von äußeren (historischen) Bestimmungen der Mythologie abhängen und nicht von inneren (psychologischen) Notwendigkeiten. So ließe sich erklären, dass ein mythisches

wenn er ihn aus seiner Axiomatik ausschlösse. Daher ist auch das ganze Bestreben der Wissenschaft darauf gerichtet, jede Zweckerklärung auszuschalten.

10 Im Gegenteil, es gibt sogar Instinkte, die für das Individuum und selbst für die Art schädlich sind, so wie bei manchen Ameisenarten, die Parasiten nähren, die ihren Untergang herbeiführen. Vgl. die Artikel von Henri Pieron, »Les Instincts nuisibles à l'espèce devant les théories transformistes«, in: *Scientia* IX (1911), S. 199ff.; »Les Problèmes actuels de l'instinct«, in: *Revue philosophique de la France et de l'étranger* 66 (1908), S. 329–369; Henri Piéron, »Les Problèmes actuels de l'instinct«, in: *Bulletins et mémoires de la Société d'Anthropologie de Paris* IX (1908), S. 503–538. Eine kritische Auseinandersetzung mit dieser Frage und eine diesbezügliche Bibliographie finden sich in dem klassischen Werk von William Morton Wheeler, *Les Sociétés d'insectes*, Paris: G. Doin 1926.

* Dt. im Orig. Hier und im Folgenden durch * gekennzeichnet.

Thema nie das ausschließliche Privileg eines Helden ist, dass die Beziehungen zwischen beiden im Gegenteil überaus variabel sind.

Man kann somit *die Mythologie der Situationen von der der Helden* unterscheiden. Die mythischen Situationen können dann als Projektion psychologischer Konflikte (die sich meistenteils mit den Komplexen der Psychoanalyse decken) interpretiert werden und der Held als Projektion des Individuums selbst: *ein Idealbild, das seiner gedemütigten Seele als Kompensation ein Mindestmaß an Größe verleiht.* Das Individuum scheint psychologischen Konflikten ausgeliefert, die (mehr oder weniger, je nach ihrer Beschaffenheit) mit der Kultur und dem Gesellschaftstyp, dem es angehört, variieren. Dieser Konflikte ist es sich meist nicht bewusst, insofern sie sich ganz allgemein aus der sozialen Struktur selbst ergeben und ein Ergebnis der Zwänge sind, die auf seinen elementaren Wünschen lasten. Aus dem gleichen Grund, aber mit gravierenderen Folgen, ist es dem Individuum unmöglich, aus diesen Konflikten einen Ausweg zu finden. Es könnte dies nur durch eine Tat erreichen, die von der Gesellschaft und folglich von ihm selbst verurteilt wird, denn sein Bewusstsein ist stark von den sozialen Verboten geprägt und gewissermaßen ihr Garant. *Das Ergebnis ist, dass es der tabuisierten Tat gegenüber wie gelähmt ist und die Ausführung dem Helden überträgt.*

Bevor wir uns diesem Aspekt der Frage zuwenden, müssen wir anhand von Beispielen zeigen, dass es durchaus möglich ist, die Märchenmotive wie auch die eigentlich mythischen Themen auf *dramatische Situationen* zurückzuführen, deren Eigenheit darin besteht, *in einer besonderen Welt bestimmte Kristallisationen psychologischer Virtualitäten zu konkretisieren*: Die Situation von Ödipus, dem Mörder seines Vaters und Gatten seiner Mutter, jene von Herakles zu Füßen der Omphale, von Polykrates, der seinen Ring ins Meer warf, um die Gefahren allzu großen Glücks abzuwenden, jene von Abraham, Jephte und Agamemnon, Königen, die ihre Nachkommenschaft opferten, von Pandora, künstliche Frau und Giftmädchen*, ja sogar die Begriffe der Hybris und der Nemesis, die in der Mythologie eine so große Rolle spielen,[11] sind unmittelbar überzeugende Beispiele.

Hier nun ist dem Begriff des Helden seine ganze Bedeutung zu geben: Im Grunde ist er bereits im bloßen Bestehen der mythischen Situationen enthalten. *Der Held ist per definitionem derjenige, der für sie eine Lösung sucht, einen glücklichen oder unglücklichen Ausgang.* Das Individuum leidet nämlich vor allem daran, dass es in dem Konflikt, dem es ausgeliefert ist, keinen Ausweg sieht. Jede Lösung, selbst eine gewaltsame oder gefährliche, erscheint ihm wünschenswert, die sozialen Verbote machen sie ihm jedoch unmöglich, mehr noch psychologisch als materiell. Es setzt daher den Helden an seine Stelle, und dieser ist naturgemäß derjenige, der die Verbote verletzt. Als Mensch ist er schuldig, als mythische Gestalt ist er es nicht weniger, er bleibt von seiner Handlung beschmutzt, und die Reinigung, falls sie notwendig ist, ist niemals vollständig.

[11] Nicht nur in der griechischen Mythologie: Diese beiden sich ergänzenden Begriffe scheinen die zentrale Konstellation jeder mythischen Psychologie zu beschreiben.

Aber im besonderen Licht des Mythos, im Licht der Größe,[12] *erscheint er uneingeschränkt gerechtfertigt.* Der Held ist somit derjenige, der den Konflikt löst, in dem das Individuum gefangen ist; daher sein höheres Recht wenn nicht auf das Verbrechen, so doch *auf die Schuld*, wobei die Funktion dieser idealen Schuld darin besteht, dem Individuum, das sie sich erwünscht, ohne sie auf sich nehmen zu können, eine gewisse Erleichterung zu verschaffen.[13]

Doch das Individuum kann sich nicht immer mit Erleichterungen zufriedengeben, es braucht die Tat, das heißt, es kann sich nicht ewig mit einer virtuellen Identifikation mit dem Helden, mit einer ideellen Befriedigung begnügen. Es will die wirkliche Identifikation, die tatsächliche Befriedigung. Daher wird der Mythos meist von einem Ritus begleitet, denn wo die Verletzung des Verbots geboten ist, ist sie nur in der mythischen Atmosphäre möglich, und der Ritus führt in sie ein. Man erfasst hier das Wesen des Festes: *Es ist ein gestatteter Exzess,*[14] *durch den das Individuum dramati-*

[12] Zu den Beziehungen zwischen dem Mythos und dem Begriff der Größe vgl. Rudolf Kassner, *Von den Elementen der menschlichen Größe* (1911), in: ders., *Sämtliche Werke*, Bd. III, Pfullingen: G. Neske 1976, S. 71ff. Die Idee ist im Wesentlichen die, dass Größe als ethische Kraft zur Verwandlung zu bestimmen sei. Betrifft sie die Schuld, so bleibt diese zwar Schuld, scheint aber dem Prinzip überlegen, kraft dessen sie Schuld ist. Unter diesem Gesichtspunkt (der im Übrigen nicht derjenige Kassners ist) ist Größe gewiss die Zweckbestimmung des Mythos.

[13] Sie erleichtert eher, als dass sie reinigt: Die aristotelische κάθαρσις ist ein allzu optimistischer Begriff.

[14] Diese Kennzeichnung des Festes und des Ritus ist seit langem anerkannt. Freud greift lediglich eine klassische Definition auf, wenn er schreibt: »Ein Fest ist ein gestatteter, vielmehr ein gebotener Exzess, ein feierlicher Durchbruch eines Verbotes. Nicht weil die Menschen infolge irgendeiner Vorschrift froh gestimmt sind, begehen sie die Ausschreitungen, sondern der Exzess liegt im Wesen des Festes.« Sigmund Freud, *Totem und Tabu*, in: ders., *Gesammelte Werke*, Bd. IX, Frankfurt a.M.: S. Fischer [3]1961, S. 1–194, hier: S. 170. Gegenwärtig ist bei allen Bewegungen, die mythologische Merkmale aufweisen, eine regelrechte Hypertrophie dieser Fest- oder Ritusfunktion zu erkennen: so bei der Hitlerbewegung und dem Ku-Klux-Klan, wo Strafrituale

siert und damit zum Helden wird, der Ritus verwirklicht den Mythos und erlaubt, ihn zu leben. Daher sind die beiden häufig miteinander verbunden: Streng genommen ist ihre Verbindung unauflöslich und tatsächlich war ihre Trennung stets der Grund ihres Niedergangs. Getrennt vom Ritus verliert der Mythos wenn nicht seine Daseinsberechtigung, so doch einen erheblichen Teil seiner erregenden Kraft. Er wird dann nicht mehr gelebt und ist nur mehr Literatur – wie der größte Teil der griechischen Mythologie, wie sie die Dichter der klassischen Zeit überliefert haben: unwiderruflich verfälscht und normalisiert.

Die Beziehung zwischen Literatur und Mythologie kann indes erst dann in ihrem wahren Licht in Erscheinung treten, wenn die Funktion der Mythologie geklärt ist. Wenn nämlich die Mythologie für den Menschen nur in dem Maße *packend* ist, in dem sie psychologische Konflikte individueller oder sozialer Art zum Ausdruck bringt und für sie eine ideale Lösung bietet, dann ist schwer zu verstehen, warum sich diese Konflikte nicht unmittelbar in der ihnen eigenen psychologischen Sprache artikuliert haben und stattdessen das Dekor – oder sollte man sagen die Heuchelei? – von ausfabulierten Geschichten angenommen haben. Es würde freilich nicht weiterführen, einen Begriff wie den des prälogischen Denkens einzuführen, denn gerade die Vorgängigkeit, die dieser Begriff impliziert, müsste hier

ausdrücklich dazu bestimmt sind, den Mitgliedern »jene kurze Trunkenheit [zu verschaffen], die ein niederer Mensch nicht verbergen kann, wenn er für einen Augenblick die Macht innehat und Schrecken verbreiten kann«. Vgl. John Moffat Mecklin, *Le Ku-Klux-Klan*, Paris: Payot 1934. Andererseits steht außer Zweifel, dass die Vorstellung eines »unsichtbaren Reichs, das alles sieht und hört«, die dem Vorgehen und der Verbreitung des Ku-Klux-Klans als Grundlage diente, eindeutig mythologisch ist.

begründet werden. Auch kann man sich nur schwer mit dem angeblichen Bedürfnis nach Phantasie, Träumerei oder Dichtung, das man dem Menschen großzügig zuspricht, zufriedengeben, denn es gibt nicht wenige, die darauf sehr gut verzichten könnten, und bei anderen ist es oft die Folge einer Schwäche oder der Preis für eine Stärke. Zu glauben, die Notwendigkeit des Fabulierens käme von der ›Zensur‹, ist nicht weniger problematisch, *denn es gibt kaum Beispiele dafür, dass die Idee unheilvoller gewesen wäre als das Bild*. Die Konvention des Fabulierens scheint ihren Ursprung somit anderswo zu haben: in den Eigenschaften des Fabulierens selbst, genauer noch in der Tatsache, dass die Vielstimmigkeit der mythischen Projektion eines Konflikts eine Vielzahl beunruhigender Resonanzen gestattet, die den Mythos zu dem machen, was er von Anfang an zu sein schien: *zu einem mächtigen Ausdrucksmittel der Sinnlichkeit.*[15]

In diesem Sinne ist es wohl möglich, von einer inneren Mythologie zu sprechen. Schon Plutarch scheint diese Vorstellung im Blick zu haben, wenn er schreibt: »Die Mathematiker sagen, der Regenbogen sei ein Scheinbild der Sonne, und er komme mit seiner Buntheit dadurch zustande, dass der Sehstrahl unter der Wirkung der Wolke zurücklaufe; ebenso ist der Mythos hier bei uns das Erscheinungsbild einer gewissen Wahrheit, ein Bild, das unser Denken auf etwas anderes hin

[15] Einer derjenigen, die wesentlich dazu beigetragen haben, Mythen und Riten zusammenzuführen und sie im Lichte ihrer wechselseitigen Beziehung zu interpretieren, Georges Dumézil, schreibt in einem seiner jüngsten Werke: »In Wahrheit entstehen und verbreiten sich die Mythen unter Bedingungen, die undurchsichtig sind, aber fast immer von Riten begleitet werden: Mythen von ›Horden von Ungeheuern‹ entstehen sehr wahrscheinlich zusammen mit Verkleidungsriten, ein Kastrationsmythos mit rituellen Kastrationen.« Georges Dumézil, *Ouranos-Varuna: étude de mythologie comparée indoeuropéenne*, Paris: Adrien-Maisonneuve 1934, S. 29.

reflektiert. Hierauf deuten die Opferriten hin, in denen das Traurige und Finstere in Erscheinung tritt, sodann die Anlage der Tempel, die sich einerseits weiten zu Flügelbauten und reinlichen Wandelgängen unter offenem Himmel, andererseits aber verborgene dunkle Räume unter der Erde für die heilige Kleidung haben, welche Grabgewölben und Totenbezirken gleichen.«[16] Eine gewisse Wahrheit, die unser Denken *auf etwas anderes hin* reflektiert: Tatsächlich scheint die Syntax der Mythologie eine perspektivische Organisation der verschiedenen Ebenen des Gefühlslebens zu umfassen. Die Analyse des *Mittagskomplexes*, bei dem die Schichtung überdeutlich ist, weist eindeutig in diese Richtung: Stillstand und Willenlosigkeit in der Hitze des Mittags, Ermattung der Sinne und des Bewusstseins, erotische Angriffe durch lüsterne Dämonen, allgemeine Passivität und Lebensüberdruss (*acedia*); im Gegensatz dazu Gespenster, die in der Zeit des kürzesten Schattens nach dem Blut der Lebenden lechzen, in der Geisterstunde, wenn der Stern im Zenit die Natur mit der Flut des Todes überschwemmt.[17]

[16] Plutarch, *Isis und Osiris*, in: ders., *Drei religionsphilosophische Schriften*, München: Artemis u. Winkler 2003, S. 169.

[17] Siehe zu diesem Thema meine in der *Revue de l'histoire des religions* (März–Dez. 1937) und in der *Revue des études slaves* (1936–1937) veröffentlichten Studien. Auch von August Wilhelm Schlegel kann man sagen, dass er die mythische Überdeterminierung des Nordens analysiert, wenn er in ihm das Bild des Besseren und des Unbeweglichen, des Polarsterns, der Richtung der Magnetnadel, der Unwandelbarkeit, der Identität und der Selbsterkenntnis entdeckt. Ein weiteres Beispiel für eine überaus gründliche Analyse von Überdeterminierungen ist die Untersuchung von Jean-Pierre Hubaux und Maxime Leroy, in der sie die Welt der bewegenden Evokationen behandeln, die bei den Alten Vergils Versprechen in der 4. Ekloge auslöste, die assyrische Balsamstaude werde dereinst überall wachsen; das Thema des Phönix und die Wiederauferstehung, exotische Legenden über die Ernte mithilfe von Vögeln, die Geburt in Erdfalten inmitten unüberwindlicher Schlangen, die Verbindung zwischen den Alexanderzyklen und Bacchus etc. Vgl. Pierre Hubaux u. Maxime Leroy, »Vulgo nascetur amomum«, in: *Mélanges Bidez*, Bd. I, Brüssel: Secrétariat de l'Institut 1934, S. 505–530.

Damit ist die erste Dialektik der Wirkungen der mythischen Situation bestimmt: eine *Dialektik der affektiven Zuspitzung des Gegebenen.* Die zweite ist eine *Dialektik der Überschneidung*: Tatsächlich kommt es nur selten vor, dass eine mythische Situation nicht eine oder mehrere andere – zumindest teilweise – umfasst. So hat im vorangehenden Beispiel der Mittagskomplex Gemeinsamkeiten mit dem Vampirismus und den Vegetationsdämonen;[18] ebenso ist das Thema des Giftmädchens* mit dem Thema des Unsterblichkeitstranks verknüpft[19] und der Komplex des Polykrates mit dem des Ödipus.[20] Es ist dann Aufgabe der Komparatistik, eine klare Unterscheidung vorzunehmen zwischen den Fällen, in denen die Verbindung zwischen diesen Themen situationsabhängig ist, und jenen, in denen sie das Ergebnis der inneren Mythologie ist, denn es ist undenkbar, dass sich eine Verbindung, die sich über verschiedene Kulturen hinweg als beständig erweist, nur aus deren Struktur und ihrer Einwirkung auf die individuelle Einbildungskraft erklären ließe.

Auf diese Weise kann das Studium der Mythologie zu einem Verfahren der psychologischen Tiefenerkundung werden. Tatsächlich liegt der hinreichende Grund des Mythos in seiner Überdeterminierung, das heißt in der Tatsache, dass er ein Knotenpunkt

[18] Denn die Erde, aus der die Vegetation hervorgeht, ist auch der Ort der Toten. »Alles, was lebt, ist aus ihr hervorgegangen, und alles, was stirbt, kehrt zu ihr zurück; sie ist die nährende Erde; sie ist auch das Grab der Menschen. Es ist daher ganz natürlich, dass die Götter der Unterwelt, die über den Ackerbau wachen, auch über die Toten herrschen.« Henri Weil, »Psyche, croyance à l'immortalité (par Erwin Rohde)«, Rezension, in: *Journal des savants* (1895), S. 303–319, hier: S. 305. Der Mittag, die Stunde der Toten, ist auch die Stunde der Vegetationsdämonen.

[19] Vgl. Georges Dumézil, *Le Festin d'immortalité*, Paris: P. Geuthner 1924.

[20] Vgl. Pierre Saintyves, *Essais de folklore biblique*, Kap. VIII: »L'Anneau de Polycrate et le statère dans la bouche du poisson«, Paris: E. Nourry 1923, S. 377–381.

psychologischer Prozesse ist, deren Koinzidenz weder zufällig sein kann noch vorübergehend oder persönlich (der Mythos hätte dann als solcher keinen Erfolg und wäre nur ein Märchen*)[21] noch künstlich (die Determinierungen wären völlig andere, die Merkmale wären es ebenfalls und folglich auch die Funktion).[22] Wir können das Gerüst ihrer Organisation somit erkennen und auf diesem Weg – verlässlicher als die Psychoanalyse es unternommen hat – die unbewussten Determinierungen des menschlichen Gefühlslebens aufdecken, denen freilich die wertvollen Ergänzungen der vergleichenden Biologie zur Seite gestellt werden müssen, insofern die Vorstellung in manchen Fällen den Instinkt ersetzt und das wirkliche Verhalten einer Tierart die psychologischen Virtualitäten des Menschen zu erhellen vermag.

Wenn man vom Studium der Mythen die Bestimmung dieser triebhaften oder psychologischen Kräfte nicht erwarten kann, ist es sinnlos, es aufzunehmen, denn es gibt gewiss Disziplinen von unmittelbarerem Interesse. Mit Sicherheit ist nichts hinderlicher, vielleicht sogar schädlicher, als eine nutzlose Wahrheit – denn sie ist nur *eine* Erkenntnis und demzufolge ein gravierendes Hindernis für *die* Erkenntnis, die totalitär ist oder gar nicht.

Doch damit nicht genug: Diese triebhaften Kräfte sind nicht untergegangen. Verfolgt, enteignet und in

[21] Bekanntlich war das Märchen* in Deutschland zur Zeit der Romantik Gegenstand zahlreicher Theorien. Es kann bestimmt werden als das unmittelbare (Novalis sagte: das notwendige, idealische und prophetische) Erzeugnis der sich selbst überlassenen Einbildungskraft. *Die grüne Schlange* von Goethe und *Die Frau ohne Schatten* von Hofmannsthal sind hierfür die bekanntesten Beispiele.

[22] Man hat es dann mit *Literatur* zu tun, die – unter diesem Gesichtspunkt – eine Betätigung wäre, die an die Stelle der Mythologie tritt, wenn diese ihre Notwendigkeit verliert.

ihrem Auftreten »schüchtern, roh und rebellisch«, bevölkern sie nach wie vor die Vorstellungen der Träumer, mitunter die Säle der Gerichte und die Zellen der Asyle. Sie können, wenn man es bedenkt, erneut Anspruch auf die höchste Macht erheben. Sie können sie sogar, die Gegenwart bietet sich dazu an, erringen. Von den gedemütigten Mythen zu den triumphierenden Mythen ist der Weg vielleicht kürzer, als man es sich vorstellt. Genügen würde ihr Übergreifen auf die Gesellschaft. Heute, wo die Politik so unbeschwert von Erlebnis und Weltanschauung spricht, den grundlegenden Hang zur Gewalt ins Kalkül zieht und sogar von Symbolen und Riten Gebrauch macht – wer möchte es für unmöglich halten?

II
DER MYTHOS UND DIE WELT

1. DIE GOTTESANBETERIN

Wo nötig, werde ich mit größtmöglichem Nachdruck auf die soziale Funktion und die sozialen Determinierungen der Mythen verweisen: Nahezu alles an ihnen geht auf sie zurück. Diese Kollektivvorstellungen sind jedoch etwas Besonderes. Sie beruhigen, stärken oder machen Angst. Um auf das Gefühlsleben derart gebieterisch wirken zu können, sind sie zudem bis zu einem gewissen Grad auf eine Vermittlung im Individuum angewiesen, auf ein geheimes Entgegenkommen der ihm eigenen Strebungen.

Sowie man indes nach den objektiven Bedingungen etwa der Symbolik fragt, muss das Phänomen der *Evokation* in den Blick rücken. Offenbar besitzen gewisse Gegenstände und Bilder infolge ihrer Form oder ihres Inhalts, die besonders bedeutungsgeladen sind, eine größere *lyrische Kraft* als andere. Von vielen, wenn nicht allen Individuen anerkannt, scheint diese Kraft – in einigen Fällen zumindest – einen wesentlichen Teil des jeweiligen Elements darzustellen und deshalb genauso Anspruch auf Objektivität erheben zu können wie es selbst.

Es ist von Vorteil, von den einfachsten, den unmittelbarsten Gegebenheiten auszugehen. Unabhängig von jeder mythischen Überhöhung und ohne vorgreifen zu wollen, ist nicht zu bestreiten, dass ein Insekt wie die Gottesanbeterin in einem hohen Grad über diese objektive Fähigkeit unmittelbarer Einwirkung auf das Gefühlsleben verfügt. Ihr Name, ihre Gestalt, sogar ihre Lebensgewohnheiten, alles scheint zu diesem Ergebnis beizutragen. Es steht jedem frei, eigene Nachforschungen anzustellen: Nur selten wird man jemandem begegnen, der dem merkwürdigen Tier völlig teilnahmslos gegenübersteht.[1] Dabei ist ein Umstand besonders bemerkenswert: Eine Vorstellung, ein Bild wirkt auf jedes Individuum einzeln ein, sozusagen geheim, niemand kennt die Reaktionen der anderen. Es gibt kein einziges allgemein anerkanntes symbolisches Merkmal, das seine Bedeutung im Wesentlichen von seinem sozialen Gebrauch und seine emotionale Wirkung größtenteils von der Rolle herleiten würde, die es in der Kollektivität spielt. Daher lohnt es, auf diese elementare, spontane Wirkung, die das Individuum ohne die Vermittlung der Kollektivvorstellung direkt an sich selbst erfährt, genauer einzugehen. Das Beispiel der Gottesanbeterin steht für ein eng begrenztes, aber relativ weitverbreitetes Phänomen, und man täte unrecht, würde man es wegen seines schwer zu fassenden Charakters vernachlässigen. Mit seiner Hilfe lässt sich nämlich zeigen, was eine *im Entstehen begriffene Mythologie* sein könnte, das heißt, eine Mythologie, deren Struktur noch durch keine sozialen Determinierungen festgelegt ist.

Die Volks- und die Namenskunde liefern dazu erste wertvolle Hinweise. Bereits der Name *mantis*, Seherin, Prophetin, den die Alten dem Tier verliehen haben, ist bezeichnend. Ihr Auftreten kündigt eine Hungersnot an, ihre düstere Färbung Unheil allen Tieren, die sie erspäht. Aristarchos berichtet, dass ihr der böse Blick

[1] Einige Zeugnisse finden sich in der ersten, noch überaus vorläufigen Version dieses Kapitels in *Minotaure* 5 (Roger Caillois, »La Mante religieuse«, in: *Minotaure. Revue artistique et littéraire* 5 (1934), S. 23–26). Georges Dumézil und Paul Etard haben durch ihre wertvollen Hinweise wiederholt zur Bereicherung dieser Studie beigetragen. Hierfür möchte ich ihnen meinen tief empfundenen Dank aussprechen.

zugeschrieben wurde: Allein ihr Blick stürzt denjenigen, den sie fixiert, ins Unglück.[2] Man verwendet ihren Namen als Spitznamen für schamlose Menschen.[3] In Rom war sie für ihre Zauberkraft berühmt. Wurde jemand krank, sagte man zu ihm: »Die Mantis hat dich angesehen.«[4] Sogar in religiöser Hinsicht scheint sie eine bestimmte Rolle gespielt zu haben: Auf einer Proserpinamünze von Metapontum ist sie neben der heiligen Ähre der eleusinischen Mysterien dargestellt.[5] Dioskurides schließlich berichtet, dass sie als Medikament verwendet wurde.[6]

In jüngerer Zeit verzeichnet A. E. Brehm in seinem Werk die drei verschiedenen Erklärungen, die Thomas Mouffet, ein englischer Naturforscher des 16. Jahrhunderts, für die Anwendung des Namens Mantis auf das betreffende Insekt vorgelegt hat.[7] Sie bringen nichts Neues. Derselbe Thomas Mouffet berichtet in einem von J.-H. Fabre zitierten Abschnitt,[8] dass »das Tierchen für so göttlich gilt, dass es dem Kinde, das nach dem Weg fragt, diesen mit ausgestrecktem Finger zeigt und sich selten oder nie irrt«.[9] Derselbe Glaube ist übrigens

[2] *Scholia in Theocritum*, X, 18, hg. v. Friedrich Dübner, Paris: A. F. Didot 1849, S. 70f.

[3] Suda, s.v.

[4] Vgl. Siegfried Seligmann, *Der böse Blick und Verwandtes. Ein Beitrag zur Geschichte des Aberglaubens aller Zeiten und Völker*, 2 Bde., Berlin: H. Barsdorf 1910, hier: Bd. I, S. 135.

[5] Otto Keller, *Die antike Tierwelt*, Bd. II, Leipzig: W. Engelmann 1909–1913, S. 460.

[6] *Des Pedanios Dioskurides aus Anazarbos Arzneimittellehre in fünf Büchern*, Buch II, Kap. LVII, übers. u. m. Erklärungen v. Julius Berendes, Stuttgart: F. Enke 1902, S. 168.

[7] Siehe die französische Ausgabe von Jules Künckel d'Herculais: Alfred Edmund Brehm, *Merveilles de la nature. Les insectes, les myriopodes, les arachnides et les crustaces*, Paris: J.-B. Baillière et Fils 1882.

[8] Jean-Henri Fabre, *Erinnerungen eines Insektenforschers*, Bd. V, Kap. XX, Berlin: Matthes & Seitz 2013, S. 272.

[9] »Tam divina censetur bestiola ut puero interroganti de via [altero pede], extento digito rectam monstret, atque raro vel nunquam fallat«, ein Abschnitt, der wahrscheinlich seinem Buch *Insectorum sive minimorum animalium theatrum* entnommen ist, auf das sich auch andere Autoren wie Eugène Rolland beziehen, das ich aber nicht einsehen konnte.

für das Languedoc nachgewiesen.[10] Andererseits erzählt A. de Chesnel, der sich auf Nieremberg stützt, der heilige Franz Xaver habe einer Mantis beigebracht, eine Litanei zu singen, und berichtet vom Fall eines Mannes, dem dieses Tier den sehr angebrachten Rat erteilt habe, dahin zurückzukehren, woher er gekommen sei.

J.-H. Fabre berichtet, er habe oft festgestellt, dass in der Provence das Nest der Mantis als unfehlbares Heilmittel gegen Frostbeulen und Zahnerkrankungen betrachtet werde, sofern es bei Vollmond gefunden worden sei.[11] Sébillot hält seinerseits fest, dass in der Gegend von Menton angenommen wird, sie heile Flechten.[12] Besonders interessant sind die volkstümlichen Bezeichnungen, die E. Rolland zusammengestellt hat: Manchmal wird die Mantis *italienne* (Italienerin) oder *spectre* (Gespenst) genannt und, was weniger einleuchtend scheint, *fraise* (Erdbeere) oder *madeleine* (kleiner Kuchen).[13] Generell ist eine ambivalente Haltung erkennbar: Einerseits hält man das Insekt für heilig, deshalb sein Name *prégo-Diéou* (mit seinen Varianten und Entsprechungen in Parma, Portugal, Tirol, Deutschland und Griechenland), andererseits hält man es gleichzeitig für etwas Diabolisches, wie der parallele Name *prégo-Diablé* beweist, der etwa in der Redewendung *brassiéja coumo un prégo-Diablé* vorkommt.[14]

[10] Quellenangaben in Paul Sébillot, *Le Folklore de la France*, Bd. III, Paris: E. Guilmoto 1906, S. 323, Anm. 1.

[11] Fabre, *Erinnerungen eines Insektenforschers*, Bd. V, Kap. XX.

[12] Sébillot, *Le Folklore de la France*, Bd. III, S. 330. Zu denselben Themen siehe Regius, *Materia Medica*, S. 32 (zit. n. Eugène Rolland, *Faune populaire de la France*, Bd. XIII, Paris: Maisonneuve 1911, S. 117).

[13] Rolland, *Faune populaire de la France*, Bd. XIII, S. 117.

[14] Vgl. Louis Roumieux, »La Bisco«, in: *Revue des langues romanes* 23 (1883), S. 261–304, hier: S. 295. Siehe das Buschmann-Märchen weiter unten, wo es umgekehrt heißt, die

Hierher gehören auch die Bezeichnungen *menteuse* (Lügnerin) und *bigote* (Frömmlerin), die für Villeneuve-sur-Fère (Aisne) nachgewiesen sind.

Betrachtet man nun die Kinderreime, in denen die Mantis eine Rolle spielt, so lassen sich zwei Hauptthemen feststellen: Erstens gilt sie als Wahrsagerin, die alles weiß, vor allem aber, wo der Wolf ist,[15] und zweitens nimmt man an, dass sie betet, weil ihre Mutter gestorben oder ertrunken ist. In diesem letzten Punkt stimmen alle Belege überein.[16] Offenbar muss man sich im Großen und Ganzen De Bomares Meinung anschließen, der festhält, dass die Mantis in der ganzen Provence für heilig gehalten wird und dass man vermeidet, ihr das Geringste zuleide zu tun.

Anders verhält es sich in China, wo die Einheimischen die Mantis in Bambuskäfigen aufziehen und begeistert ihre Kämpfe verfolgen.[17] Hingegen kommt bei den Türken wieder der heilige Charakter des Insekts

Mantis bewege die Arme wie ein Mensch. Die Entsprechung zwischen Mensch und Insekt ist so deutlich, dass der Vergleich in beide Richtungen verwendet wird.

15 Dies ist die direkte Fortführung der antiken Auffassung. In Italien gilt die Heuschrecke bei den Bauern als Seherin schlechthin (vgl. Angelo De Gubernatis, *Zoological Mythology*, Bd. VII, London: Trübner 1872). In den Texten des Altertums ist oft schwer zu unterscheiden, ob das Wort *mantis* die Gottesanbeterin oder die Heuschrecke bezeichnet.

16 Ich zitiere nach Rolland die eindeutigsten: Prégo-Diéou, Bernado, – Bestieto segnado – veni près de iéou – qué ta mayré es morto – sus un ped de porto – qué toun payre est viéou – sus un ped d'ouliéou (*Arles*); Prégo Diéou, marioto, ta may qu'es morto, débat un peu dé porto; te l'an réboundudo débat un ped de brugo (*Gascogne*); Prégo Diéou, bernado, qué ta mayré s'es négado (*Aude*); Prégo, Bernado, qué Bernat es mort – sus la porto del ort (*Tarn*). Dazu, dass die Mantis den Ort kennen soll, wo sich der Wolf aufhält, siehe Arnold van Gennep, *Le Folklore du Dauphiné*, Bd. II, Paris: Maisonneuve 1933, S. 641.

17 Ein Brauch, der von Kirby berichtet wird. Vgl. Louis Figuier, *Tableau de la nature. Les insectes*, Paris: Hachette 1867, S. 351; Charles Darwin, *La Descendance de l'homme de la sélection naturelle*, Paris: C. Reinwald 1881, S. 318; John Obadiah Westwood, *An Introduction to the Modern Classification of Insects*, Bd. I, London: Longman, Orme, Brown, Green, and Longmans 1839, S. 427.

zum Vorschein: Sie sind überzeugt, dass es seine Beine immer nach Mekka richtet.[18]

Die Rumänen kennen verschiedene Legenden, die den diabolischen Charakter des Insekts betonen, das sie freilich *calugarita* nennen, das heißt Nonne. So erzählt man, dass während der Christenverfolgungen Petrus und die Ältesten der Gemeinde beschlossen, Frauen als Sendbotinnen auszubilden. Um sich vor dem Blick der Heiden zu schützen, der sie ins Verderben gestürzt hätte, mussten sie sich verschleiern und durften unterwegs mit niemandem sprechen. Eine dieser Frauen, mit Namen Calugarita, wurde von einem sehr hübschen Mann angesprochen, der niemand anderes war als der Sohn des Satans. Sie entschleierte ihr Gesicht und sprach mit ihm über die christliche Lehre. Sogleich machte sich der Jüngling unsichtbar und entfernte sich. Petrus aber, dem ein Engel den Vorgang mitgeteilt hatte, eilte herbei, traf die Frau entschleiert und verwandelte sie zur Strafe in ein Insekt, die Calugarita; als sie ihn kommen sah, wollte sie schnell den Schleier über das Gesicht ziehen; doch da war sie schon zur Mantis geworden, und als solche bringt sie noch heute immer ihre Beine vors Gesicht, als wollte sie es verdecken.[19]

Manche Varianten zeigen noch deutlicher ihren Charakter als Sünderin bzw. ihre Beziehung mit dem Teufel: Die von den Tataren verfolgten Christen fanden nicht mehr genug Priester und wählten deswegen Jungfrauen aus, die Tag und Nacht für die Gemeinde beten

[18] *Musée entomologique illustré. Les insectes*, Paris: J. Rothschild 1878.

[19] *Natursagen*, Bd. II, hg. v. Oskar Dähnhardt, Leipzig: B. G. Teubner 1907–1912, S. 192f. Vgl. Simion Florea Marian, *Insectele în limba, credințele și obiceiurile românilor*, Bukarest: Institutuli de arte grafice Carol Göbl 1903, S. 497.

mussten. Auch mussten sie Ehelosigkeit geloben. Eine dieser Nonnen verliebte sich in einen jungen Tataren und heiratete ihn: Als sie ihm aber das Eheversprechen gab, wurde sie noch am Altar in eine Mantis verwandelt.[20] Nach einer anderen Version steckte ein Kaiser seine Tochter ins Kloster, weil sie keinen der zahlreichen Freier annehmen wollte. Dort kam schließlich heraus, dass sie den Teufel liebte. Daraufhin legten ihr die anderen Nonnen ein neunundneunzigtägiges Fasten auf, bis nur noch ein Käfer übrigblieb.[21] Eine einfachere Legende berichtet, dass der Teufel eine so schlechte Tochter hatte, dass er sie selbst nicht mehr ertrug. Um sie zu bessern, ließ er sie Nonne werden. Das aber konnte Gott nicht dulden, er verwandelte sie daher in eine Mantis.[22]

Man sieht, in welchem Ausmaß das Insekt die volkstümliche Einbildungskraft beschäftigt hat. Häufig spielt die Mantis sogar eine noch bedeutendere Rolle und steht in bestimmten religiösen Glaubensvorstellungen an erster Stelle. So sind in Nordmelanesien die Eingeborenen der Insel Duke of York in zwei Clans unterteilt, von denen der eine *Ko gila le*, ein dem Rosskastanienblatt ähnelndes mimetisches Insekt, als Totem anerkennt, während der andere, die Pikalabas, das Insekt *Kam* verehrt, das nach Frazer zweifellos die Gottesanbeterin ist.[23]

[20] Marian, *Insectele în limba, credințele și obiceiurile românilor*, S. 500.

[21] Ebd., S. 501.

[22] Ebd., S. 502.

[23] James George Frazer, *Totemism and Exogamy*, Bd. II, London: Macmillan 1910, S. 120f. Vgl. William Halse Rivers, *The History of Melanesian Society*, Bd. II, Cambridge: Cambridge University Press 1914, S. 501.

Am bedeutsamsten sind jedoch die afrikanischen Verhältnisse. Der Forschungsreisende Caillaud berichtet, dass ein Stamm in Zentralafrika eine Varietät der Mantis anbetet.[24] Bei den Bantu, stellt Henri-A. Junod fest, sind die Mantis diejenigen Orthopteren, die das größte Augenmerk auf sich ziehen. Man bezeichnet sie als *ñwambyebou* (Djonga Dialekt) oder *ñwambyeboulane* (Ronga Dialekt), wörtlich »der die Haare schneidet«, eine mögliche Anspielung auf die Form der Vorderbeine, die an Scheren erinnern. Wenn junge Hirten im Busch einer Mantis begegnen, reißen sie aus ihrem Ledergürtel einige Haare aus und bieten sie dem Tier mit den Worten an: »Hier, Großvater«, ein Ritus, der anzuzeigen scheint, dass der Name dieser Insekten wichtiger ist, als es scheint und nicht nur von einer morphologischen Ähnlichkeit herrührt. Dass er andererseits nur von Kindern praktiziert wird, lässt einen gewissen Niedergang der Glaubensvorstellung erkennen. Früher wurden die Mantis tatsächlich, wie Henri-A. Junod betont, als Ahnengötter behandelt – oder zumindest als die Boten der Götter –, und wenn eine von ihnen in eine Hütte kam, galt sie als ein Ahnengott, der seinen Nachkommen einen Besuch abstattet.[25] Bei den Hottentotten wird nach Scharmann eine andere Art, die Glückliche Mantis, als höchste Gottheit verehrt. Wenn sich das Insekt auf einem von ihnen niederlässt, so gilt er als heilig.[26] Zeigt es sich in einem *Kraal*, bringt

[24] Vgl. Figuier, *Tableau de la nature*, S. 350.

[25] Henri-Alexandre Junod, *Mœurs et coutumes des Bantous*, Bd. II, Paris: Payot 1936, S. 290.

[26] Figuier, *Tableau de la nature*, S. 350.

man zu seinen Ehren Opfer dar.[27] Ein Reisender berichtet von dem Fall, wo Hottentotten (Khoikhoi) voller Verzweiflung ein Kind beobachteten, das so tat, als würde es eines dieser heiligen Tiere töten.[28] So wie in Europa die Mantis bald als göttlich, bald als diabolisch angesehen wird, so ist ihre Bedeutung auch im südlichen Afrika ambivalent: eine wohltätige Gottheit nach Kolbe, nichts Gutes verheißend bei La Caille.[29] Jedenfalls trägt sie bei den Khoikhoi den Namen des schlechten Prinzips *gaunab*.[30] Besser noch, Meinhof zitiert als Beispiel für den Wechsel zwischen den Namen für »Gott« und »Teufel« die Mantis, den Gott der Hottentotten, der, nach einem Gewährsmann der Buschmänner, von ihnen früher Teufel genannt wurde.[31] Auch für die Buschmänner ist die höchste Gottheit, die Weltschöpferin, die Mantis (*Cagn*), deren Liebesabenteuer offenbar »lustig« sind und der insbesondere der Mond gehört, weil sie ihn aus ihrem alten Schuh gemacht hat, oder – nach einer anderen Version – aus einer Straußenfeder, und das unter dramatischen Umständen. Besonders bedeutsam ist die Feststellung, dass ihre Hauptfunktion

[27] Pierre Kolbe, *Description du Cap de Bonne-Espérance*, Amsterdam: Catuffe 1742, S. 209f. Vgl. Jean Louis Armand de Quatrefages de Bréau, »Croyances et superstitions des Hottentots et des Boschimans«, in: *Journal des savants* (1886), S. 280–295, hier: S. 283.

[28] Vgl. Kolbe, *Description du Cap de Bonne-Espérance*, S. 212.

[29] Vgl. Quatrefages de Bréau, »Croyances et superstitions des Hottentots et des Boschimans«, S. 283.

[30] Theophilus Hahn, *Tsuni Goam. The Supreme Being of the Khoi-Khoi*, London: Trübner 1881, S. 42.

[31] Carl Meinhof, »Afrikanische Religionen 1923–1929«, in: *Archiv für Religionswissenschaft* 28 (1930), S. 304–317, hier: S. 313–316. Zusammenfassung einer Publikation von Dorothea Bleek, *The Mantis and his Friends. Bushman Folklore*, Kapstadt: T. M. Miller 1923 – eine Märchensammlung, deren Titel allein schon auf die Bedeutung der Mantis in diesen Gegenden hinweist. Ich hoffe, in naher Zukunft eine französische Übersetzung zusammen mit einem kritischen Überblick über die aktuellen Arbeiten zur Religion der verschiedenen Völkerschaften des südlichen Afrikas vorlegen zu können. Besondere Berücksichtigung müsste dabei die Mythologie der Gottesanbeterin erfahren.

offenbar darin besteht, diejenigen mit Nahrung zu versorgen, die sie darum anflehen,[32] und dass sie andererseits von Kwai Hemm, dem göttlichen Allesverschlinger, bei lebendigem Leib aufgefressen und wieder ausgespuckt wurde.[33] Somit liegt der Akzent deutlich auf der Verdauungssphäre, was kein Wunder ist, wenn man die unglaubliche Gefräßigkeit dieses als Urbild Gottes dienenden Insekts in Betracht zieht. Unter seinen sonstigen Verkörperungen, denn es stirbt und ersteht häufig, ist vor allem jene interessant, bei der es von den Dornen, ehemaligen Menschen, getötet und von Ameisen aufgefressen wurde, aber wiederauferstand, nachdem man seine Knochen aufgesammelt hatte, ein Abenteuer also, bei dem die Verdauung ebenfalls eine gewisse Rolle spielt und das Insekt mit dem sehr reichen Mythenkreis des zerstückelten und wiederauferstandenen Gottes vom Typus Osiris in Beziehung tritt. Wie Lang bemerkt, muss die von den Buschmännern verehrte Mantis jedoch noch mit einem anderen mythischen Thema in Verbindung gebracht werden, dem der »abtrennbaren Kraft« (vgl. die Locke des Minos, Samsons Haar usw.).[34] Sie besitzt nämlich einen Zahn, in dem ihre ganze Macht liegt und den sie denjenigen leiht, die ihr genehm sind. Es ist bezeichnend, dass die Mantis sowohl in der Provence wie im südlichen Afrika auf eine ganz besondere Weise mit den Zähnen assoziiert wird. Diese Beziehung kann nicht allein dadurch erklärt werden, dass bei dem Insekt ein Zusammenhang

[32] Wilhelm Bleek, *A Brief Account of the Bushman Folklore*, London: Trübner 1875, S. 68.
[33] Andrew Lang, *Mythes, cultes et religion*, Paris: F. Alcan 1896, S. 330. Siehe das Gebet des Jägers Qing: »Oh Cagn! Oh Cagn! Sind wir nicht deine Kinder? Siehst du nicht, dass wir verhungern? Gib uns Brot!«
[34] Lang, *Mythes, cultes et religion*, S. 331, Anm. 1.

zwischen Sexualität und Ernährung besteht; sie könnte sich aber als entscheidend herausstellen. In der Tat ist es heute eine allgemein anerkannte Tatsache, dass Zähne bei sexuellen Vorstellungen eine große Rolle spielen. Wenn man von gezogenen Zähnen träumt, ist das der Psychoanalyse zufolge ein Hinweis auf Onanie, Kastration oder Niederkunft,[35] es kann aber den volkstümlichen *Traumbüchern* zufolge auch ein Hinweis auf den Tod sein. Andererseits wird gerade bei jenen wilden Völkern, bei denen die Initiationsriten der Pubertät keine Beschneidung vorsehen, stattdessen oft ein Zahn gezogen.[36] Alle diese Tatsachen stehen untereinander und, wie sich später erweisen wird, mit den Lebensgewohnheiten der Mantis in einem bemerkenswerten Zusammenhang.

Allgemein gesprochen haben wir es auf einem großen Teil des afrikanischen Kontinents mit den Resten einer Religion, ja einer Kultur der Gottesanbeterin zu tun, die bei den Buschmännern besonders gut erhalten ist und sich durch die Verehrung auszeichnet, die diesem Insekt entgegengebracht wird, das man mit dem Schöpfergott gleichsetzt und das man speziell für eine Art Jagdgeist hält. Es hat in der Genese

[35] Vgl. Sigmund Freud, *Die Traumdeutung*, in: ders., *Gesammelte Werke*, Bd. II/III, Frankfurt a.M.: S. Fischer ³1961, S. 362 u. 392–398, v.a. die als Zitat eingefügte lange Mitteilung Otto Ranks sowie die herangezogenen sprachlichen Belege und Sprichwörter. Parallel dazu zeigt übrigens die Mythographie, dass Zähne mit dem Ganzen oder Wesentlichen einer Persönlichkeit in Bezug gesetzt werden. Vgl. James George Frazer, *Der goldene Zweig*, Bd. I, Frankfurt a.M.: Ullstein 1977, S. 53–56. Man kann also zwischen den beiden Forschungsrichtungen die zu erwartende Übereinstimmung feststellen.

[36] Vgl. Arnold van Gennep, *Übergangsriten*, Frankfurt a.M., New York: Campus 1999, S. 76. »Das Abtrennen der Vorhaut entspricht genau dem Herausziehen eines Zahnes (in Australien usw.), dem Abtrennen des letzten Glieds des kleinen Fingers (in Südafrika) etc.« Hierbei ist festzuhalten, dass bei den Buschmännern die Enkelin der Mantis ausgerechnet der *kleine Finger* ist.

der menschlichen Gattung eine beträchtliche Rolle gespielt, zumindest im mythischen Zeitalter (der Urzeit*), das den eigentlich geschichtlichen Zeiten vorausgegangen ist. So sehen die südlichen Buschmänner in der Mantis einen »Menschen der frühen Rasse«.[37] Er hat den wilden Tieren ihre Farben und ihre Namen gegeben, das heißt, er hat sie erschaffen, denn im primitiven Denken ist *einen Namen geben* gleichbedeutend mit erschaffen. In seiner Tiergestalt dient der Gott der Wahrsagekunst[38] und schon in seinem mythischen Leben sah er die Zukunft voraus, die Zeit, in der er Insekt werden würde: Er träumte, und was er träumte, wurde Wirklichkeit.[39] Diese Vorstellungswelt ist nicht nur im südlichen Afrika anzutreffen: Bei den Lunda im nordwestlichen Rhodesien, in Angola und in Belgisch-Kongo wird die Mantis mit dem Namen *Nsambi* belegt, der die verschiedenen Gottheiten bezeichnet.[40] Bei den Banda ist die Mantis, *Etere* genannt, die Heldin zahlreicher Geschichten. Ursprünglich war sie eins mit *Tere*,[41]

37 Vgl. Dorothea Frances Bleek, »Bushman Folklore«, in: *Africa. Journal of the International African Institute* 2/3 (1929), S. 302–313. Siehe das weiter unten erwähnte Buschmann-Märchen und die sich darauf beziehende Anmerkung.

38 Vgl. Hermann Baumann, *Schöpfung und Urzeit des Menschen im Mythus der afrikanischen Völker*, Berlin: Reimer 1936, S. 7, 9, 18–20. Von großem Nutzen ist die Tafel auf S. 16 über die so verworrenen Beziehungen zwischen den Göttern und Dämonen der verschiedenen Völkerschaften des südlichen Afrika. Der Artikel von Pater Wilhelm Schmidt »Zur Erforschung der alten Buschmann-Religion« (in: *Afrika. Journal of the International African Institute* 2/3 (1929), S. 291–301) ist fragwürdig, zeigt aber sehr deutlich die Komplexität der Frage. Ich konnte nur hie und da in den Anmerkungen einige Fakten einstreuen, die systematisiert werden müssten.

39 Vgl. Bleek, »Bushman Folklore«, S. 305.

40 Max Buchner, »Beiträge zur Ethnographie der Bantu«, in: *Das Ausland. Wochenschrift für Länder- und Völkerkunde* 56 (1883), S. 107–110, hier: S. 109. Vgl. Baumann, *Schöpfung und Urzeit des Menschen im Mythus der afrikanischen Völker*, S. 106.

41 Die Ähnlichkeit ihrer Namen legt es nahe, auf ihre ursprüngliche Identität zu schließen (vgl. Charles Tisserant, *Essai sur la grammaire Banda*, Paris: Institut d'Ethnologie 1930, S. 432). Baumann merkt an, dass die Mantis bei den Banda mit dem Helden *Tere* zweifellos dieselben Beziehungen unterhält wie mit Kaggen bei den Buschmännern. Dorothea Bleek betont immer wieder den ungeschickten, dummen

einer mythischen Gestalt, die in den Glaubensvorstellungen dieser Völkerschaften trotz ihres schalkhaften Charakters unmittelbar an der Schöpfung beteiligt ist und in einer ständigen Beziehung zum eigentlichen Schöpfergott *Ivoro* steht (*Eyi-vo-re*: der die Dinge begonnen hat).[42] Hermann Baumann sieht sich somit genötigt, in der Gesamtheit der afrikanischen Mythen die Gestalt eines Heiler-Demiurgen zu bestimmen, einen Feld- und Buschgeist, der gewöhnlich in der Mantis seine konkrete Verkörperung findet: In erster Linie ist das *Kaggan* bei den Buschmännern, *Nava* bei den Khun, *Gamab* bei den Heikom und Bergdama, *Hise* bei den Naron, *Huwe* bei den Khun in Angola; als ihnen eng verwandt müssen aber auch erwähnt werden *Tule* bei den Azande, *Tere* bei den Banda, *Mba* bei den Babua, *Nvene* bei den Mogwandi, *Azapane* bei den Mangbetou und *Leh* bei den Barambo, die allesamt in unterschiedlichem Ausmaß zu zwei extremen, besonders deutlich gezeichneten Typen gehören: zu *Kaggan*, der von den Buschmännern verehrten Mantis, und zu *Ananse*, der göttlichen Spinne der Aschanti im Westsudan.[43]

Offensichtlich wurden die Menschen ganz allgemein von diesem Insekt stark beeindruckt. Zurückzuführen ist das wahrscheinlich auf eine heimliche Identifikation, die durch seine auffallend anthropomorphe Gestalt gefördert wurde. Das anthropomorphe Äußere eines Elements ist offenbar eine untrügliche Quelle

und streitsüchtigen Charakter der Mantis bei den Buschmännern (vgl. Bleek, »Bushman Folklore«, S. 305).

42 Baumann, *Schöpfung und Urzeit des Menschen im Mythus der afrikanischen Völker*, S. 124.

43 Ebd., S. 178f. Es ist darauf hinzuweisen, dass die Mantis und die Spinne tatsächlich dieselben sexuellen Gepflogenheiten teilen.

seiner Macht über das menschliche Gefühlsleben. Genauso verhält es sich bei den Vampiren und Mandragoren sowie bei den Sagen, in denen sie eine Rolle spielen.[44] Nun erinnert die Mantis aber nicht nur durch ihr gesamtes Aussehen an die menschliche Gestalt, sondern sie hat als einziges Insekt mit Odonatenlarven die Fähigkeit, wie der Mensch den Kopf zu drehen, um mit den Augen dem Objekt zu folgen, das ihre Aufmerksamkeit erregt hat.[45] Mehr ist vielleicht nicht nötig, um zu erklären, warum diesen Tieren der böse Blick zugeschrieben wird. Die anderen können nur sehen, sie aber können blicken.[46]

Das Phänomen ist freilich allgemeiner: Es empfiehlt sich also, das Insekt genauer zu untersuchen und die Gründe zu prüfen, die es zu einem derart anziehenden Gegenstand machen konnten.

Die Familie der Mantidae kommt, wenn man sich an die 1839 von Audinet-Serville veröffentlichte Klassifizierung hält,[47] nach der Familie der Blattidae und vor

[44] Meiner Ansicht nach ist es durchaus kein Zufall, dass beim Glauben an blutsaugende Gespenster eine Art Fledermaus als natürliches Vorbild dient. Ihr Anthropomorphismus ist tatsächlich besonders groß und geht bei Weitem über das Stadium einer allgemeinen Strukturidentität hinaus (richtige Hände, deren Daumen gegen die anderen Finger gepresst werden können, sowie Brustdrüsen, periodische Menstruation, freihängender Penis). Die Alraune (*Atropa mandragora)* wiederum wird schon von Theophrast ἀνθρωπόμορφον und von Columelle *semi-homo* genannt. Ihre beachtliche Giftigkeit und einschläfernde Wirkung sowie die Tatsache, dass sie bei Schlangenbiss als zuverlässiges Gegengift verwendet werden kann, haben ein Übriges getan. Dazu die interessanten Zitate in Gustave Le Rouge, *La Mandragore magique. Téraphin – Golem, – Androïdes – Homoncules,* Paris: H. Daragon 1912.

[45] Jean Rostand, *La Vie des libellules*, Paris: Stock 1935, S. 148, Anm. 1. Vgl. Fabre, *Erinnerungen eines Insektenforschers*, Bd. V, S. 240: »Als einziges Insekt lenkt die Mantis ihren Blick, sie schaut, prüft; sie hat beinahe einen Gesichtsausdruck.«

[46] Für Seligmann (*Der böse Blick und Verwandtes*, Bd. II, S. 469) liegt der Grund dafür, dass der Gottesanbeterin der böse Blick zugeschrieben wird, in der sogenannten Drohhaltung, die sie bei der Jagd einnimmt. Das Phänomen scheint mir zu schwer zu beobachten zu sein, als dass es die Quelle eines derart verbreiteten Glaubens sein könnte.

[47] Jean-Guillaume Audinet-Serville, *Histoire naturelle des insectes. Orthoptères*, Paris: Roret 1839, S. 133–214.

der Familie der Phasmidia oder Gespenstschrecken. Sie umfasst vierzehn Gattungen, deren elfte diejenige der eigentlichen Mantis ist. Man unterscheidet hier die ausgetrocknete, abergläubische, krautartige und die Braunblatt-Mantis, die breitgestielte Mantis (*Mantis latistylus*), die schwachgelappte, die gelbflüglige, die gefleckte, die Mond- und die Scheinbild-Mantis, die schalentragende, die bepustelte, die benachbarte und die bunte, die mit den beiden Warzen (*Mantis bipapilla*), mit dem langgestreckten Hals und mit dem Häutchen, die schmutzige, befleckte (*inquinata*), verschleierte, die mit den behaarten Füßen, die geschmückte, die fromme, die religiöse, die grüne, die betende, die Fenster- und die Gürtel-Mantis, die phryganoide, die mit geringelten Beinen, die vielgestreifte, die farblose, die Schwester-Mantis, die angenehme, stahlblaue (*Mantis chalybea*), rothüftige (*Mantis rubrocoxata*), die Nebel-Mantis und schließlich die glänzende und diejenige von Madagaskar.

Diese Nomenklatur ist durchaus nicht unnütz. Das Mindeste, das man über sie sagen kann, ist, dass verhältnismäßig wenige dieser Benennungen das Charakteristische der Varietät anhand von Fachausdrücken in Erinnerung rufen und dass nur eine einzige (die letzte) auf die Gegend hinweist, in der dieses Insekt häufig vorkommt, aber keine einzige auf den Namen des Entomologen, der es entdeckt hat, wie es in den Naturwissenschaften an sich üblich ist. Man stellt also fest: Größtenteils sind diese Bestimmungswörter schlicht und einfach ein Produkt der Einbildungskraft. Zudem bleibt festzuhalten, dass sich Amateurentomologen wie auch bestallte Gelehrte bei der Beschreibung der

Gepflogenheiten des Insekts wiederholt Gefühlsäußerungen erlauben, die kaum zu vereinbaren sind mit der trockenen Objektivität, die man gemeinhin von der wissenschaftlichen Forschung erwartet. Es wäre verlockend, aus all diesen Beschreibungen eine Anthologie zusammenzustellen: Ausnahmsweise wäre diejenige von J. H. Fabre hier nicht einmal die lyrischste. Ich halte mich an Beispiele aus jüngerer Zeit: Léon Binet, Professor der Physiologie an der Medizinischen Fakultät von Paris, behandelt sie in einer bemerkenswerten Monographie, die ich im Folgenden noch des Öfteren heranziehen werde,[48] als »mörderische Geliebte« und gestattet sich in Bezug auf sie sogar ein literarisches Zitat, das man aufgrund der üblichen Neutralität des Mannes der Wissenschaft nicht vermutet hätte: »Sie schwächt, sie tötet, und wird dadurch nur noch schöner.«[49] Marcel Roland geht in einer – im Übrigen wertlosen und schlecht informierten – Studie über die, die er »die Katze unter den Insekten« nennt,[50] noch weiter. »Ich werde später erklären,« schreibt er, »wie die Mantis ihre Beute verschlingt, aber dieses Drama im Dunkel einer scheinbar so ruhigen Hecke war für mich die erste Offenbarung des Unerbittlichen. Ich lernte dieses fürchterliche Gesetz der Macht, das die Welt beherrscht … «. Die Antennen der Mantis scheinen ihm »wahre Mephisto-Hörner«; das Insekt selbst hat »etwas Diabolisches«. Nachdem er den Fall eines befreundeten Forstinspektors erwähnt hat, der lange

[48] Léon Binet, *La Vie de la mante religieuse*, Paris: Vigot Frères 1931.

[49] Alfred de Musset, *La Coupe et les lèvres*, IV, 1; zit. n. Binet, *La Vie de la mante religieuse*, S. 54, in Abwandlung eines Zitats von Fabre.

[50] Marcel Roland, »Le Félin des insectes: la mante«, in: *La Grande Revue* 8 (1935), S. 191f.

Stunden damit verbrachte, auf Seiten der Mantis ein Zeichen des Verständnisses, der Übereinstimmung, irgendeiner geistigen Regung zu erhaschen,[51] gibt er am Ende zu, jedes Mal, wenn er dieses Tier sehe, an die Verse des Hindu(?)-Dichters denken zu müssen:

> Die Seele, die sich unter der Hülle eines
> Regenwurms verbirgt,
> ist ebenso strahlend wie die einer königlichen
> Prinzessin.

Es ist hinlänglich bekannt, dass die Gepflogenheiten der Mantiden zumindest den Vorwand für ein so lebhaft ausgedrücktes Interesse liefern: Das Weibchen verzehrt das Männchen während oder nach der Paarung. Auch die Naturforscher stellen bei der Gottesanbeterin die äußerst enge Verbindung fest, die häufig genug zwischen sexueller Lust und der Lust zur Nahrungsaufnahme besteht. Zu diesem Punkt muss man, nach Léon Binet, zumindest die Studien von Bristowe und Locket über den *Pisaura mirabilis Cl.* zitieren,[52] wo das Weibchen während der Paarung eine Fliege frisst, die ihm das Männchen hinhält; sodann die Arbeiten von Hancock und von Engelhardt über den *Oecantus niveus*,[53] der auf dem Metathorax eine Drüse hat, deren Inhalt vom Weibchen unmittelbar vor der Paarung aufgesaugt wird, eine Eigentümlichkeit, die auch bei

[51] Ebd., S. 201.

[52] William Syer Bristowe u. George Hazelwood Locket, »The Courtship of British Lycosid Spiders, and its Probable Significance«, in: *Proceedings of the Zoological Society of London* 96/1 (1926), S. 317–347.

[53] Vgl. Bentley Ball Fulton, »The Tree-Crickets of New York. Life, History, and Bionomics«, in: *Technical Bulletin, New York (State) Agricultural Experiment Station* 42 (1915), S. 3–47.

einer Schabe auftritt, der *Phyllodromia germanica*; und zuletzt die Studien von Stitz über die Skorpionsfliege,[54] die bei der Paarung Speichelkügelchen frisst, die ihr das Männchen zurechtgelegt hat, während das Weibchen des *Cardiacephala myrmex* in der gleichen Situation Nahrung zu sich nimmt, die das Männchen erbricht und ihm oft von Mund zu Mund weiterreicht. Das Weibchen des weißstirnigen Dektikus schlitzt den Bauch seines Gefährten auf, holt die Samentasche heraus und verschlingt sie.[55]

Seit langem ist bekannt, dass sich die Mantis mit solchen Halbheiten nicht begnügt. Tatsächlich hat J. L. M. Poiret schon 1784 im *Journal de physique* die Beobachtung mitgeteilt, dass eine Mantis das Männchen köpfte, bevor sie sich mit ihm paarte, und es nach der Begattung auffraß. Dieser Bericht ist durch eine neuere, ausgezeichnete Abhandlung von Raphael Dubois mit sehr vielen entscheidenden Einzelheiten bestätigt worden. Zunächst hatte man mit Paul Portier angenommen, dieser Kannibalismus sei damit zu erklären, dass die Mantis zur Reifung ihrer Eier Albuminoide und Proteine benötige, die sie nur bei ihren Artgenossen in so großer Menge finden könne.[56] Gegen diese Hypothese wandte sich É. Rabaud, der vor allem anführt, dass die Mantis das Männchen nicht zu dem Zeitpunkt auffrisst, zu dem sie diese Nahrung braucht. Es empfiehlt sich

[54] Vgl. Owain Westmacott Richards, »Sexual Selection and Allied Problems in the Insects«, in: *Biological Reviews* 2/4 (1927), S. 285–297.

[55] William Morton Wheeler, »Courtship of the Calobates. The Keleb Ant and the Courtship of its Mimic Cardiacephala Myrmex«, in: *Journal of Heredity* 15 (1924), S. 845.

[56] Paul Portier, »Explication physiologique de certains cas de cannibalisme«, in: *Comptes rendus de la Société de Biologie* 82 (1919), S. 20, 22, mit kritischen Anm. v. Étienne Rabaud.

also, hier Raphael Dubois zu folgen,[57] dessen Theorie übrigens meiner Meinung nach die oben zitierte nicht ausschließt: Dieser Naturforscher weist darauf hin, dass eine Heuschrecke krampfhafte Reflexbewegungen bei entsprechender Reizung ausgeprägter und länger ausführe, wenn sie geköpft sei.[58] Er nimmt dann auf die Arbeiten von F. Goltz und H. Busquet Bezug, denen zufolge Frösche nach Entfernung der oberen Zentren sofort ihre *Paarungsstellung* einnehmen, was sie normalerweise nur im Frühjahr tun, und fragt sich, ob die Gottesanbeterin, die das Männchen vor der Begattung köpft, durch die Amputation der Hemmungszentren im Gehirn nicht eine ausgeprägtere und längere Ausführung der krampfartigen Begattungsbewegungen erreichen wolle – sodass ihr letztlich das Lustprinzip die Ermordung ihres Geliebten diktiert hätte, dessen Körper sie obendrein bereits während des Liebesaktes aufzufressen beginnt.[59]

Man muss somit feststellen, dass bei zahlreichen Tieren eine mehr oder weniger weitreichende Verbindung zwischen der Nahrungsaufnahme und der Sexualität besteht. Nicht nur ernährt sich das Weibchen während

[57] Raphaël Dubois, »Sur les réflexes associés chez la mante religieuse«, in: *Comptes rendus de la Société de Biologie* 1 (1929), S. 160–162.

[58] Siehe die Experimente von Daniel Auger und Alfred Fessard. Vgl. Binet, *La Vie de la mante religieuse*, S. 42.

[59] Ein fotografisches Dokument dieser Begattungsmahlzeit ist in Fabres *Erinnerungen eines Insektenforschers* abgebildet. Zur eingehenden Diskussion des Phänomens siehe Binet, *La Vie de la mante religieuse*, S. 43–55. Zur Erinnerung verweise ich zudem auf die Auffassung von Remy de Gourmont, dem zufolge der Kannibalismus des Weibchens sich allein dadurch erklären ließe, dass das Männchen eine erschöpfte und infolgedessen leichte Beute ist (*Promenades philosophiques*, 2. Serie, Paris: Mercure de France 1908, S. 293), und, mehr zur Belustigung, auf die von Colonel Godchot, für den es sich dabei um den Ausdruck von Eifersucht gegenüber dem Männchen handelt: »Das Weibchen will nicht, dass er sich einer anderen hingibt« (vgl. Marcel Roland, »Le Félin des insectes: la mante«, S. 201).

des Koitus – es bezieht seine Nahrung sogar aus dem Körper des Männchens, indem es ihn entweder auffrisst oder aber den Inhalt einer besonderen Drüse aufsaugt. Am unteren Ende der Stufenleiter der Lebewesen, bei den Protozoen, nimmt einer der Organismen während der Sexualbeziehungen den anderen vollständig in sich auf. Es handelt sich somit um ein primitives Phänomen. Bei der Mantis nimmt es eine besonders dramatische Gestalt an, da man es letzten Endes mit dem Lustprinzip in Beziehung setzen muss. Diese Beobachtung hat eine ganz besondere Bedeutung, denn sie untermauert die These von Kiernan, der zufolge der Sadismus »als die anormale menschliche Form von Phänomenen, die in den allerersten Anfängen des Tierlebens angetroffen werden können, als Relikt oder atavistische Rückkehr eines ursprünglichen sexuellen Kannibalismus« zu betrachten ist.[60] Unter diesem Gesichtspunkt ist der nachdrückliche Verweis auf das außergewöhnliche Alter der Mantiden, die wahrscheinlich unter den ersten auf der Erde auftretenden Insekten sind, nicht gleichgültig: Tatsächlich gehört die *Mantis protogea*, von der man in Öhningen einen versteinerten Abdruck aus dem Miozän gefunden hat, zu der von Scudder bestimmten Gruppe der *Paloedictyoptera*, von der Spuren bereits im Karbon festgestellt werden können.

Tatsache ist, dass das Verhalten der Mantis in der Natur so problemlos seinen Platz findet, dass die Einbildungskraft oft mehr verspricht, als die Beobachtung

[60] Havelock Ellis, *Études de psychologie sexuelle*, Bd. III: *L'Impulsion sexuelle*, Paris: Mercure de France 1911, S. 199, Anm. 1. Vgl. James George Kiernan, »Psychological Aspects of the Sexual Appetite«, in: *Alienist and Neurologist* (April 1891); ders., »Responsability in Sexual Perversion«, in: *Chicago Medical Recorder* (März 1892).

gibt: Die Alten waren der Ansicht, dass die Viper, bewegt durch die »Süße der Wollust«,[61] den Kopf des Männchens während der Paarung anfrisst. Mit der Zeit verfestigte sich dieser Glaube, und im Mittelalter schreibt Brunetto Latini, der Lehrer von Dante, dass die Viper den Kopf des Männchens im Augenblick des Orgasmus abbeißt.[62] Beim Menschen lassen sich verschiedentlich Vorstellungen feststellen, die unschwer als Relikt oder als Vorahnung auf vergleichbare Dramen zu verstehen sind: *als Phantasmen, die den Verhaltensweisen anderer Arten entsprechen.*[63]

Der Konnex zwischen Sexualität und Nahrungsaufnahme ist zunächst ein grundlegend biologischer. Als Erstes wäre der Prozess der embryogenen Differenzierung der Erhaltungsfunktion (Nahrungsaufnahme) und der Reproduktionsfunktion (Sexualität) wie auch ihrer jeweiligen Organe zu erwähnen, allerdings ist hier bei der Deutung Vorsicht geboten. Wie auch immer, es bleiben genug *gewichtige Tatsachen*: Zunächst lebt das Ungeborene während seines ersten Lebensabschnitts, der Schwangerschaft, als Parasit in der Mutter, ernährt sich von ihrer Substanz, doch auch nach der Geburt bezieht der Säugling seine Nahrung

[61] Plinius d. Ä., *Historia naturalis*, Buch X, Kap. LXXXII: »Viperae mas caput inserit in os, quod illa abrodit voluptatis dulcedine«. Vgl. Bernard Lacépède, *Histoire naturelle des serpents*, Paris: Hôtel de Thou 1788, S. 35.

[62] Brunetto Latini, *Le Livre du trésor*, zit. n. Charles-Victor Langlois, *La Connaissance de la nature et du monde au Moyen Âge*, Paris: Hachette 1911, S. 369f.

[63] In der erotischen Literatur wären insbesondere die Episoden in Betracht zu ziehen, in denen der Marquis de Sade die sexuelle Befriedigung mit der Köpfung des Partners oder der Partnerin während des Akts verbindet. Siehe vor allem die Figur der Lady Clairwil in *La Nouvelle Justine*, die alle, deren Mätresse sie ist, zum Opfer darbringen will (Marquis de Sade, *La Nouvelle Justine*, Originalausgabe, Bd. VI, o.O. 1799, S. 114) und die, unter anderem, an ihren Geliebten den Kannibalismus praktiziert (ebd., S. 279; Bd. VII, S. 70–72; Bd. IX, S. 225, 297). Ich verdanke diese Quellenangaben Maurice Heine, der so freundlich war, mir die entsprechenden Passagen zu transkribieren.

von der Frau. Freilich ist die Analogie zwischen dem Säugen und dem Geschlechtsakt grundlegender, als es den Anschein hat: Es handelt sich in beiden Fällen um ein Phänomen der *Detumeszenz.* »Die geschwollene Brustwarze«, schreibt Havelock Ellis, »entspricht dem erigierten Penis, der begierige und feuchte Mund des Kindes entspricht der pulsierenden und feuchten Vagina, die lebensnotwendige und eiweißhaltige Milch steht für den ebenfalls lebensnotwendigen und eiweißhaltigen Samen. Die beidseitige und vollkommene physische und psychische Befriedigung von Mutter und Kind, die durch die Übertragung einer wertvollen organischen Flüssigkeit zwischen ihnen zustande kommt, ist eine echte physiologische Analogie zur Beziehung zwischen einem Mann und einer Frau am Höhepunkt des Geschlechtsakts.«[64] Der spanische Soziologe Rafael Salillas hat gezeigt, dass sich diese Beziehung auch in der volkstümlichen Sprache nachweisen lässt, wo das weibliche Geschlechtsorgan *papo* genannt wird, das Wort für den Kropf der Vögel und abgeleitet von der Wortwurzel mit der Bedeutung »flüssige Nahrung, Brei essen«.[65] Umgekehrt erhält die ejakulierte Samenflüssigkeit die Bezeichnung für Milch, *leche.* Salillas sieht in diesen Tatsachen die Bestätigung für die anatomische und physiologische Übereinstimmung von Mund und weiblichem Sexualorgan, zwischen Koitus und Nahrungszufuhr und zwischen Nahrungsmitteln, die kein Kauen verlangen, und dem Samenerguss.[66] Die

[64] Ellis, *Études de psychologie sexuelle*, Bd. III, S. 25f.

[65] Spanisch *papar*, lateinisch *papare*, englisch u. holländisch *pap.*

[66] Rafael Salillas, *Hampa*, Madrid: V. Suárez 1898, S. 228. Vgl. Ellis, *Études de psychologie sexuelle*, Bd. III, S. 26, Anm. 1. Der englische Autor verweist auf dieselben Vergleiche in dem erotischen Roman *The Memoirs of Fanny Hill* von John Cleland.

Entwicklungsanalogie zwischen den oralen und vaginalen Körperextremitäten in einem Teil der Tierwelt ist im Übrigen eine gründlich untersuchte Tatsache.[67]

In Anbetracht dessen ist es kein Wunder, dass manche Autoren wie Clevenger, Spitzka und Kiernan das sexuelle Begehren als eine Art protoplasmischen Hunger behandelt haben. Für Joanny Roux ist es ein Aspekt des Nahrungsbedürfnisses.[68] Schon lange vor ihnen, aber ohne jede vorausgehende und methodisch abgesicherte Forschung, schrieb Novalis: »die Geschlechtslust [...] Sollt es ein versteckter Appetit nach Menschenfleisch sein?«[69] Und an anderer Stelle: »Immer wächst und blüht Verlangen / Am Geliebten festzuhangen, / Ihn im Innern zu empfangen, / Eins mit ihm zu seyn. / Seinem Durste nicht zu wehren, / Sich im Wechsel zu verzehren, / Von einander sich zu nähren, / Von einander nur allein.«[70] Letzteres wirft möglicherweise Licht auf den Fall der mentalen Anorexien, bei denen der oder die Betroffene sich aus den verschiedensten ethischen oder gefühlsmäßigen Scheingründen weigert, Nahrung aufzunehmen.

Im Übrigen kennt auch das normale Verhalten zumindest ein typisches Merkmal der Verbindung von Nahrungsaufnahme und Sexualität: den Liebesbiss

67 Walter Wesché, »The Genitalia of both the Sexes in Diptera, and their Relation to the Armature of the Month«, in: *Transactions of the Linnean Society*, 2. Serie: *Zoologie* 9/10 (1906), S. 339–386. Ellis, *Études de psychologie sexuelle*, Bd. III, S. 26.

68 Vgl. Ellis, ebd., S. 99f.

69 Novalis, *Schriften*, Bd. II, 2 (Zweyter Theil, Zweyte Hälfte), hg. v. Ernst Heilborn, Berlin: Reimer 1901, S. 391.

70 Dichtung für eine geplante Fortsetzung des *Heinrich von Ofterdingen*, ebd., Bd. I (Erster Theyl), S. 185f. Vgl. Bd. II, 2, S. 507: »Das Weib [ist] das höchste sichtbare Nahrungsmittel« und die von Jean-Édouard Spenlé zusammengestellten Zitate in *Novalis. Essai sur l'idéalisme romantique en Allemagne*, Paris: Hachette 1903, S. 5ff. Der Autor erkennt darin »eine der charakteristischsten Idiosynkrasien des Dichters«.

während des Koitus, der schon den Dichtern des Altertums bekannt war und von den orientalischen Erotologen kodifiziert wurde.[71] Es ist meiner Meinung nach außerordentlich bezeichnend, dass er hauptsächlich bei Frauen festgestellt wird, die auf diese Weise das Verhalten der Gottesanbeterin *andeuten*, und vor allem bei einfältigen jungen Frauen oder bei solchen wilder Rassen, das heißt dort, wo der Instinkt aus dem einen oder anderen Grund weniger kontrolliert ist. Havelock Ellis betrachtet den Liebesbiss als eine Tendenz, »so allgemein und so verbreitet, dass sie bei den Frauen wohl eine normale Variation dieser Äußerungsformen ist«.[72] Dass es sich bei dieser Praktik, die zur Quelle heftigster sexueller Verirrungen werden kann, eindeutig um ein instinktives, *automatisches* Verhalten ohne jede sadistische Komponente handelt, steht außer Zweifel, denn die Frau ist nur darauf aus, etwas zu umklammern und zu beißen, ohne sich auch nur im Entferntesten darüber im Klaren zu sein, welche Effekte sie dadurch beim Opfer auslöst, Effekte, die sie anschließend selbst als Erste in Erstaunen versetzen.[73]

Aus diesem Tatsachenkomplex ergeben sich einige wichtige Schlussfolgerungen: Zwischen der Nahrungsaufnahme und der Sexualität besteht ein primäres, tiefreichendes biologisches Band; dieses Band führt bei einer gewissen Anzahl von Tierarten dazu, dass das Weibchen das Männchen während des Koitus verzehrt; beim Menschen sind von dieser Instinktverwandtschaft bzw. -konvergenz noch deutliche Spuren vorhanden.

[71] Mallanaga Vatsyayana, *Kama Sutra*, Buch II, Kap. V.
[72] Ellis, *Études de psychologie sexuelle*, Bd. III, S. 133. Siehe zu dieser Frage S. 131–139.
[73] Ebd., S. 134. Die Bemerkung stammt von einem Briefpartner des Autors.

Nachdem diese Grundlage als sicher gelten kann, können wir uns wieder der – wahnhaften oder mythischen – Einbildungskraft zuwenden. Tatsächlich nimmt bei bestimmten Kranken die Angst vor der Liebe eine eindeutig zwanghafte Form an. Die psychiatrische Literatur liefert hierfür unzählige Fälle. Ganz besonders fürchtet das betroffene Subjekt, von der Frau verschlungen zu werden, so wie im Fall eines Verfolgten, den Bychowski beschrieben hat[74] und der davon überzeugt war, dass ihn eine Prostituierte verschlingen werde, und zwar schon bevor er sich ihr näherte. Baudelaires bekannte Zeichnung, die eine Frau mit der Bildlegende »Quaerens quem devoret« zeigt, zeugt von einem ähnlichen Geisteszustand.[75] Generell müssen diese Wahnvorstellungen mit der Entstehung des Kastrationskomplexes in Zusammenhang gebracht werden, der bekanntlich fast immer auf die Angst vor einer gezahnten Vagina zurückgeht, die in der Lage wäre, das männliche Glied nach dem Eindringen abzutrennen. Die gewissermaßen klassische Gleichsetzung des ganzen Körpers mit dem männlichen Glied und diejenige des Mundes mit der Vagina als gegeben vorausgesetzt,[76] scheint es durchaus möglich, die Kastrationsangst als eine spezifisch menschliche Form der männlichen Angst zu betrachten,

[74] Gustav Bychowski, »Ein Fall von oralem Verfolgungswahn«, in: *Internationale Zeitschrift für Psychoanalyse* 15 (1929), S. 96–100.

[75] Charles Baudelaire, *Les Fleurs du Mal*, Paris: Nilsson 1928, S. 51.

[76] Ein faszinierendes Beispiel hierfür findet sich in Stéphane Mallarmés Sonett »Une négresse par le démon secouée …«, zit. n. ders., *Poésies*, in: *Nouvelle Revue Française* 158: *Hommage à Stéphane Mallarmé* (Nov. 1926), S. 22. Von ihr heißt es:

> Sie schiebt den Mund vor, der so fremd aussieht,
> Blass-rosa wie ein Meeresmuschelhorn.

Im selben Text unterstreicht die Verwendung der Wörter *schmecken*, *Früchte*, *Vielfraß*, in ihrer erotischen Bedeutung den Sinn der Gleichsetzung. Die Zeile »Lacht mit den Zähnen kindlich zu dem Kind« ist umso beunruhigender, als dieses kurz darauf »das Opfer« genannt wird.

von der Frau während oder nach der Paarung verschlungen zu werden, eine Vorstellung, für die die Hochzeitsbräuche der Mantiden die objektive Vorlage liefern.[77] So weit geht die Symmetrie, oder besser gesagt, die Kontinuität von Natur und Bewusstsein.

Die Mythen und die Volkskunde bleiben der individuellen Einbildung nichts schuldig, sie bestätigen sie vielmehr. So gibt es in den nordasiatischen und nordamerikanischen Gebieten eine umfangreiche Mythologie von Frauen mit einer gezahnten Vagina, die jene, die es wagen, mit ihnen den Koitus zu praktizieren, töten, indem sie ihnen den Penis abtrennen. Diese Mythologie, die zu komplex ist, um hier untersucht zu werden, scheint mit Entjungferungsriten und magischen Praktiken zur Nahrungssicherung in Zusammenhang zu stehen. Andererseits gibt es in den Volksmärchen eine Unzahl von weiblichen Gespenstern, die ihre Geliebten verschlingen. Es handelt sich im Allgemeinen um Höllenwesen, die in Gestalt überaus schöner Frauen junge Männer durch ihre Liebkosungen verführen, um sich anschließend von ihrem Fleisch zu ernähren. Solcherart sind etwa die Teriel[78] der Kabylen und insbesondere die Empusen der alten Griechen. Letztere sind von Hekate, der finstersten aller Unterweltgottheiten, gesandte Gespenster. Sie erscheinen mittags, zur Stunde, in der man den Toten Opfer darbringt,[79]

[77] Diese Insekten weisen im Übrigen noch eine andere Besonderheit auf, die unmittelbar als Darstellung einer Kastration gelten kann: die Fähigkeit willentlicher Resektion eines Gliedes (Autotomie). Siehe die Berichte von Edmond Bordage in *Comptes rendus de l'Académie des sciences* 128 (1889) u. *Bulletin scientifique de France et de Belgique* 39 (1905).

[78] Dazu die lange und überaus charakteristische Geschichte über das Wesen der Teriel in Leo Frobenius, *Kulturgeschichte Afrikas*, S. 306–323.

[79] Vgl. Aristophanes, *Die Frösche*, 293ff. u. Scholien, versch.

sie haben einen Fuß aus Erz und einen anderen aus Eselsmist, sie sind mit blutgefüllten Blasen übersät und vor allem können sie in immer anderer Gestalt erscheinen.[80] Philostratos erzählt in seinem *Leben des Apollonios von Tyana* die Geschichte von einem jungen Philosophen, den eine wunderschöne Frau verführt, sodass er sie heiraten will, die aber von Apollonios entlarvt wird, indem er ihren Zauber bricht. Hier die beiden entscheidenden Stellen: »Die schöne Braut war eine jener Empusen, die das Volk Lamien oder Mormolyken nennt. Sie sind sehr auf Liebe eingestellt, mehr noch aber auf das menschliche Fleisch erpicht. Durch ihre Liebeskünste locken sie diejenigen, die sie verzehren wollen.« Und ein paar Zeilen weiter: »Schließlich gestand das Gespenst, dass es eine Empuse sei und den Menippos mit Wollust erfüllt habe, um seinen Leib zu verzehren. Sie pflege schöne und junge Leiber zu verspeisen, da deren Blut noch rein sei.«[81] Der Bezug auf die Gepflogenheiten der Mantiden ist so deutlich, dass er sogar durch die Klassifikation dieser Insekten bestätigt wird: Das Wort Empusa bezeichnet noch heute eine

[80] Für nähere Angaben vergleiche man den Art. »Empousa« im *Lexikon* von Wilhelm Heinrich Roscher und in der *Realenzyklopädie* von August Friedrich Pauly bzw. Georg Wissowa sowie die Arbeit von John Cuthbert Lawson, *Modern Greek Folklore and Ancient Greek Folklore*, Cambridge: Cambridge University Press 1910, S. 174f.

[81] Philostratos, *Vita Apoll.*, IV, 25. Diese Sage scheint einen außerordentlichen Erfolg gehabt zu haben, was im Grunde nicht erstaunlich ist, wenn man ihre physiologische Grundlage als gegeben annimmt. In der Renaissance greift sie Jean Bodin in seinem berühmten Werk *De la démonomanie des sorciers* (Paris: Jacques du Puys 1580) wieder auf; im Anhang, in dem er die von Johannes Wier in seiner Abhandlung *De Lamiis* (Basel: Oporinus 1577) geäußerten Ansichten widerlegt, zitiert er sie erneut und bezieht sie auf eine ähnliche Angabe bei Dion (*Histoire d'Afrique*) über eine Frau mit einem Schlangenschwanz, die Reisende auf ihrem Weg verführte, um sie anschließend zu verschlingen. Die Geschichte der Empusa wird zur selben Zeit auch in Claude Prieurs *Dialogue de la Lycanthropie* (Louvain: J. Maes u. P. Zangre 1596) erwähnt. Die Romantik hat sie ebenfalls verwendet: Man begegnet ihr im Roman von Alexandre Dumas d. Ä., *Isaac Laquedem*, Kap. XXII–XXIV, und in Gustave Flauberts *Die Versuchung des Heiligen Antonius*, Kap. IV.

Gattung der Orthopteren, die den Mantis so nahe stehen, dass ein Laie nicht in der Lage wäre, einen Unterschied zwischen ihnen festzustellen. Doch damit nicht genug: Manchmal verschlingt die weibliche Höllenkreatur ihren Geliebten durch die Vagina, wie es aus dem folgenden, 1884 von Gustav Holm in Ostgrönland aufgezeichneten Eskimo-Märchen[82] hervorgeht: Ein alter Junggeselle hatte schon lange nicht mehr sein Kajak benutzt, dadurch war es ganz grün geworden. Weiter oben im Fjord lebte ein Mann mit einer wunderschönen Tochter. Eines Morgens stand der alte Junggeselle auf, als die anderen Bewohner des Iglus noch schliefen. Er wusch sich den Kopf und den Körper, kratzte die grünen Pflanzen von seinem Kajak und begab sich zur Behausung des Mannes mit der wunderschönen Tochter. Bei seiner Ankunft riefen die Leute: Steig aus! Und dann: Geh rein! Das Mädchen saß am Ende des Iglus. Als er sah, wie schön sie war, wurde ihm ganz heiß und er starb fast vor Verlangen. Als Nukarpiartekak seinen Anorak auszog, um ihn aufzuhängen, sah er, dass das schöne Mädchen ihn anlächelte, worauf er prompt in Ohnmacht fiel. Als er zu sich kam und sie wieder ansah, sah er, dass sie ihn immer noch anlächelte. Da empfand er ein solches Verlangen, dass er wieder in Ohnmacht

[82] Vgl. Anonym, *Nularpiartekak*, in: *Commerce*, Cahier V, Paris 1925, S. 89–91. Auf dieses Märchen wurde ich von M. G.-Ch. Toussaint hingewiesen, dem ich hierfür meinen lebhaften Dank aussprechen möchte. – Paul-Émile Victor, 1934–1935 französischer Missionschef auf Grönland, hat ebenfalls von Märchen berichtet, in denen davon die Rede ist, dass eine Frau Männer verschlingt. Das Thema ist allerdings weniger explizit behandelt als in der Geschichte von Nukarpiartekak. Vgl. *Paris-Soir* vom 1. Nov. 1935. Damit zu vergleichen wäre die Passage bei de Sade, in der Lady Clairwil einem Knaben das Herz aus der Brust reißt und es sich in die Vagina steckt und in der sie auf der Leiche ihres Opfers kniend an dessen Mund saugt, während sie mit dem noch warmen Herzen sich selbst befriedigt (Marquis de Sade, *La Nouvelle Justine*, Bd. VII, S. 252).

fiel. Jedes Mal, wenn er zu sich kam, rückte er ein wenig näher an das schöne Mädchen heran. Als die anderen zu Bett gingen, sah Nukarpiartekak, dass sie ein Lager für sich und für ihn herrichtete; und als er das sah, wurde er erneut ohnmächtig und sein Kopf schlug laut auf dem Gestell auf, auf dem man schlief. Als er wieder zu Sinnen kam, spürte er wieder sein heißes Verlangen und er ging zu dem Gestell, als er es aber berührte, fiel er vornüber auf sein Gesicht. Sie lagen ausgestreckt nebeneinander und sie war so schön, dass er dachte, er würde sterben. Nukarpiartekak umarmte sie und drang in sie ein. Zunächst war es, als würde er sich in sie bis zu den Knien hineindrängen, dann bis zu den Armen, dann bis zu den Achseln. Der rechte Arm verschwand. Dann steckte er bis zum Kinn in ihr. Zuletzt stieß er einen Schrei aus und verschwand ganz in ihr. Die anderen wachten auf und fragten, was los sei, doch niemand antwortete. Als sie am Morgen die Steinlampen anzündeten, war Nukarpiartekak nicht mehr da, sein Kajak lag noch am Ufer. Das schöne Mädchen ging aus dem Iglu, um Wasser zu lassen, und dabei kam das Skelett von Nukarpiartekak heraus.

Die großen polynesischen Mythen bieten weiteres Anschauungsmaterial für eine Interpretation dieser Art: der Mythos von Tiki, der eine *Imago* seiner selbst in der Frau ablegt, sein erschlaffter Phallus, der sich nach einer Reise in das Land der Toten wieder aufrichtet; der Mythos von Maui, der in die Große Frau der Nacht eindringt, um den Menschen die Unsterblichkeit zu bringen, und dabei sein Leben verliert, denn bei dem Versuch, in den Schoß seiner Mutter zurückzukehren, verfiel er der Nacht des Bösen und des weiblichen

Geschlechts, sodass durch ihn der Tod in die Welt kam.[83]

Weitet man die Thematik auch nur ein wenig aus, stößt man auf einen Erzählungstypus, der noch weiter verbreitet ist: die Legenden vom Giftmädchen*. Dazu gibt es eine umfassende Untersuchung von Wilhelm Hertz.[84] Der Ausgangspunkt ist eine Anekdote aus dem im Mittelalter sehr beliebten Alexanderzyklus. Eine Königin der Inder hätte demnach ein junges Mädchen von Kindheit an mit Schlangengift genährt, sodass ihr Blick und ihr Atem tödlich wurden. Die Königin schickte sie zu Alexander, um ihr Land von der Knechtschaft zu befreien, aber das Einschreiten von Aristoteles rettete den Eroberer. In einer detaillierteren Version ist es die Königin des Nordens (*Regina Aquilonis*), die ihre eigene Tochter mit Gift aufzieht und dann zu Alexander schickt, damit sie seine Geliebte werde. Der König entbrennt bei ihrem Anblick unmittelbar in Liebe, doch Aristoteles stellt sie zunächst auf die Probe und lässt sie von einem Mann küssen, der auf der Stelle tot zu Boden fällt. Oft ist, nach dem Vorbild der Frauen von Kreta,[85] allein der *Biss* der Jungfrau tödlich, es kann aber auch ihre Berührung, ihr Schweiß, ihr Speichel, ihr Auswurf sein: Vor allem ist die Vereinigung mit ihr verhängnisvoll, wie im arabischen Urtext ausdrücklich

[83] Ich beziehe mich hier auf ein Seminar von Marcel Mauss.

[84] Wilhelm Hertz, »Die Sage vom Giftmädchen«, in: *Abhandlungen der Bayerischen Akademie der Wissenschaften, Philosophisch-Philologische Klasse* 20, Abt. 1 (1893), S. 89–166.

[85] »Dicunt enim, quod si mulier irata virum dentibus mordet aut unguibus laceret, statim veneno infectus moritur, ac si morsu pessimae bestiae fuisset caesus«, Felix Fabri, *Evagatorium in Terrae sanctae, Arabiae et Aegypti peregrinationem*, Bd. III, Stuttgart: Societas Litteraria Stuttgardiensis 1849, S. 280. Vgl. Hertz, »Die Sage vom Giftmädchen«, S. 106, Anm. 2.

gesagt wird.[86] Im Übrigen ist die Vergiftung durch den Liebesakt ein häufiges Thema. So erzählt etwa Collenucio die Geschichte eines Arztes aus Perugia, dessen Tochter die Geliebte des Königs war. Er redete ihr ein, sich die heimliche Stelle mit einer bestimmten Salbe einzureiben, um die Leidenschaft ihres Geliebten noch mehr anzufachen. Das Mädchen gehorchte, doch da die Salbe aus dem Saft des Akonit war,[87] starb der König an ihrer Umarmung.[88]

Wenn die indischen Könige einen feindlichen Herrscher beseitigen wollten, sandten sie ihm, so heißt es, als Geschenk ein Mädchen, das sie folgendermaßen vorbereiteten: Man streute der Neugeborenen das tödliche Kraut, *el-bîš*, bekannt als *aconitum ferox*, erst unter ihre Wiege, dann unter ihr Bettpolster, dann unter ihre Kleider. Bald gab man es ihr in der Milch zu trinken, sodann zu essen. Als der Beschenkte sich mit ihr vereinigte, starb er.[89] Im Indien der Veden ist das Thema noch stärker magisch aufgeladen: Die giftige Jungfrau ist eine von einem Zauberer belebte Puppe.[90] Eine Frau mit bösen Absichten wiederum kann durch einfache Berührung den Tod ihres Geliebten herbeiführen. Man

[86] Vgl. Hertz, ebd., S. 115.

[87] Das verwendete Gift ist immer Akonit, eine Pflanze, die aus dem Geifer des Cerberus entstanden sein soll (Sch. in Nikandros, *Alexipharmaka*, 13) und dessen Besitz bei Todesstrafe verboten war (Theophrast, *Historia Plantarum*, Buch IX, 16, 7). Die mit diesem Gift aufgezogene Jungfrau heißt mitunter *Anapellis*, abgeleitet von dem alten Namen für Akonit (*napellus*). Vgl. Hertz, »Die Sage vom Giftmädchen«, S. 138, Anm. 2.

[88] Pandolfo Collenuccio, *Compendio delle historie del regno di Napoli*, Venedig: Michele Tramezino 1541, S. 148; Hertz, »Die Sage vom Giftmädchen«, S. 138.

[89] Hertz, ebd., S. 136.

[90] Sie heißt dann Krtya, von *Kar*, »herstellen«. Vgl. *Atharva-Veda*, Buch X, Hymne I, Ritus und Hymne für ihre Zerstörung; Henry, *La Magie dans l'Inde antique*, S. 159, 169–173. Man müsste unter demselben Blickwinkel den Mythos der Pandora untersuchen, einer Femme fatale, von den Göttern geschaffen, um unter den Menschen alle nur denkbaren Plagen zu verbreiten.

kann jemanden zugrunde richten, indem man ihm eine *vishakanyà* (giftige Jungfrau) oder eine *vishàngana* (giftige Frau) schickt, äußerst schöne Sukkuben, deren Liebkosungen jedoch tödlich sind. So kennen auch alle Heiratsriten eine Zeremonie, die den jungen Gatten vor dem bösen Blick der Gattin schützen soll.[91]

Man hat versucht, dieses Thema mit der Angst vor einer Ansteckung durch Geschlechtskrankheiten zu erklären.[92] Dies diente aber wohl eher dazu, dem Thema eine neue Einkleidung zu geben oder es zu rationalisieren. So wird erzählt, dass während der Belagerung von Neapel durch Karl VIII. die Spanier – unter dem Vorwand, die Stadt von unnützen Essern zu befreien – die schönsten, mit Syphilis infizierten Freudenmädchen vertrieben und dass dadurch in kürzester Zeit das ganze französische Heer angesteckt war.[93] Umgekehrt wird man wohl etwas von dem Erklärungsversuch übernehmen müssen, der die Thematik des Giftmädchens* mit den vermeintlichen Gefahren der Entjungferung in Verbindung bringt. Tatsächlich ist das Gift des Mädchens manchmal nur beim ersten Kontakt gefährlich: Besonders in Machiavellis Komödie *Mandragola* ist das der Fall. Es sei nur daran erinnert, dass die Entjungferung fast überall als gefährlich angesehen wurde. Die Römer begnügten sich damit, die Schutzgöttin *Pertunda*

[91] Henry, *La Magie dans l'Inde antique*, S. 174; James Darmesteter, *Ormazd et Ahriman. Leurs origines et leur histoire*, Paris: Vieweg 1877, S. 173.

[92] Vgl. Hertz, »Die Sage vom Giftmädchen«, S. 132.

[93] Gabriele Falloppio, *De morbo gallico*, Kap. I, in: *Opera omnia*, Frankfurt a.M.: Wecheli 1584, fol. 428a. Vgl. Hertz, »Die Sage vom Giftmädchen«, S. 142. Im Übrigen ist festzuhalten, dass bei bestimmten Kranken die Angst vor Geschlechtskrankheiten tatsächlich zu einem unbezwingbaren Schrecken vor dem weiblichen Geschlecht und dem Geschlechtsverkehr führt, was praktisch der Impotenz gleichkommt.

anzurufen,[94] anderswo war die Angst, daran zu sterben, so groß, dass man sich an ein solches Unterfangen überhaupt nicht heranwagte. Mandeville berichtet, dass auf einer bestimmten Insel der Bräutigam für die erste Nacht einen Stellvertreter mietete, denn die Frauen, so glaubte man, trügen in ihrem Schoß kleine Schlangen, die den ersten, der ihnen beiwohnt, töteten.[95] Hertz hat zu dem Thema eine beeindruckende Materialsammlung zusammengetragen: Bald wird die Entjungferung durch einen manuellen Eingriff vollzogen, bald mit einem Instrument; oft setzt sich die junge Frau auf den Phallus einer Gottheit. Häufig wird ein Stellvertreter benutzt, ein Fremder, ein Kriegsgefangener oder eine geweihte Person, der König oder ein Priester. Das ist insbesondere der Ursprung des berühmten *ius primae noctis*.[96]

Zweifellos kommt eine solche Furcht von der Gleichsetzung des Blutes des zerrissenen Hymens mit dem Menstruationsblut, dem überall die unterschiedlichsten magischen Gefahren zugeschrieben werden. Nach den Hochzeitssprüchen im *Rigveda* (X, 85, 28 und 34) gilt das vom Blut der Brautnacht gerötete Hemd als giftig,[97] und bei den Berbern, wo sich der Brauch der Entjungferung durch einen Dritten noch teilweise erhalten hat, wird der Vollzug der Ehe von Reinigungs- und

[94] Augustinus, *De civitate Dei*, Buch VI, Kap. IX, 3; Arnobius d. Ä., *Disputationes adversus gentes*, Buch IV, 7; Ludwig Preller, *Römische Mythologie*, Berlin: Weidmannsche Buchhandlung 1858, S. 587.

[95] Es ist, mit Hertz, das männliche Gegenstück zu diesem Glauben zu erwähnen: Minos, der allen, die er liebte, den Tod brachte, weil er statt des Samens Schlangen, Skorpione etc. in sie ergoss. Antoninus Liberalis, *Transformationum Congeris*, 41; Apollodor, *Bibl.*, Buch III, Kap. XV, 1.

[96] Hertz, »Die Sage vom Giftmädchen«, S. 115–125 u. Anhang I, S. 162f.

[97] Vgl. ebd., S. 126.

Schutzriten begleitet, da das Blut des Hymens als ganz besondere Gefahrenquelle angesehen wird.[98] Dahinter verbirgt sich stets ein gewisser Schrecken vor der Frau, vor ihrem Blick (der in bestimmten Zusammenhängen wie bei der Gottesanbeterin der böse Blick ist), vor ihrer Berührung, vor allem vor der Vereinigung mit ihr, die als ebenso tödlich gilt wie die der Gottesanbeterin mit ihrem Männchen. Untersucht man unter diesem Gesichtspunkt die Glaubensvorstellungen und Lebensgewohnheiten der Buschmänner, die, wie wir gesehen haben, die Mantis als ihre höchste Gottheit ansehen, so ist zu erwarten, dass man bei ihnen auf vergleichbare Zusammenhänge stößt. In der Tat sind sie davon überzeugt, dass der Blick eines Mädchens, das seine erste Blutung hat, für Männer verhängnisvoll ist, dass er sie lähmt und in der Stellung festhält, die sie gerade einnehmen. Mehr noch, sie werden in Bäume verwandelt, denen jedoch die Gabe der Rede erhalten bleibt.[99] Das ist genau die Thematik des Giftmädchens*. Im Übrigen hat die Frau bei den Buschmännern wie bei den Hottentotten in allen Dingen den Vorrang vor dem Mann. Die Knaben bei den Khoikhoi tragen den Namen ihrer Mutter mit einer Nachsilbe, die ihr Geschlecht angibt, und die Frau herrscht als absolute Herrin; ohne ihre Erlaubnis kann der Ehemann weder ein Stück Fleisch

[98] Vgl. Edvard Westermarck, *Les Cérémonies du mariage au Maroc*, Paris: E. Leroux 1921, S. 232 u. 237. Es wird sogar darauf geachtet, dass aus diesem ersten Verkehr kein Kind entsteht, denn die Mischung aus Sperma und Blut wäre äußerst schädlich für das Ungeborene.

[99] Bleek, *A Brief Account of the Bushman Folklore*, zit. n. Lotus de Païni, *La Magie et le mystère de la femme*, Paris: Éditions du Loup 1928, S. 285. Andererseits ist man sehr darauf bedacht, die Frauen während der Zeit der Regel vom sozialen Leben auszuschließen (Bleek, ebd., S. 14).

noch einen Schluck Milch zu sich nehmen.[100] Zudem stehen die Buschmänner-Frauen im Ruf, sich in Löwen, Hyänen etc. verwandeln zu können und dann die Männer aufzufressen, wie es ein von Sir James Alexander aufgezeichnetes Märchen sehr schön illustriert.[101]

Wie man sieht, hat sich der Kreis geschlossen. Es genügt, die Dialektik der Untersuchung zusammenzufassen, um ihren Sinn zu verstehen: Die Gottesanbeterin ist vielleicht das Insekt, das das menschliche Empfinden am stärksten beeindruckt; ihr Paarungsverhalten entspricht einer weit verbreiteten Furcht beim Menschen und übt auf seine Einbildungskraft einen überaus starken Reiz aus. *Hier ein Verhalten, dort eine Mythologie.* Es wäre unsinnig anzunehmen, die Menschen hätten die Mantis als gewissenhafte Entomologen aufmerksam beobachtet und wären von ihren Gepflogenheiten so schockiert gewesen, dass sie sie zu Phantasmen und religiösen Überzeugungen umgewandelt hätten. Sämtliche Psychiater und Mythologen wissen, dass es ganz anderer Gründe bedarf, um einen Wahn oder einen Mythos auszubilden. Eine viel einfachere Erklärung bietet sich an: Menschen und Insekten sind Teil derselben Natur und werden, in welchem Ausmaß auch immer, von denselben Gesetzen beherrscht. Die vergleichende Biologie befasst sich mit beiden, da sie davon ausgeht, dass sich ihre Verhaltensweisen wechselseitig erklären lassen. Gewiss gibt es beträchtliche Unterschiede, aber gerade sie können zur Aufklärung

[100] Quatrefages de Bréau, »Croyances et superstitions des Hottentots et des Boschimans«, S. 403; Hahn, *Tsuni Goam*, S. 19f.

[101] Vgl. Charles John Andersson, *The Lion and the Elephant*, London: Hurst and Blackett 1873, S. 113; Lucien Lévy-Bruhl, *La Mythologie primitive. Le monde mythique des Australiens et des Papous*, Paris: F. Alcan 1935, S. 275f.

beitragen. Mensch und Insekt markieren divergierende, aber gleichermaßen ausgeprägte Endpunkte[102] der biologischen Entwicklung. Der Instinkt, und folglich der Automatismus, beherrscht die Lebensweise des Insekts; die Intelligenz, die Möglichkeit zu prüfen, zu urteilen, zurückzuweisen, im Grunde alles, was die Beziehungen zwischen der Vorstellung und der Handlung lockert, charakterisiert diejenige des Menschen. Hiervon ausgehend versteht man besser, wie und in welchem Sinn das Verhalten der Mantis einem mythologischen Thema entsprechen kann, das die Einbildungskraft des Menschen besetzt, verwirrt, erregt und anzieht, ohne dass es sein Verhalten durchgehend bestimmen würde. Bergson ist offenbar zu vergleichbaren Ergebnissen gekommen, als er den Ursprung der fabulatorischen Funktion *a priori* untersuchte. Für ihn nimmt sie die Stelle ein, welche die Instinkte bei den Insekten besetzen, die Fiktion ist nur bei intelligenten Wesen möglich: Die Handlungen, so sagt er, sind in der Natur des Insekts vorgebildet, beim Menschen ist es nur die Funktion. Im Übrigen ist die Fiktion beim Menschen, »wenn sie Wirksamkeit besitzt, wie eine beginnende Halluzination«. Die phantastischen Bilder tauchen an der Stelle der ausgelösten Handlung auf. »Sie spielen eine Rolle, die dem Instinkt *hätte zufallen können* und ihm zweifellos auch zugefallen wäre bei einem Wesen, das der Intelligenz ermangeln würde.«[103] Einerseits der reale

[102] Zumindest wenn man dies so versteht, dass beide *soziale* Wesen sind, ohne jedoch über den *chronologischen Verlauf* einer solchen Entwicklung zu mutmaßen, denn es gibt keinerlei Hinweis, was zuerst da war: das Individuum oder die Gesellschaft.

[103] Vgl. Bergson, *Die beiden Quellen der Moral und der Religion*, S. 325–329. Eine Kritik dieser Auffassung, für die die fabulatorische Funktion ebenso wie die Instinkte einen schützenden, bewahrenden Zweck erfüllen, während es gefährliche Mythen wie auch schädliche Instinkte gibt, findet sich im vorhergehenden Kapitel.

Instinkt, andererseits der virtuelle Instinkt, sagt Bergson, um die Grundbedingungen des agierenden Insekts und des mythologisierenden Menschen zu unterscheiden. Die vorliegende Arbeit scheint seine theoretische Sicht durch die beigebrachten Tatsachen zu bestätigen: Die Gottesanbeterin stellt sich als eine Art objektives Ideogramm dar, das in der Außenwelt materiell verwirklicht, was in der Gefühlswelt virtuell bleibt. Daran ist nichts mysteriös: In diesem homogenen Universum verläuft ein bruchloser Weg vom Verhalten des Insekts zum Bewusstsein des Menschen. Die Mantis verzehrt das Männchen während des Koitus, der Mensch stellt sich vor, dass weibliche Wesen ihn verzehren werden, nachdem sie ihn in ihre Arme gezogen haben. Es besteht ein Unterschied zwischen der Handlung und der Vorstellung, doch dieselbe biologische Ausrichtung regelt den Parallelismus und bestimmt die Konvergenz. Schließlich ist die weite Verbreitung des Themas nicht mehr überraschend, denn es ist durchaus zu erwarten, dass die große Ähnlichkeit der menschlichen Organstruktur und ihrer biologischen Entwicklung, zu der noch gleichartige äußere Bedingungen des psychischen Lebens hinzukommen, beträchtliche Rückwirkungen auf die Psyche hat und dazu tendiert, nur eine kleine Anzahl vergleichbarer Reaktionen entstehen zu lassen und folglich bei allen die gleiche Gefühlsausrichtung und die gleichen grundlegenden Gefühlskonflikte hervorzurufen, wie ja auch die Identität der Mechanismen der Sinnlichkeit erkennbar die Identität der *a priori*-Formen der Wahrnehmung und der Vorstellung nach sich zieht.

Die Mantis weist allein durch ihr Paarungsverhalten genügend Merkmale auf, um das Interesse an ihr und die damit verbundene Gefühlserregung zu erklären. Das allein ist es aber nicht. Sie wirkt, bemerkt Binet, wie »eine Maschine mit einem vollkommenen, automatisch funktionierenden Räderwerk«.[104] Erneut schließt hier die Thematik des Giftmädchens* an, namentlich in der Form, wie sie im Mythos der Pandora gestaltet ist, einem vom Schmiedegott geschaffenen Automaten, der den Menschen Unglück bringt, damit diese »ihr eigen Verderben umarmen«.[105] Ähnlich die indischen Krytà, von Zauberern beseelte Puppen, die denen den Tod bringen, die sich mit ihnen vereinigen. Auch die Literatur kennt unter dem Stichwort der Femme fatale die Vorstellung einer künstlichen, mechanischen Maschinenfrau, die mit den anderen Lebewesen nichts gemein hat und vor allem mörderisch ist.[106] Die Psychoanalyse würde sich gewiss nicht scheuen, diese Vorstellung von einem besonderen Blick auf die Beziehungen zwischen Tod und Sexualität herzuleiten, oder genauer, von der ambivalenten Ahnung ihrer nahen Verwandtschaft.

Dieses Phantasma wird von der Mantis geradezu heraufbeschworen. Denn zusätzlich zu ihrer gelenkigen Starrheit, die an eine Rüstung oder einen Automaten erinnert, ist sie in der Lage, auf fast alles genauso gut zu reagieren, wenn sie geköpft ist, das heißt, wenn das Zentrum der Vorstellung und der willentlichen Aktivität

[104] Binet, *La Vie de la mante religieuse*, S. 85.

[105] Hesiod, *Werke und Tage*, Vers 58. Zu den mythischen Entsprechungen des Pandora-Themas, der künstlichen Frau bzw. des als Frau verkleideten Gottes, der den Unsterblichkeitstrank holt und damit den Tod bringt, siehe Dumézil, *Le Festin d'immortalité*.

[106] Vgl. den weiblichen Automaten in dem Film *Metropolis*, wie auch den anderen (der, mit Messern bewehrt, jungen Leuten bei der Vereinigung den Tod bringt) in Sacher-Masochs Erzählung »Ewige Jugend« (1886).

wegfällt: Sie kann dann immer noch herumlaufen, ihr Gleichgewicht halten, die Autotomie eines bedrohten Gliedes vollziehen, ihre Drohstellung einnehmen, sich paaren, Eier legen, den Kokon bauen und, was wirklich alles in den Schatten stellt, angesichts einer Gefahr oder nach leichter Reizung in eine falsche Totenstarre verfallen.[107] Ich drücke mich absichtlich so indirekt aus, weil die Sprache meiner Meinung nach kaum auszudrücken und der Verstand kaum zu fassen vermag, dass eine tote Gottesanbeterin sich totstellen kann.

Diese Eigentümlichkeit scheint die afrikanischen Bewunderer des Insekts stark beeindruckt zu haben. Sie ist zumindest das Hauptmotiv eines wunderlichen Buschmann-Märchens,[108] in dem die Mantis, in eine Antilope verwandelt, Kinder zum Narren hält. Sie stellt sich tot, in der Hoffnung, dass die Kinder sie mit einem Steinmesser zerschneiden, was diese dann auch tatsächlich tun.[109] Das Tier foppt sie jedoch, fängt plötzlich zu reden an, während sie die zerlegten Teile nach Hause tragen; es sammelt seine Glieder wieder zusammen, schwingt die Arme *wie ein Mensch* und läuft hinter ihnen her. Am Ende erklären die Eltern den erstaunten Kindern, dass die angebliche Antilope niemand

[107] Es gibt die Tendenz, dieses Verhalten als rein mechanisch zu betrachten: »ein Phänomen der Unterschiedsempfindlichkeit, das auf die kataleptische Tetanose beschränkt und durch sie charakterisiert ist«, wie sich Eugène Louis Bouvier ausdrückt, *La Vie psychique des insectes*, Paris: E. Flammarion 1918.

[108] Frobenius, *Kulturgeschichte Afrikas*, S. 282–285.

[109] Wäre in diesem Detail die Transposition der Fähigkeit zur willentlichen Resektion zu sehen, die das Insekt tatsächlich besitzt? Wenn es sich befreien muss, überlässt es, wie man weiß, seinen Arm (der anschließend nachwächst, zumindest unter bestimmten Bedingungen, vgl. Binet, *La Vie de la mante religieuse*, S. 75–77) notfalls demjenigen, der es fangen will.

anderes war als der Alte Mann, die Mantis, die sich totstellte, weil sie sie täuschen wollte.[110]

Schließlich darf auch der Mimetismus der Mantiden nicht unerwähnt bleiben; er ist eine mitunter atemberaubende Illustration des menschlichen Verlangens nach einer Rückkehr zur ursprünglichen Fühllosigkeit, eines Verlangens, das mit der pantheistischen Vorstellung eines Aufgehens in der Natur eng verwandt ist.[111] Diese Vorstellung steht in Philosophie und Literatur häufig für die Rückkehr ins vorgeburtlich Unbewusste. Man hat die Wahl zwischen der wüstenfarbenen *Eremiaphila luxor*, der *Blepharopsis mendica*, die auf grünem Grund weiß gesprenkelt ist wie die Blätter der *Thymelia microphylla*, auf der sie lebt; der *Theopompa heterochroa* aus Kamerun, die man von der Baumrinde nicht unterscheiden kann; der algerischen *Empusa egena*, die nicht nur einer grünlichen Anemone ähnlich sieht,

[110] Müsste ich dieses Märchen interpretieren, würde ich es als Erinnerung an Initiationsriten verstehen wollen. Die *Kinder* hatten die Aufgabe, mit *Steinmessern* (Opferinstrument) einen Antilopenkadaver zu zerschneiden, der die Mantis darstellen soll – den Stammesgott, der beim theophagischen Mahl nicht wie gewöhnlich zerlegt werden darf. Möglicherweise wurde die Rolle der Antilope dann von einem Zauberer übernommen (der *Alte Mann*, wie das Märchen sagt), der plötzlich hinter ihnen herläuft, *sich als Mensch* fühlt (auch dieser Ausdruck kommt im Märchen vor) und die Arme schwenkt. Der Ritus lehrt somit die Verwandtschaft mit dem göttlichen Tier und seine Wiederauferstehung. Das ist die Lehre, die die Stammesältesten (die Eltern) den Neuinitiierten am Ende der Prüfung erteilen. Zur Untermauerung dieser Auslegung ließe sich eine Wandmalerei aus Südrhodesien heranziehen (Frobenius, Tafel 50), die einen Mann darstellt, dessen Gesicht mit einer Maske bedeckt ist, die, wie es scheint, den Kopf der Mantis zeigt; des Weiteren die Tatsache, dass, in einem anderen Märchen, insbesondere die Antilope von dem göttlichen Insekt erschaffen wird.

[111] *Die Versuchung des Heiligen Antonius*, bereits anlässlich der Mantis erwähnt, schließt mit einem ergreifenden Ausdruck dieses Verlangens: Als der Eremit die drei Naturreiche ineinander übergehen sieht (»dann vermischen sich die Pflanzen mit den Steinen. Kiesel gleichen Gehirnen, Stalaktiten Zitzen, Eisenblumen den Ornamenten eines Teppichs« – mit den Mimetismen der Mantidae zu vergleichen), ruft er aus – es sind seine letzten Worte – »O Glück! Glück! ich habe das Leben entstehen sehen«, und er schließt: »Ich möchte [...] mich überall teilen, in allem sein, [...] jedes Atom durchdringen, bis auf den Grund der Materie steigen – die Materie sein!« Gustave Flaubert, *Die Versuchung des Heiligen Antonius*, Minden: Bruns 1905, S. 273.

sondern auch noch sachte schwankt, um die Bewegung der Blume im Wind nachzuahmen; dem *Idolum diabolicum* aus Mosambik, dessen Fangarme in der Form von Blütenblättern ausgerechnet karminrot, weiß und blaugrün gefärbt sind; dem indischen *Gongylus trachelophyllus* mit seinem rosa gesäumten fahlen Violett, der »das Bild einer leuchtenden Blume« abgibt, »die ab und zu schwankt und ihre so schönen Farben dem hellsten Punkt des Himmels zudreht«; schließlich dem *Hymenopus bicornis*, den man kaum von einer einfachen, wunderbaren Orchis unterscheiden kann.[112]

Diese Blumenmetamorphosen, um derentwillen das Insekt sein Selbst aufgibt und ins Pflanzenreich zurückkehrt, passen sowohl ins Bild seiner erstaunlichen automatischen Fähigkeiten als auch zu der Ungezwungenheit, die es dem Tod gegenüber an den Tag zu legen scheint – Eigenschaften, die als solche ergänzen, was schon in seinem Namen Mantis oder Empusa, also Seherin oder Vampir-Gespenst zum Ausdruck kommt, was aber auch in seiner Gestalt, in der der Mensch die seinige wiedererkennt, in seiner Stellung versunkenen Betens oder des Liebesaktes[113] und schließlich in seinem Paarungsverhalten das unmittelbare Empfinden eines jeden Individuums in höchste Unruhe versetzen kann.

[112] Die Beispiele finden sich bei Alexandre Louis Lefebvre de Cérisy, »Nouveau groupe d'Orthoptères de la famille des Mantides«, in: *Annales de la société entomologique de France* 4 (1835), S. 449–508; Binet, *La Vie de la mante religieuse;* und Paul Vignon, *Introduction à la biologie expérimentale. Les êtres organisés: activités, instincts, structures* (= *Encyclopédie biologique*, Bd. XIII), Paris: P. Lechevalier 1930.

[113] Dass die Normalstellung der Mantis der Stellung des Menschen bei der Liebe gleicht, scheint schon den Alten aufgefallen zu sein. Tatsächlich wird sie in der einzigen Passage in der griechischen Literatur, in der von dem Insekt die Rede ist, in einem Vergleich gebraucht, der offen erotisch ist. Vgl. Theokrit, *Idyllen*, Gedicht X, Vers 18: Μάντις τοι τάν νύκταν χροϊζεῖθ' ἀκαλαμαία. (Antwort eines Bauern, der sich bei einem Gefährten über seine Verliebtheit beklagt.) Zu der anthropomorphen Gestalt der Mantis, die hier als Metapher für eine junge Frau dient, siehe weiter oben.

Das sollte ausreichen, um den objektiv lyrischen Charakter des Insekts zu bestätigen. Ob der Mimetismus seinem Wesen nach ein Zurückweichen des Lebens, eine angedeutete und mit gewissen menschlichen Tendenzen vergleichbare Rückkehr ins Unbelebte oder in den reinen Raum anzeigt oder nicht, spielt im Moment keine Rolle.[114] Auf jeden Fall vermittelt er den Eindruck, als würde das Leben hier abdanken.

An diesem Punkt kommt erneut die Biologie ins Spiel. Es gibt nämlich einen jedem belebten Organismus innewohnenden Drang, einen ursprünglichen Zustand wiederherzustellen, »welchen dies Belebte unter dem Einflusse äußerer Störungskräfte aufgeben musste«. Auf diesen Drang macht Freud mit deutlichen Worten aufmerksam, der in ihm »eine Art von organischer Elastizität, oder wenn man will, die Äußerung der Trägheit im organischen Leben« erkennen will.[115] Das Lebewesen leidet unter dem Niveauunterschied, der zwischen der Umgebung und ihm selbst besteht. Es gibt zwar in jedem Organismus einen Lebenswillen, es gibt aber auch ein geheimes Einverständnis, auf das Bewusstsein und das Leben zu verzichten, auf diese beschwerlichen Errungenschaften, diese beiden Spannungen, die ihn durch eine doppelte Störung des Gleichgewichts zu *seiner* Existenz geführt haben. »Das Ziel alles Lebens ist der Tod«, denn das Individuum wünscht aus inneren Gründen die Ruhe, den Ausgleich der chemischen Spannungen, die Fühllosigkeit, die Unbewusstheit des Todes. Es ist der Nirvana-Komplex. »Mit etwas Aufwand

[114] Siehe das folgende Kapitel.

[115] Sigmund Freud, *Jenseits des Lustprinzips*, in: ders., *Gesammelte Werke*, Bd. XIII, Frankfurt a.M.: S. Fischer [5]1967, S. 1–69, hier: S. 38.

von Spekulation«, schreibt Freud, »sind wir nämlich zu der Auffassung gelangt, dass dieser Trieb innerhalb jedes Lebewesens arbeitet und dann das Bestreben hat, es zum Zerfall zu bringen, das Leben zum Zustand der unbelebten Materie zurückzuführen. Er verdiente in allem Ernst den Namen eines Todestriebes.«[116]

Es ist vor allem dieser grundlegende Trieb, den der Mimetismus aufs Schönste illustriert. Doch damit nicht genug, denn die biologische Konzeption, die zur Annahme eines Todestriebs führt, erklärt auch, warum der Koitus auf den Tod vorausweist. Man unterscheidet nämlich in der lebenden Substanz einen sterblichen Teil, das *soma* in der Sprache Weismanns,[117] und einen potenziell unsterblichen Teil, den bei den höheren Lebewesen die Keimzellen bilden, die imstande sind, sich unaufhörlich mit einem neuen *soma* zu umhüllen, während alle anderen altern und gemäß einem spezifischen Zeitrhythmus sterben.[118] Die Paarung bewirkt somit bis zu einem gewissen Grad den Verlust der Unsterblichkeit, sie ist ein starker Todesfaktor: der dialektische Auftakt des Todes.[119] »Die Abstoßung

[116] Sigmund Freud, *Warum Krieg?*, in: ders., *Gesammelte Werke*, Bd. XVI, Frankfurt a.M.: S. Fischer ²1961 S. 11–27, hier: S. 22. In der Antike verbreitete sich bereits Seneca über die *libido moriendi*.

[117] Vgl. August Weismann, *Über die Dauer des Lebens*, Jena: G. Fischer 1882; ders., *Über Leben und Tod. Eine biologische Untersuchung*, Jena: G. Fischer 1892; Freud, *Jenseits des Lustprinzips*, S. 51.

[118] Jean Lecomte du Noüy, *Le Temps et la vie*, Paris: Gallimard 1936, S. 218ff.

[119] Maurice Scève scheint den Mythos von Eva, die vom Apfel isst, in ähnlicher Weise ausgelegt zu haben:

> ... die dieses süße, unerlaubte Stück jetzt isst,
> Und eins mit ihm den Tod in ihren Leib versenkt.
> ....
> Die Parze, die dies in deinen Schoß dir eingesenkt,
> Will sie, dass du empfängst, ein neues Leben zu gebären?
> Denn nach dem Tod des einen bricht an die Zeit
> des andern, der sein Beginnen noch nicht kennt.
> ....

der Sexualstoffe im Sexualakt«, fährt Freud fort, »entspricht gewissermaßen der Trennung von Soma und Keimplasma. Daher die Ähnlichkeit des Zustandes nach der vollen Sexualbefriedigung mit dem Sterben, bei niederen Tieren das Zusammenfallen des Todes mit dem Zeugungsakt.«[120] Ihrem Inhalt nach zutreffend, ist die Behauptung des Psychiaters in ihrer Form womöglich unvollständig, denn sie vernachlässigt zu sehr die physiologische Vermittlung. In Bezug auf Letztere liegt eine bemerkenswerte Analyse von Moll vor, der den Koitus als *spasmodische* Entspannung der *Spannung* begreift, als Ergebnis des Detumeszenztriebs.[121] In einer ersten Phase befindet sich der Organismus in einem Zustand wachsender Überaktivität. Dabei muss man nicht nur an Gefäßveränderungen denken, an die Turgeszenz des Penis beim Mann, der Klitoris, der inneren Schamlippen und der Vagina bei der Frau, sondern auch an die damit einhergehende Beschleunigung der meisten Funktionen: kurzer und schneller Atem, der dem Ersticken nahekommt und eine Erhöhung des Anteils an sauerstoffarmem Blut nach sich zieht, daraus folgend hoher Blutdruck, heftiger und beschleunigter Herzschlag, eine allgemein erhöhte Drüsentätigkeit (Transpiration, Absonderung verschiedener Schleime),

> ... dass das Weib als erstes aß den Tod, dass auf das Leben,
> das sie spürte, bald ein anderes wird folgen.

Maurice Scève, *Microcosme*, Buch I, Lyon: Jean de Tournes 1562, o. S. Der letzte Ausdruck gibt genau die biologische Wirklichkeit wieder.

[120] Sigmund Freud, *Das Ich und das Es*, in: ders., *Gesammelte Werke*, Bd. XIII, S. 235–298, hier: S. 276. Tatsächlich stirbt bei den Insekten, insbesondere bei den Schmetterlingen, das Männchen unmittelbar nach der erfolgten Befruchtung, da die Reproduktion der Gattung damit gesichert ist. Das ist ein weiterer Grund, der im Lichte der vergleichenden Biologie erklärt, dass beim Menschen etwas von diesem Schicksal noch da ist, und sei es auch nur als Ahnung.

[121] Albert Moll, *Untersuchungen über die Libido sexualis*, Berlin: H. Kornfeld 1897–1898; Exposé und Diskussion in Ellis, *Études de psychologie sexuelle*, Bd. III, S. 28ff.

endlich motorische Aktivität, zunächst tonisch, dann klonisch, das heißt aufgeregt, unregelmäßig und zum Teil unwillentlich.[122] Das Ganze, dem Paroxismus der Ejakulation entgegensteuernd,[123] *bricht* an seinem Höhepunkt einen immer heftiger werdenden Rhythmus, worauf nach einer Reihe sich ständig beschleunigender Stöße, die ihr Ende in sich selbst zu tragen scheinen, ein abrupter, vertikaler *Sturz* in die erzwungene Bewegungslosigkeit, die Ruhe, die Halbbewusstheit folgt. Die sexuelle Detumeszenz ist ein Phänomen von ausgesprochener Brutalität, sie setzt in einer Konvulsion ein beträchtliches Energiequantum frei, das sich allmählich ansammelt und zu dem Moment des Bruchs führt. Kein Wunder, dass sie schwerste organische Störungen auslösen kann: Ohnmacht, Erbrechen, epileptische Anfälle, Tod.[124] Vor allem ist jedoch die Übertragung ins Psychische zu beachten, denn die Detumeszenz stellt einen Prozess dar, der dem Bewusstsein ständig präsent ist, dem es sich sozusagen angleicht. »Keine andere Funktion«, schreibt Hyrtl, »ist in ihrer Ausübung so eng mit dem Geist verbunden und zugleich so unabhängig von ihm.«[125] Der plötzliche Übergang von der Spannung zur Entspannung, von der Erregung zur befriedigten Erschöpfung, von der Flut zur Ebbe, von einem Seinsmaximum zu einem Seinsminimum, von einem überscharfen Lebensbewusstsein zu einem Gefühl des relativen Nichts läuft darauf

[122] Vgl. Havelock Ellis, *Études de psychologie sexuelle*, Bd. V: *Le symbolisme érotique. Le mécanisme de la détumescence*, Paris : Mercure de France 1925, S. 224ff.

[123] Bekanntlich findet bei der Frau die Ejakulation ihr Äquivalent in einer starken Kontraktion des Uterus, die zu einer Absenkung dieses Organs führt und von einem Ausstoß von Schleim begleitet wird.

[124] Ebd., S. 249ff.

[125] Vgl. ebd., S. 178, Anm. 2.

hinaus, dass die Liebe unbewusst mit einem Bruch der existenziellen Kontinuität gleichgesetzt wird: Die volkstümliche Sprache beschreibt die psychische Auswirkung des Orgasmus durchaus zutreffend, wenn sie ihn als »kleinen Tod« bezeichnet.[126] Psychologisch sieht sich die Angst vor der Liebe, die Auffassung, sie sei etwas Gefährliches, damit bestätigt. Sicher, in Wirklichkeit ist der Akt nur für einen verbrauchten oder geschwächten Organismus gefährlich, die hervorgerufene Erschütterung ist aber deswegen nicht weniger dazu geeignet, dem Gefühlsleben ihren Stempel aufzudrücken und im Subjekt eine lebenslange, latente, durch Gewöhnung nicht zu beseitigende Prädisposition zu verankern, die es dazu bringt, Erzählungen wie die vom Giftmädchen* für begründet zu halten.

Diese neuen Faktoren – Physiologie der Detumeszenz, Psychologie des Paroxysmus – kommen als Unterstützung zu jenen anderen Determinierungen hinzu, deren verborgenes Vorhandensein die vergleichende Biologie beim Menschen immer schon angenommen hatte. Wie erinnerlich waren dabei die Lebensgewohnheiten der Mantiden und der Sexualakt, verstanden als Abstoßung potenziell unsterblicher Materie, der Ausgangspunkt. Letzteres ist im Übrigen nicht nur eine grundlegende Wirklichkeit, sondern auch ein psychologisches Phantasma, das bei bestimmten Kranken, die befürchten, das Glied würde von der Vagina eingesaugt

126 Mit dem berühmten *occide moriturus* (töte, bevor du stirbst) des Apuleius im *Goldenen Esel* zu vergleichen.

oder ihre Lebenskräfte gingen verloren, sexuelle Impotenz auslösen kann.[127]

Am Ende dieser Untersuchung sei es mir gestattet, einige Schlussfolgerungen zu ziehen: Eine wichtige Feststellung bestimmt sie alle. Der Mensch ist in der Natur nicht isoliert, er ist nur für sich selbst ein Sonderfall. Er entgeht nicht der Wirkung der biologischen Gesetze, die das Verhalten anderer Tierarten bestimmen; diese Gesetze, angepasst an seine eigene Natur, sind nur weniger sichtbar, weniger gebieterisch: *Sie bedingen nicht mehr das Handeln, sondern nur noch die Vorstellung*. Die Mythographie wird dem Rechnung tragen müssen. Denn Studien wie die vorliegende legen nahe, dass die von der gesellschaftlichen Struktur ausgehenden Determinierungen, so wichtig sie sein mögen, nicht die einzigen sind, die den Inhalt der Mythen prägen. Parallel dazu intervenieren offenbar halbphysiologische, halbpsychologische Faktoren, primäre Gefühlsreaktionen und Konstellationen, die beim Menschen nur virtuell anzutreffen sind, die aber mit Tatsachen korrespondieren, die in der übrigen Natur häufig vorkommen und unschwer zu beobachten sind.

Der Verlauf der vorliegenden Untersuchung lädt zumindest dazu ein, eine Konzeption dieser Art zu formulieren: Am Anfang stand die Feststellung, dass sich die Menschen nicht nur aus Vernunftgründen für die Mantis interessieren und dass sie ihr ganz allgemein einen göttlichen oder diabolischen Charakter zuschreiben. Offenbar ist es ihnen unmöglich, die Mantis als

[127] Vgl. Michel Cénac u. Rudolph Loewenstein, »Mécanismes des inhibitions de la puissance sexuelle chez l'homme«, in: *L'Évolution psychiatrique* 3 (1936), Sondernummer, S. 21.

ein natürliches Insekt anzusehen. Tatsächlich zieht sie durch ihre ausgeprägt anthropomorphe Gestalt, die dazu verführt, sich sofort mit ihr zu identifizieren oder sich bis zu einem gewissen Grad mit ihr verwandt zu fühlen, die unmittelbare Aufmerksamkeit des Menschen auf sich. Darüber hinaus scheint in ihren so dramatischen Sexualgewohnheiten der Lebenstrieb an seine äußersten Grenzen zu stoßen. In den Mythen, in denen die Triebe die Befriedigung finden, die ihnen die Wirklichkeit verweigert, kennen die Menschen vergleichbare Situationen, ähnliche Ängste. Zugleich konnte gezeigt werden, dass es gewichtige Gründe für die Annahme gibt, dass beim Menschen die fabulatorische Funktion die Rolle des instinktiven Verhaltens beim Insekt einnimmt. Damit war das Wesentliche gesagt. Die zusätzlichen Argumente, die sich aus der starken Bedeutung der Sexualität wie auch aus der Phänomenologie der Liebe ergaben, waren überflüssig. Sie gestatteten immerhin die Feststellung, dass die biologischen bzw. psychologischen Beziehungen zwischen dem sexuellen Geschehen und dem Tod so offenkundig sind, dass sie die vorangehenden Ergebnisse überdeterminieren.

Wir können somit eine Art biologischer Konditionierung der Einbildungskraft voraussetzen, die von den grundlegenden Determinierungen herrührt und jedes Mal zum Zuge kommt, wenn die Intelligenz ihr freies Spiel nicht auf ein genau festgelegtes Ziel ausrichtet. Diese Determinierungen sind sowohl in den Mythen wie auch in den Wahnvorstellungen wirksam, um nur die äußersten Pole der Fabulation zu nehmen, sie sind darüber hinaus aber weit davon entfernt, ihren

Inhalt in allen Einzelheiten festzulegen. Es sind nur Tendenzen, Virtualitäten, die die Richtung vorgeben. Sie können sich bei ihrer Wahl der konkreten Details an keiner Richtschnur orientieren, die zur Ausbildung einer ›Imagination‹ im eigentlichen Wortsinn notwendig ist. Sie bestimmen nur die Kraftlinien, entlang derer sich besagte Details zu Themen und Motiven kristallisieren, indem sie ausgiebig aus dem Besonderen und Anekdotischen schöpfen und die Strukturen nutzen, die ihnen von den historischen Gegebenheiten und der Gesellschaftsordnung auferlegt werden. Genau hier irrt die Psychoanalyse, die sich in vielen ihrer mythographischen Interpretationsversuche der Lächerlichkeit preisgegeben hat, *indem sie um jeden Preis in den Umständen der Erzählung finden wollte, was in ihrem dynamischen Schema steckt*: die affektive Antriebskraft, die dem Mythos seine Macht über das individuelle Bewusstsein verleiht.

Dass die mythische Vorstellungswelt ihrer Substanz nach sozial ist, dass sie für die und von der Gesellschaft lebt, ist allein dadurch verbürgt, dass diese Vorstellungswelt kollektiv ist. Das Soziale ist fraglos ihr eigentlicher Daseinsgrund, ihre spezifische Funktion. Ihre *Innervation* ist, wenn ich mich so ausdrücken darf, ihrem Wesen nach jedoch affektiv und verweist auf Grundkonflikte, die von den Gesetzen des elementaren Lebens immer aufs Neue ausgelöst werden. *Der Mythos repräsentiert das Bild eines Verhaltens, das auf das Bewusstsein eine Sogwirkung ausübt.* Ist dieses Verhalten irgendwo in der Natur anzutreffen, heißt das, dass es in der Welt der Objekte tatsächlich verwirklicht ist. Unter diesem Gesichtspunkt lassen sich die

Lebensgewohnheiten der Mantiden unschwer als ein *in die Tat umgesetzter Mythos* definieren: das Thema der dämonischen Frau, die den von ihren Liebkosungen verführten Mann verschlingt. Männliches Phantasma, fixe Wahnidee oder Märchenmotiv: Für das Insekt ist diese Situation die Gestalt seines Schicksals.

Von der Wirklichkeit der Außenwelt zur Welt der Einbildungskraft, von der Orthoptere zum Menschen, vom Reflex zum Bild ist der Weg mitunter lang, aber ohne Unterbrechungen. Überall weben dieselben Fäden dieselben Muster. Nichts ist autonom, isoliert, willkürlich, grund- und zwecklos: Der Mythos ist das Gegenstück zur Tat.

2. MIMETISMUS UND LEGENDÄRE PSYCHASTHENIE

Hüte dich! Spielst du Gespenst,
bist du bald selber eins.

Von welcher Seite man die Dinge auch angeht, das grundlegende Problem ist letztendlich immer das der *Unterscheidung*: der Unterscheidung zwischen dem Realen und dem Imaginären, zwischen Wachen und Traum, zwischen Unwissenheit und Erkenntnis usw., mit einem Wort, von Unterscheidungen, deren Wert sich in einem klaren Bewusstsein und einem gesteigerten Handlungsvermögen zeigen muss. Unter all diesen Unterscheidungen ist gewiss keine schärfer als diejenige zwischen Organismus und Umgebung; es gibt zumindest keine, bei der der Eindruck der Trennung unmittelbarer wäre. Daher sollte das Phänomen mit ganz besonderer Aufmerksamkeit in Augenschein genommen werden und innerhalb des Phänomens insbesondere das, was man, nach dem heutigen Stand des Wissens, als seine Pathologie betrachten muss (obwohl dem Wort hier nur eine rein statistische Bedeutung zukommt): das heißt den Gesamtkomplex der unter dem Namen des Mimetismus bekannten Erscheinungen.

Seit langem, und aus den unterschiedlichsten und häufig etwas fragwürdigen Motiven, pflegen die Biologen für diese Tatsachen eine besondere Vorliebe, die nicht frei ist von Hintergedanken: Die einen wollen den Transformismus beweisen, der glücklicherweise andere Grundlagen hat,[1] die anderen die allumfassende Vorsehung und Herrlichkeit Gottes, dessen Güte sich auf die ganze Natur erstrecke.[2]

Unter diesen Umständen ist eine strenge Methode unerlässlich. Vor allem kommt es darauf an, diese Erscheinungen, die, wie die Erfahrung gezeigt hat, aus unschönen Motiven heraus gerne miteinander vermengt werden, systematisch aufzugliedern. Auch sollte so weit als möglich eine Klassifikation Verwendung finden, die auf Tatsachen beruht und nicht auf deren Interpretation, läuft diese doch Gefahr, tendenziös und überdies fast immer umstritten zu sein. Die Klassifikationen von Giard werden daher zwar erwähnt,[3] wir machen sie uns aber nicht zu eigen. Die erste umfasst den *offensiven Mimetismus*, durch den das Beutetier überrascht wird, und den *defensiven Mimetismus*, durch den entweder die Beute dem Blick des Angreifers entzogen (verbergender Mimetismus) oder der Angreifer durch ein täuschendes Äußeres erschreckt wird (schreckender Mimetismus). Die zweite umfasst den *direkten Mimetismus*, wenn für das nachahmende Tier in der Verkleidung ein unmittelbarer Vorteil liegt, und den *indirekten Mimetismus*, wenn verschiedenen Arten angehörende Tiere infolge einer gemeinsamen Anpassung, einer *Konvergenz*, gewissermaßen »professionelle Ähnlichkeiten« aufweisen.[4]

[1] Alfred Russel Wallace, *Darwinism*, London: Macmillan 1889.

[2] Louis Murat, *Les Merveilles du monde animal*, Paris: P. Tequi 1914.

[3] Alfred Giard, »Sur le mimétisme et la ressemblance protectrice«, in: *Archives de Zoologie expérimentale et générale* 1 (1872) u. *Bulletin scientifique de la France et de la Belgique* 20 (1889).

[4] Vgl. Félix le Dantec, *Lamarckiens et Darwiniens*, Paris: F. Alcan [3]1908, S. 120ff.

Die erste Stufe des Mimetismus scheint in einer ungefähren Analogie der Farbnuancen zu bestehen: das Weiß des Fells der Polartiere, das Rotbraun der Wüstentiere, das Grün der Wald- und Wiesentiere, das Erdfarbige der Tiere in Feld und Flur. Es gibt aber auch zahlreiche Phänomene, bei denen die Übereinstimmung genauer zu fassen ist: Es handelt sich dann um eine Harmonisierung der Farbe des Tieres mit der seiner näheren Umgebung. Mitunter ist sie von Dauer: Die Krabbenspinnen sind weiß, grünlich oder rosa je nach der Farbe der Ackerwinde, auf der sie leben; Gleiches gilt für die Raupen des amerikanischen *Lycaena pseudoargiolus* und die Anolis-Echsen aus Martinique, die grau gepunktet, grün oder braun sind, je nachdem, wo sie sich für gewöhnlich aufhalten.[5] In diesem Fall behält das Tier sein ganzes Leben lang seine Farbe, häufig vermag es sich jedoch den Notwendigkeiten des Augenblicks anzupassen: Die Homochromie ist dann temporär und unterteilt sich weiter in die *evolutive Homochromie*, für welche die Raupe von *Smerinthus tiliae* steht, die auf den Blättern, von denen sie sich nährt, zunächst noch grün ist, später aber, wenn sie die Rinde hinunterkriecht, um sich einzugraben, braun wird; in die *periodische Homochromie*, bei der sich die Farbe des Tieres mit den Jahreszeiten verändert;[6]

[5] Murat, *Les Merveilles du monde animal*, S. 40.

[6] Le Dantec, *Lamarckiens et Darwiniens*, S. 126. Bei den Orthopteren umfasst der Zeitraum, in dem sie für die Homochromie empfänglich sind, nur einige Stunden unmittelbar nach der Häutung. So findet man schwarze Acridier auf verbranntem Heidekraut oder auf den schwarzen runden Stellen, auf denen ursprünglich Holzkohlescheiben lagen. Die Acridier haben die Farbe dieser Stellen so perfekt angenommen, dass sie sofort auffallen, wenn sie von dort wegfliegen. Vgl. Julius Vosseler, »Über Anpassung und chemische Vertheidigungsmittel bei Nordafrikanischen Orthopteren«, in: *Verhandlungen der Deutschen Zoologischen Gesellschaft* 12 (1902), S. 108–121.

und in die *fakultative Homochromie*: Das ist der bekannte Fall des Laubfroschs, des Chamäleons und der Plattfische: Seezunge, Scholle, Goldbutt, *Mesonauta insignis*,[7] Schlei und insbesondere Steinbutt, wobei Letzterer in der Lage ist, sich an ein schwarz-weißes Kachelmuster anzupassen.[8] Nach den von Pouchet,[9] Poulton[10] und Cope[11] vor allem an den Raupen von *Pieris rapae* und *Noctua algae* durchgeführten Experimenten, die deren inneren Mechanismus aufgedeckt haben, geben diese Phänomene im Übrigen kaum noch Rätsel auf. Es handelt sich um ein vollkommen automatisches Geschehen, das meistenteils vom Sehsystem ausgelöst wird. Tatsächlich passen sich blind gemachte Fische nicht mehr an die Umgebung an; der geblendete Laubfrosch *Hyla gratiosa* bleibt weiß auf braunen Oberflächen. *Paralichthys albiguttus* bleibt weiß auf schwarzem Grund, wenn sein Kopf über einen weißen Untergrund gehalten wird. Dies rührt daher, dass der Lichtreiz nicht mehr zu den sternförmigen Pigmentzellen übertragen wird, die sich unabhängig voneinander erweitern und zusammenziehen können und damit zahlreiche chromatische Kombinationen gestatten. Wird der Nerv, der sie steuert, durchtrennt, ziehen sich sämtliche Zellen zusammen und das Tier vermag sich nicht mehr

7 Jacques Pellegrin, »Un Poisson caméléon: le Mesonauta insignis Heckel«, in: *Revue générale des sciences pures et appliquées* 23/1 (15. Januar 1912), S. 5f., hier: S. 6.

8 Abbildungen in *La Science au XXe siècle* 10/120 (15. Dezember 1912), S. 7. Vgl. *Revue générale des sciences pures et appliquées* 23/13 (15. Juli 1912).

9 Georges Pouchet, *Des Changements de colorations sous l'influence des nerfs*, Paris: Germer Baillière 1876.

10 Edward Bagnall Poulton, *The Colors of Animals. Their Meaning and Use Especially Considered in the Case of Insects*, London: Kegan Paul, Trench, Trübner 1890.

11 Edward Drinker Cope, *The Primary Factors of Organic Evolution* (1896), Chicago: Open Court Publishing 1916. Vgl. die Forschungen von Frederick William Gamble und Frederick William Keeble zum Mechanismus der Pigmentierung und Jacques Loeb, *La Conception mécanique de la vie*, Paris: F. Alcan 1914, S. 273.

anzupassen; wird der Nerv von nur einer Seite des Körpers durchtrennt, kommt auch nur die Funktion der entsprechenden Körperhälfte zum Erliegen. Somit handelt es sich nur um eine direkte (und wie betont werden muss: *überwältigende*) Einwirkung der Umgebung auf den Organismus: ein farblicher Lichtreiz, auf den der Organismus mit einer gleichfarbigen Sekretion antwortet (Poulton). Der Mechanismus dieses Phänomens wurde von J. Loeb als eine Art *Telephotographie* des Retinabildes auf die Körperoberfläche bestimmt,[12] als eine diffuse Übertragung von der Retina auf die Haut.

Das Ziel ist, dem Licht zu entgehen. So gibt es lichtflüchtige Krustentiere, welche die Homochromie vor Strahlen schützt, die ihnen schaden würden. Zum Beispiel streuen grüne Algen grüne Lichtstrahlen und absorbieren die anderen. Ein grünes Tier, das unter ihnen lebt, wird also nur grüne Strahlen empfangen. Das ist beispielsweise der Fall bei *Hippolyte varians*. Nachts, wenn der Pigmentapparat nicht gebraucht wird, ziehen sich die Chromatophoren zusammen. Man hat es hier mit der von Cuénot so genannten *antispektralen Homochromie* zu tun, die beim Insekt dem Streben nach einem »Gefühl des Wohlbefindens« entspräche.[13]

[12] Jacques Loeb, »Die Bedeutung der Anpassung der Fische an den Untergrund für die Auffassung des Mechanismus des Sehens«, in: *Zentralblatt für Physiologie* 25/22 (1912), S. 1015–1017, hier: S. 1017.

[13] Lucien Cuénot, »Recherches sur la valeur protectrice de l'homochromie chez quelques animaux aquatiques«, in: *Annales des sciences naturelles*, 10. Serie, Zoologie 10 (1927), S. 123–150. Es kann sich im Übrigen nicht um eine rein mechanische Photographie handeln, zumindest wenn eine Zeichnung vorhanden ist, denn bei einem sich bewegenden Tier hat die sich verändernde Umgebung in jedem Moment Auswirkungen auf die verschiedenen Zellen. Vignon nimmt an, dass *im Unbewussten der Reflexe das Insekt ein Werk komponiert*. Der Mimetismus, so schreibt er, ist manchmal mehr organisch, manchmal mehr psychisch.

Bisweilen ist die Erklärung noch elementarer und verweist auf die Nahrung und deren Bestandteile, etwa wenn sich die Pigmente der aufgenommenen Stoffe auf der Haut ablagern: So hängt die Färbung von *Archidoris tuberculata* (Arcachon) allein von der Farbe der Schwämme ab, von denen sie sich nährt (alimentäre Homochromie).[14] Notfalls genügt der Einfluss des reflektierten Lichtes, vergleichbare Phänomene hervorzurufen: Manche Raupen spinnen blaue Seide, wenn sie mit blauem Licht beleuchtet werden.[15]

Die finalistischen Interpretationen, die sich – vor ihrer mechanistischen Erklärung – um diese Tatsachen rankten, verdankten ihren dauerhaften Erfolg jedoch einer anderen Gruppe von Phänomenen. Wallace hatte bemerkt, dass auffällig gefärbte Insekten im Allgemeinen einen Ekelgeschmack oder Ekelgeruch aufwiesen, sodass der Räuber, der einmal die Erfahrung mit diesen Beutetieren gemacht hatte, gewarnt war. Die grelle Färbung diente dazu, ihm diesen ersten Missgriff dauerhaft einzuprägen – daher der Name, den Wallace ihr gab: *warning colours*. Zudem stellte man fest, dass offenbar auch nichtekelerregenden und entfernten Gruppen angehörende Arten Gestalt und Farbe dieser ungenießbaren Arten nachahmten, um sich den Widerwillen, den Letztere den Verfolgern einflößen, zunutze zu machen. Es sind die auf solche Erscheinungen eingeschränkten Ähnlichkeiten, die die Bezeichnung *Bates'sche Mimikry* erhielten, nach dem Namen

[14] Lucien Cuénot, *La Genèse des espèces animales*, Paris: F. Alcan 1911, S. 459ff.

[15] Le Dantec, *Lamarckiens et Darwiniens*, S. 104. Auch Schröder hat gezeigt, dass die Homochromie der Raupen von *Eupithecia oblongata* keine alimentäre Homochromie ist, sondern durch die von den Blumen reflektierten farbigen Lichtstrahlen bestimmt ist. Cuénot, *La Genèse des espèces animales*, Paris: F. Alcan [3]1932, S. 507.

von H. W. Bates, der nur die Fälle berücksichtigt sehen wollte, bei denen der nachahmenden Art die Verteidigungsmittel der nachgeahmten Art gänzlich abgehen, wie etwa im Fall der genießbaren Papilloniden, die die ekelerregenden Danaiden nachahmen.[16] Aber abgesehen davon, dass nicht alle ekelerregenden Arten sich mit Warnfarben schmückten, gab es zu viele Fälle, bei denen die beobachtete Ähnlichkeit vollkommen nutzlos war. Daher kam Willey zu dem Schluss, dass die Bates'sche Mimikry nur eine einfache Konvergenz sei, die keinerlei Erklärung bedurfte.[17] Aber wie Paul Vignon bemerkt, bleibt auch eine unwirksame Finte eine Finte.[18] Fritz Müller (1878–79) wiederum legte eine Erklärung für jene Arten vor, die gleichermaßen ungenießbar sind und dennoch täuschend ähnlich aussehen: Es sei eine zwischen diesen Arten abgeschlossene Versicherung, mit der sie beide von der Erfahrung profitierten, die ein Räuber mit einer von ihnen gemacht hat.[19] Offensichtlich ist die Müller'sche Mimikry, mehr noch als die Bates'sche Mimikry, nichts weiter als die Folge einer biologischen Konvergenz. Jedenfalls sind Einwände und Kritiken nicht ausgeblieben, und zwar sowohl grundsätzlicher Art wie auch im Hinblick auf die Modalitäten.[20] Es gibt im Übrigen noch andere

[16] Vgl. Cuénot, *La Genèse des espèces animales*, 1. Aufl., S. 472, Abb. 117. Ein *Papilio agestor*, der einen *Danaïs tytia* nachahmt.

[17] Vgl. Eugène Louis Bouvier, *Habitudes et métamorphoses des insectes*, Paris: E. Flammarion 1921, S. 139.

[18] Vignon, *Introduction à la biologie expérimentale*, S. 320.

[19] Giard belegt dasselbe Phänomen mit dem Begriff *isotypischer Mimetismus*: Auch er nimmt an, dass der Vogel, der die Arten nicht auseinanderhalten kann, sie seltener angreifen wird.

[20] Es wurde bestritten, dass diese Art des Mimetismus die Sehschärfe der Fressfeinde täuschen könnte. Vor allem wurde angemerkt, dass die These nur zutrifft, wenn der Räuber seine erste Erfahrung mit dem nachgeahmten Tier macht, denn es ist klar, dass im umgekehrten Fall, also wenn er zuerst dem genießbaren Tier begegnet, ihm

Arten des defensiven Mimetismus, die auf der Wahrnehmung stark leuchtender Farben basieren. Das ist der Fall bei der *gestaltauflösenden Färbung*, wenn sich auf dunklen Körperstrukturen deutlich sichtbare Flecken oder Linien abzeichnen. Nur sie sind dann sichtbar und die Gestalt des Insekts ist nicht mehr erkennbar. Darüber hinaus gibt es die *Blendfärbung*, bei der lebhafte Farben nur während des Flugs wahrnehmbar sind. Wenn sich das Insekt niederlässt, bleibt der Lichteindruck für einen Augenblick auf der Netzhaut und das Tier nutzt den Moment, um sich in Sicherheit zu bringen.[21]

Bleibt zuletzt der Fall, wo ein wehrloses Tier zu seinem eigenen Schutz das Aussehen eines gefährlichen annimmt. Man vergleiche etwa den bienenförmigen Schmetterling *Trochilium* und die Wespe *Vespa crabro*: Beide haben die gleichen rauchfarbenen Flügel, die gleichen braunen Beine und Fühler, den gleichen schwarz-gelb geringelten Hinterleib und Thorax, denselben robusten und geräuschvollen Flug am helllichten Tag. Mitunter treiben es die mimetischen Tiere noch ›bunter‹; so die Raupe des *Choerocampa elpenor*, die auf ihrem vierten und fünften Segment zwei augenförmige, schwarz geränderte Flecken zeigt; wird sie gereizt, zieht sie ihre vorderen Ringe zusammen, der vierte bläht sich mächtig auf und es entsteht ein Schlangenkopf, der Eidechsen und kleine Vögel zu täuschen vermag, die durch diese plötzliche Erscheinung

dies eine Ermutigung wäre, weiterzumachen (Étienne Rabaud, *Eléments de biologie générale*, Paris: F. Alcan [2]1928, S. 419). Schließlich ist klar, dass Geschmack, Geruch und selbst Giftigkeit extrem relativ sind und man insbesondere nicht vom Menschen auf das angreifende Tier schließen sollte (ebd., S. 423).

21 Vgl. Cuénot, *La Genèse des espèces animales*, 3. Aufl., S. 527f.

erschreckt werden.[22] Wenn *Smerinthus ocellata*, der wie alle Schwärmer seine Hinterflügel in der Ruhestellung verbirgt, bedroht wird, enthüllt er sie nach Weismann plötzlich mit ihren zwei großen blauen ›Augen‹ auf rotem Grund und jagt so dem Angreifer einen heftigen Schrecken ein.[23] Dieses Gebaren wird von einer Art Trance begleitet. In Ruhestellung ähnelt das Tier vertrockneten und spitz zulaufenden Blättern. Aufgestört klammert es sich an seinen Halt an, fährt seine Antennen aus, wölbt seinen Thorax auf, zieht seinen Kopf ein, betont die Krümmung seines Hinterleibs, während sein ganzer Körper zittert und vibriert. Ist der Anfall vorbei, kehrt es langsam zur Bewegungslosigkeit zurück. Experimente von Standfuß haben die Effektivität dieses Verhaltens gezeigt: Meisen, Rotkehlchen und Nachtigallen werden erschreckt, nicht jedoch die graue Nachtigall.[24] Mit ausgebreiteten Flügeln ähnelt der Schmetterling tatsächlich dem Kopf eines riesigen Raubvogels. Das deutlichste Beispiel dieser Art ist sicher dasjenige des Schmetterlings *Caligo* aus den Wäldern Brasiliens, den Vignon folgendermaßen beschreibt: »Es gibt einen glänzenden Fleck, eingefasst von einem lidförmigen

[22] Ebd., S. 470 u. 473.

[23] August Weismann, *Vorträge über die Deszendenztheorie*, Bd. I, Jena: G. Fischer 1904, S. 78f. Diese schreckenerregende Verwandlung geht automatisch vor sich. Man kann sie mit den Hautreflexen der Tiere vergleichen, die nicht immer einen verbergenden Farbwechsel herbeiführen, sondern ihnen mitunter ein eher erschreckendes Aussehen verleihen. Einer Katze sträubt sich beim Anblick eines Hundes das Fell, sodass sie, weil sie sich erschreckt, selbst erschreckend wirkt. Le Dantec, von dem diese Bemerkung stammt (ders., *Lamarckiens et Darwiniens*, S. 139), erklärt mit ihr das beim Menschen als *Gänsehaut* bekannte Phänomen, welches vor allem in Momenten großer Furcht auftritt. Es hat sich erhalten, obwohl es durch die Atrophie des Kapillarsystems unwirksam geworden ist.

[24] Vgl. Max Standfuß, »Beispiele von Schutz- und Trutzfärbung«, in: *Mitteilungen der Schweizerischen entomologischen Gesellschaft* 11 (1906), S. 155–157. Vignon, *Introduction à la biologie expérimentale*, S. 356.

Kreis, sodann dicht an dicht Ringe aus kleinen, radial angeordneten Federn mit unregelmäßigen Mustern, die mit höchster Genauigkeit das Gefieder einer Schleiereule nachahmen, während der Körper des Schmetterlings dem Schnabel desselben Vogels entspricht.«[25] Die Ähnlichkeit ist so frappierend, dass die Eingeborenen Brasiliens ihn anstelle des Tieres, das er nachahmt, an ihren Scheunentoren anbringen. Manche Vögel, die normalerweise von den Ozellen des *Caligo* erschreckt werden, vertilgen ihn unverzüglich, wenn man sie aus den Flügeln herausschneidet.[26]

Es ist nur zu offensichtlich, dass der Anthropomorphismus in den vorangegangenen Fällen eine entscheidende Rolle spielt: Die Ähnlichkeit liegt nur im Auge des Betrachters. Objektiv gegeben ist allein die bannende Wirkung, wie sich vor allem an *Smerinthus ocellata* zeigt, der im Grunde nichts wirklich Gefährlichem ähnelt. Nur die augenförmigen Flecken spielen eine Rolle; eine Aussage, die durch das Verhalten der Eingeborenen Brasiliens bestätigt wird: Die ›Augen‹ des *Caligo* müssen zweifellos mit dem apotropäischen *Oculus individiosus*, dem *bösen Blick* in Verbindung gebracht werden, der – wenn man ihn gegen die bösen Mächte wendet, zu denen er, bannendes Organ par excellence, natürlich selbst gehört – ebenso schützen wie schaden

[25] Paul Vignon, »Sur le matérialisme scientifique ou mécanisme anti-téléologique«, in: *Revue de philosophie* 562 (Mai 1904), S. 557–567, hier: S. 562. An anderer Stelle (*Introduction à la biologie expérimentale*, S. 353f.) spricht Vignon sogar von einer *Pseudo-Wimper* und einer *Quasi-Träne*. Vgl. Maurice Girard, *Traité d'entomologie*, Bd. III, Paris: J.-B. Baillière et Fils 1885, S. 201; Armand Janet, *Les Papillons*, Paris: Société d'éditions scientifiques et littéraires 1902, S. 331–336.

[26] Versuch von Anton Hermann Fassl, mitgeteilt von Martin Hering. Vgl. Vignon, *Introduction à la biologie expérimentale*, S. 355.

kann.[27] Hier gilt das Argument des Anthropomorphismus nicht, denn im gesamten Tierreich ist das Auge das Vehikel der Bannkraft. Hingegen ist der Einwand überzeugend, wenn er sich gegen die tendenziöse Ähnlichkeitsthese richtet: Selbst unter einem menschlichen Gesichtspunkt sind Ähnlichkeiten in dieser Gruppe von Tatsachen nicht wirklich schlüssig.

Anders verhält es sich im Fall der *Homomorphie*, wo nicht nur die Farbe, sondern die ganze Morphologie eine Ähnlichkeit aufweist – und zwar mit der unbelebten Umgebung, nicht aber mit einer anderen Tierart. Man steht da einem wesentlich verstörenderen und im Grunde kaum zu durchdringenden Phänomen gegenüber, für das eine unmittelbar mechanische Erklärung, wie sie für die Homochromie gegeben wurde, nicht vorstellbar ist. Wie man sehen wird, ist hier die Übereinstimmung objektiv so vollkommen und zeigt sich unter so ungewöhnlichen Umständen, dass es absolut unmöglich ist, sie einer rein menschlichen Projektion zuzuschreiben.[28]

An Beispielen ist kein Mangel: Die *Calappes* gleichen abgegriffenen Kieselsteinen, die *Chlamys* Samenkörnern, die *Moenas* Kies, die *Palaemon* Schleim; der Fetzenfisch *Phyllopteryx* der Sargasso-See ist, wie auch

[27] Über den bösen Blick und Tiere mit bannender Wirkung siehe das berühmte Werk von Seligmann, *Der böse Blick und Verwandtes*, bes. Bd. II, S. 469. Zum apotropäischen Gebrauch des Auges siehe Paul Perdrizet, *Negotium perambulans in tenebris. Études de démonologie gréco-orientale* (= *Publications de la Faculté des Lettres de l'Université de Strasbourg*, Fasz. 6), Straßburg: Presses universitaires 1922.

[28] Dies ist dennoch die von Étienne Rabaud in seinem Werk *Le Transformisme et l'expérience* (Paris: F. Alcan 1911) gegen jede Evidenz vertretene These. Aber angesichts der allgemeinen Haltung Rabauds kann man von seiner Seite nichts anderes erwarten, als dass er alles, was von den Vertretern der Abstammungslehre zur Unterstützung ihrer These verwendet wurde, aufs Heftigste zurückweist.

der *Antennarius* und der *Pterophryne*,[29] nur ein »algenartiges Etwas mit langen fließenden Bändern«.[30] Der Tintenfisch zieht seine Tentakel ein, krümmt seinen Rücken, passt seine Farbe an und erinnert so an einen Kieselstein. Die weißen und gelben Hinterflügel des *Aurorafalters* aus der Gattung der Pieriden täuschen Doldenblütler vor; die Buckel, Knoten und Streifen des *Lichneus mariatus* passen diesen vollkommen in die Rinde der Pappeln ein, auf denen er lebt. Der *Lithinus nigrocristinus* aus Madagaskar und die Baumwanzen sind von Flechten nicht zu unterscheiden.[31] Man weiß, wie weit der Mimetismus der Mantiden geht, deren Beine Blütenblätter vortäuschen oder zu Korollen zusammengelegt sind, und die an Blumen erinnern, indem sie durch ein sachtes mechanisches Wiegen die Wirkung des Windes nachahmen.[32] Der *Cilix compressa* ähnelt Vogeldreck, der *Cerodeylus laceratus* von Borneo mit seinen blattartigen hell-olivgrünen Auswüchsen einem mit Moos bewachsenen Zweig. Letzterer gehört zur Familie der Phasmiden, die sich für gewöhnlich »in Wäldern an Sträucher hängen und die seltsame Gewohnheit haben, ihre Beine unregelmäßig hängen zu lassen, was den Irrtum noch leichter macht«.[33] Zur selben Familie gehören auch die Stabheuschrecken, die kleinen Zweigen ähneln. Der *Ceroys* und der *Heteropteryx* täuschen vertrocknete Dornenzweige vor, die Buckelzirpen, Homopteren aus den Tropen, Knospen oder Dornen, allen voran das Dorneninsekt *Umbonia*

[29] Cuénot, *La Genèse des espèces animales*, 1. Aufl., S. 453.
[30] Murat, *Les Merveilles du monde animal*, S. 37f.
[31] Cuénot, *La Genèse des espèces animales*, 1. Aufl., S. 454, Abb. 114.
[32] Vgl. die Verweise im vorangehenden Kapitel.
[33] Alfred Russel Wallace, *La Sélection naturelle*, Paris: C. Reinwald 1872, S. 62.

orozimbo. Die Spannerraupen unterscheiden sich kaum von den Trieben von Sträuchern, was von gewissen Hautverdickungen noch befördert wird. Jedermann kennt die Phyllien, die Blättern zum Verwechseln ähnlich sehen. Mit ihnen nähert man sich der perfekten Homomorphie, wie sie manchen Schmetterlingen eigen ist: allen voran *Oxydia*, der sich quer an das Ende eines Zweiges setzt und mit seinen dachförmig ausgebreiteten Vorderflügeln das Aussehen eines Endblattes mimt; ein Aussehen, das durch eine dunkle, über alle vier Flügel laufende Linie, die die Mittelrippe des Blattes nachahmt, noch betont wird.[34]

Andere Arten haben ihr Aussehen noch weiter vervollkommnet: Ihre Hinterflügel sind mit einem schmalen Fortsatz versehen, den sie als Stiel verwenden, wodurch sie »gleichsam eine Einpassung in die Pflanzenwelt«[35] erreichen. Beide Flügel zusammen zeichnen das lanzettförmige Oval nach, das für die Blattform charakteristisch ist, und auch hier ersetzt ein – diesmal allerdings länglicher – Fleck, der sich von einem zum andern Flügel fortsetzt, die Mittelrippe – folglich muss »die organmotorische Kraft [...] jeden einzelnen der Flügel überaus sachkundig zugeschnitten und organisiert haben, hat sie doch auf diese Weise eine bestimmte Form realisiert, die nicht an sich, sondern nur in Verbindung mit dem anderen Flügel in Erscheinung tritt«.[36] Dies ist vor allem bei den *Coenophlebia archidona* Mittelamerikas[37] und den verschiede-

[34] Vgl. Rabaud, *Eléments de biologie générale*, S. 412, Abb. 54.
[35] Vignon, »Sur le matérialisme scientifique ou mécanisme anti-téléologique«, o. S.
[36] Ebd.
[37] Yves Delage u. Marie Goldsmith, *Les Théories de l'évolution*, Paris: E. Flammarion 1909, S. 74, Abb. 1.

nen Arten der *Kallima* der indomalayischen Region der Fall, die eine gründlichere Untersuchung verdienten. Die Unterseite ihrer Flügel gibt, entsprechend der oben angegebenen Disposition, das Blatt von *Nephelium longana* wieder, auf dem sie sich vorzugsweise niederlassen. Einem Naturforscher zufolge, der im Auftrag der Londoner Firma Kirby & Co. in Java mit diesen Schmetterlingen Handel trieb, fliegt jede der verschiedenen Varietäten von *Kallima* (*K. inachus*, *K. paralekta*, ...) immer nur einen Busch an, dem sie jeweils ganz besonders ähnelt.[38] Bei diesen Schmetterlingen umfasst die Nachahmung selbst noch die kleinsten Details: So tragen die Flügel an Flechtenbefall und spiegelnde Fensterpartien erinnernde grau-grüne Flecken, die ihnen das Aussehen von durchlöcherten, zerfallenden Blättern verleihen, und simulieren dabei »die Schimmelflecken, mit denen die Blätter dieser Gewächse übersät sind, ja sogar die durchsichtigen Vernarbungen, die die phytophagen Insekten erzeugen, wenn sie stellenweise die Parenchyme der Blätter fressen und nur die durchscheinende Epidermis übriglassen. Die Nachahmungen werden von perlmuttartigen Flecken hervorgebracht, denen ähnliche Flecken auf der Oberseite der Flügel entsprechen.«[39]

Diese extremen Beispiele haben zu zahlreichen Erklärungsversuchen Anlass gegeben, von denen jedoch keiner wirklich befriedigend ist. Nicht einmal der Mechanismus des Phänomens ist geklärt. Man kann natürlich mit E. L. Bouvier erklären, dass sich

[38] Murat, *Les Merveilles du monde animal*, S. 30.

[39] Rémy Perrier, *Cours élémentaire de zoologie*, Paris: Masson [5]1912, zit. n. Murat, *Les Merveilles du monde animal*, S. 27f.

die mimetischen Arten durch die Hinzufügung von Schmuck vom Normaltypus entfernen: »Verbreiterung des Körpers und seiner Fortsätze bei den Blattschrecken, besonderer Zuschnitt der Deckflügel bei den Baumwanzen, Entwicklung von Höckern bei vielen Spannerraupen usw.«[40] Dabei handelt es sich jedoch um einen Missbrauch des Wortes Schmuck, und vor allem ist es eher eine Feststellung als eine Erklärung. Auch der Begriff der *Präadaptation* (Insekten suchen Umgebungen auf, mit denen ihre Hauptfärbung übereinstimmt, oder passen sich dem Gegenstand an, dem sie am meisten ähneln) ist unzureichend angesichts von Phänomenen von einer derartigen Genauigkeit. Noch unzureichender ist der Rückgriff auf den Zufall, selbst wenn er so subtil erfolgt wie bei Cuénot. Dieser befasst sich zunächst mit dem Fall gewisser Blattschrecken aus Java und Ceylon (*Ph. siccifolium* und *Ph. pulchrifolium*), die vorzugsweise auf den Blättern des Guavenbaums leben, denen sie durch die subterminale Einschnürung ihres Hinterleibes ähneln. Nun ist aber der Guavenbaum keine einheimische Pflanze, sondern wurde aus Amerika eingeführt.

Bei diesem Beispiel ist die Ähnlichkeit, sollte sie denn bestehen, tatsächlich zufällig. Ohne sich um den Ausnahmecharakter (oder besser gesagt, um die Einzigartigkeit) des Falls zu kümmern, behauptet Cuénot jedoch, die Ähnlichkeit des Schmetterlings *Kallima* sei generell das Ergebnis des Zufalls, da sie durch eine einfache Anhäufung verschiedener Faktoren hervorgebracht werde (stielartiger Fortsatz, lanzettförmige

[40] Bouvier, *Habitudes et métamorphoses des insectes*, S. 146.

Vorderflügel, Mittelrippe, durchsichtige Zonen und Fensterpartien), die man auch bei nichtmimetischen Arten antrifft und die dort in keiner Weise bemerkenswert sind: »Die Übereinstimmung wird erreicht durch die Addition einer gewissen Anzahl kleiner Details, von denen jedes für sich nichts Außergewöhnliches an sich hat und die vereinzelt auch bei verwandten Arten anzutreffen sind; nur deren Vereinigung bringt jene außergewöhnliche Blattnachahmung hervor, die bei den jeweiligen Individuen, die sich untereinander beträchtlich unterscheiden, mehr oder weniger gelungen ist [...]. Es ist eine ganz gewöhnliche Kombination, erstaunlich nur wegen ihrer Ähnlichkeit mit einem Gegenstand.«[41] Diesem Autor zufolge ist auch die Spannerraupe von *Ourapteryx sambucaria* eine *ganz gewöhnliche Kombination*, bestehend aus einer charakteristischen Haltung, einer bestimmten Hautfarbe, Hautverdickungen und dem Instinkt, auf bestimmten Gewächsen zu leben. Es handelt sich im Übrigen nicht einmal um einen Instinkt. Die Ähnlichkeit mit dem Träger kann nämlich ganz natürlich als einfaches Epiphänomen erklärt werden, denn es hat offensichtlich einen mechanischen Grund, dass »die abgeflachten Insekten wie die Blattschrecken vorzugsweise Büsche mit breiten, ledrigen Blättern wählen, die sie sicher tragen, während ein längliches Insekt wie unsere Gespenstschrecke *Clonopsis gallica* sich gerne auf den zahlreichen dünnen Zweigen des

[41] Cuénot, *La Genèse des espèces animales*, 1. Aufl., S. 465. In der 3. Aufl. seines Werkes erwähnt Cuénot tatsächlich den Fall von Ähnlichkeiten, deren Zufälligkeit nicht zu leugnen ist: etwa den Pilz *Phallus impudicus*, der einem erigierten Penis gleicht, oder die Pseudolandschaften, welche die Dendriten von Eisenoxiden auf Gesteinsflächen zeichnen (S. 517). Diese Ähnlichkeiten sind jedoch viel doppeldeutiger und lassen sehr viel mehr Raum für Interpretationen als die gültigen Fälle von Mimetismus.

Ginsters (Arcachon) oder des Meerträubels, des *Ephedra distachya* (Loire-Atlantique) niederlässt, an denen es sich leicht festhalten kann.«[42] Das Argument ist freilich nicht überzeugend, denn unter dem Gesichtspunkt der Mechanik ist es keineswegs notwendig, dass die abgeflachten Insekten stets auf Pflanzen mit breiten Blättern bleiben und die Stabinsekten auf Büschen mit dünnen Zweigen: Es ist lediglich bequemer.[43] Vor allem fällt es schwer zu glauben, dass die erzielte Ähnlichkeit das Ergebnis *gewöhnlicher Kombinationen* von gewissen Details ist, denn diese können zusammen vorhanden sein, ohne dass sie *sich ergänzen*, ohne dass sie eine Ähnlichkeit ergeben: Es ist nicht das gleichzeitige Vorkommen von Elementen, das verstörend und entscheidend ist, sondern ihre *wechselseitige Organisation*, ihre *reziproke Topographie*.

Besser, man versucht es unter diesen Bedingungen mit einer gewagten Hypothese, die einer Bemerkung Le Dantecs zu entnehmen ist, der zufolge bei den Vorfahren von *Kallima* eine Formbarkeit der Hautorgane vorausgesetzt werden müsste, die das Simulieren von Blattfraß gestattete, wobei der Nachahmungsmechanismus verlorengegangen wäre sowie das morphologische Merkmal entsprechend dem Lamarck'schen Gesetz erworben war (das heißt im vorliegenden Fall sowie die Ähnlichkeit erreicht war).[44] Der morphologische Mimetismus könnte somit – ganz wie der chromatische

[42] Cuénot, *La Genèse des espèces animales*, 3. Aufl., S. 520f.

[43] Ich bitte den Leser, sich auf die Photographien zu beziehen, welche die erste Version dieser Studie in *Minotaure* 7 (1935) illustrieren und die keineswegs mit dieser Absicht ausgewählt wurden: Man sieht dort Phyllien ganz entspannt an kleinen Zweigen (S. 5) und eine Riesenstabheuschrecke, die an breiten, ledrigen Blättern hängt (S. 9). Man sieht, wie relativ Cuénots Argument ist.

[44] Le Dantec, *Lamarckiens et Darwiniens*, S. 143.

Mimetismus – eine echte Photographie sein, allerdings eine der Form und der Oberflächenstruktur, eine Photographie auf der Ebene des Objekts und nicht auf der des Bildes, eine Reproduktion im dreidimensionalen Raum mit seiner Fülle und Tiefe: eine Skulptur-Photographie oder besser eine *Teleplastik*, wenn man das Wort jeglichen metapsychischen Inhalts entkleidet.

Diese Hypothese, die freilich so nicht formuliert wird, erscheint letztendlich als die einzig wahrscheinliche: Alles in allem impliziert sie eine zu einem bestimmten Zeitpunkt gegebene Plastizität des Organismus, aufgrund derer seine Morphologie infolge heute unwirksamer Einflüsse modelliert werden konnte. Aber ist diese Plastizität nicht das grundlegende Postulat jeder transformistischen Theorie? Der Transformismus ist nun aber nach den entscheidenden Beiträgen der Paläoontologie mehr eine Tatsache als eine Theorie. Die rein mechanistische Hypothese der Photographie der Formen gestattet zudem, die Theorie Le Dantecs, der dem Willen des Insekts eine maßgebliche Rolle zuspricht, außer Betracht zu lassen. Bei der zunächst nur ungefähren, dann aber immer genauer werdenden Ähnlichkeit handelt es sich nach Le Dantec tatsächlich um das Ergebnis einer willentlichen Nachahmung. So auch bei den Stabschrecken: »Nachdem sie lange genug ›vertrocknete Stäbchen‹ gespielt haben und aufgrund eines normalen Phänomens der Kinetogenese haben es diese seltsamen Insekten erreicht, eine immer ausgeprägtere morphologische Ähnlichkeit mit einem Haufen kleiner Holzstückchen zu erwerben.«[45] Ebenso wäre

[45] Ebd., S. 143f.

Kallima einst *bestrebt* gewesen, das Blatt eines Strauches nachzuahmen. Es ist leicht zu verstehen, was den Autor zu einer so verzweifelten Behauptung veranlasst haben mag: Die natürliche Zuchtwahl als passiver Faktor ist nun einmal nicht imstande, von sich aus etwas Neues hervorzubringen.[46] Tatsächlich berief man sich seit Wallace zur Erklärung des Mimetismus für gewöhnlich auf die natürliche Zuchtwahl, in deren Zusammenhang er eine Abwehrreaktion darstellt. É. Rabaud hat in einer überaus subtilen Diskussion gezeigt, dass der Mimetismus dann in den Zwischenphasen der Entwicklung hin zur Ähnlichkeit ein zugleich ausreichendes und unzureichendes Schutzmittel gewesen sein müsste: ein ausreichendes, um die Art zu erhalten, ein unzureichendes, um die Transformation voranzutreiben. Andererseits kann es nicht sein, dass das Aufkommen einer unsichtbaren Form die vorhergehende, bis dahin unsichtbare Form sichtbar macht. Diese vorhergehende Form war entweder sichtbar und der Mimetismus war für das Tier kein Schutz, oder sie war unsichtbar und es gab für das Tier keinerlei Notwendigkeit, seine Ähnlichkeit zu vervollkommnen.[47] Angesichts des Einwands, es könnte eine Gegenanpassung der Sehschärfe des Räubers in der Art des Gegeneinanders von Granate und Panzerung stattgefunden haben, stellt sich Rabaud die Frage, wohin diese unendliche Vervollkommnung wohl führen würde: »Die Unsichtbarkeit hat indes eine Grenze, die erreicht ist, wenn man für das Auge von der Umgebung nicht mehr zu unterscheiden ist. Ab dieser Grenze

[46] Ebd., S. 120.
[47] Rabaud, *Eléments de biologie générale*, S. 417f.

ändert sich die Unsichtbarkeit nur noch, indem sie zu existieren aufhört, was uns in die Nähe des Absurden führt.«[48]

Es gibt näherliegende und weniger sophistisch anmutende Gründe, die verhindern, den Mimetismus als Abwehrreaktion zu betrachten. Zunächst könnte dies nur für Fressfeinde gelten, die auf Sicht und nicht auf Geruch jagen, wie es häufig der Fall ist. Zudem kümmern sich diese im Allgemeinen nicht um Beutetiere, die sich nicht bewegen: Regungslosigkeit wäre ihnen gegenüber daher eine bessere Verteidigung, und in der Tat setzen die Insekten häufig die vorgetäuschte Totenstarre zu diesem Zweck ein.[49] Es gibt auch andere Mittel: Ein Schmetterling kann, um sich unsichtbar zu machen, die Taktik des *Satyrus asiaticus* anwenden, der, seitlich an einer Blume hängend, beim Ruhen seine Flügel zusammenlegt und auf diese Weise nur noch eine sehr feine, kaum wahrnehmbare Linie darbietet und sich zudem mit dem Beobachter mitdreht, sodass dieser stets nur diese Minimalfläche wahrnimmt.[50] Die Versuche von Judd[51] und Foucher[52] haben die Frage indes endgültig entschieden: Die Räuber lassen sich weder durch Homomorphie noch durch Homochromie täuschen, sie vertilgen sowohl die Feldheuschrecken zusammen mit dem Eichenlaub wie auch die Rüsselkäfer, die wie kleine Kieselsteine aussehen und für den Menschen vollkommen unsichtbar sind. Die

48 Ebd., S. 430.

49 Cuénot, *La Genèse des espèces animales*, 1. Aufl., S. 461.

50 Murat, *Les Merveilles du monde animal*, S. 46.

51 Sylvester Dwight Judd, »The Efficiency of Some Protective Adaptations in Securing Insects from Birds«, in: *The American Naturalist* 33/390 (1899), S. 461–484, hier: S. 461.

52 Gabriel Foucher, »Études biologiques sur quelques orthoptères«, in: *Bulletin de la Société nationale d'acclimatation de France* 63 (1916), S. 89–98.

Stabschrecke *Carausius morosus*, die durch ihre Form, Farbe und Haltung ein dürres Ästchen vortäuscht, kann nicht im Freien aufgezogen werden, da sie von den Spatzen unverzüglich entdeckt und vertilgt wird. Allgemein findet man in den Mägen von Räubern zahlreiche Überreste mimetischer Insekten. Daher ist es auch nicht verwunderlich, dass diese manchmal noch über andere, wirksamere Verteidigungsmittel verfügen. Umgekehrt sind auch ungenießbare und infolgedessen geschützte Arten mimetisch und so muss man wohl mit Cuénot folgern, dass es sich hier um ein »Epiphänomen« handelt, dessen »Schutzwirkung offenbar gleich null ist«.[53] Bereits Delage und Goldsmith hatten bei *Kallima* auf ein »Übermaß an Vorsichtsmaßnahmen« hingewiesen.[54]

Man hat es also mit einem *Luxus* zu tun und sogar mit einem gefährlichen Luxus, denn nicht selten kommt ein Tier durch den Mimetismus vom Regen in die Traufe: Die Spannerraupen ahmen die Triebe der Sträucher, auf denen sie leben, so täuschend ähnlich nach, dass die Gärtner sie mit der Gartenschere abschneiden;[55] der Fall der Blattschrecken ist noch erbärmlicher, sie benagen sich gegenseitig, da sie sich für Blätter halten.[56] Man könnte hier an eine Art kollektiven Masochismus

[53] Cuénot, *La Genèse des espèces animales*, 1. Aufl., S. 463. Zur Wirksamkeit des Mimetismus vgl. Charles Benedict Davenport, »Elimination of Self-Coloured Birds«, in: *Nature* 78/2014 (1898), S. 101; Franz Theodor Doflein, »Über Schutzanpassung durch Ähnlichkeit (Schutzfärbung und Mimikry)«, in: *Biologisches Zentralblatt* 28 (1908), S. 243–254, S. 243; Annie H. Pritchett, »Some Experiments in Feeding Lizards with Protectively Coloured Insects«, in: *The Biological Bulletin* 5/5 (1903), S. 271–287, hier: S. 271. Siehe ferner die Bibliographie v. Cuénot, *La Genèse des espèces animales*, 1. Aufl., S. 467.

[54] Delage u. Goldsmith, *Les Théories de l'évolution*, S. 74.

[55] Murat, *Les Merveilles du monde animal*, S. 46; Bouvier, *Habitudes et métamorphoses des insectes*, S. 142f.

[56] Murat, *Les Merveilles du monde animal*, S. 36.

glauben, der in wechselseitiger Homophagie endet; die Vortäuschung des Blattes ist bei diesem totemistischen Festmahl eine regelrechte *Provokation* zum Kannibalismus.

Diese Deutung ist weniger willkürlich als gedacht: In der Tat scheinen beim Menschen psychologische Virtualitäten fortzubestehen, die mit diesen Tatsachen seltsam korrespondieren. Selbst wenn man das Problem des Totemismus beiseitelässt, dessen Behandlung in diesem Zusammenhang sicher zu gewagt wäre, bleibt der unermessliche Bereich der mimetischen Magie, der zufolge Gleiches durch Gleiches erzeugt wird und auf der jede Beschwörungspraxis mehr oder weniger beruht. Die Tatsachen müssen hier nicht abermals aufgezählt werden, man findet sie klassifiziert und katalogisiert in den klassischen Werken von Tylor, Hubert und Mauss wie auch von Frazer. Auf einen Punkt muss indes hingewiesen werden, auf die von diesen Autoren glücklicherweise selbst hervorgehobene Korrespondenz zwischen den Prinzipien der Magie und denen der Ideenassoziation. Dem Gesetz der Magie: *Dinge, die miteinander in Berührung gestanden haben, bleiben vereint*, entspricht die Assoziation durch Kontiguität, so wie die Assoziation durch Ähnlichkeit exakt der *attractio similium* der Magie entspricht: *Gleiches erzeugt Gleiches.*[57] So regieren die gleichen Prinzipien hier die subjektive Assoziation der Ideen und dort die objektive Assoziation der Tatsachen; hier die absichtslosen (oder

[57] Natürlich gilt dieselbe Entsprechung für die Assoziation durch Kontrast und das Gesetz der Magie: *Gegensätzliches wirkt auf Gegensätzliches.* Im einen wie im andern Bereich ist es ein Leichtes, diesen Fall auf den der Ähnlichkeit zurückzuführen.

was man so nennt) Verknüpfungen der Gedanken und dort die kausalen Verknüpfungen der Dinge.[58]

Wesentlich ist, dass beim ›Primitiven‹ eine gebieterische Tendenz zur Nachahmung fortbesteht, verbunden mit dem Glauben an die Wirksamkeit dieser Nachahmung, eine Tendenz, die aber auch beim ›Zivilisierten‹ noch mächtig genug ist, bleibt sie bei ihm doch eine der beiden Bedingungen für die Entwicklung seines auf sich selbst gestellten Denkens. Um das Problem nicht übermäßig zu komplizieren, wollen wir die allgemeine Frage der Ähnlichkeit, die noch lange nicht geklärt ist und die eine mitunter entscheidende Rolle im Gefühlsleben und – unter dem Namen der *Korrespondenz* – in der Ästhetik spielt, hier jedoch außer Betracht lassen.

Diese Tendenz, deren Universalität schwerlich bestritten werden kann, könnte die bestimmende Kraft für die aktuelle Morphologie der mimetischen Insekten gewesen sein, und zwar in dem Moment, in dem deren Organismus noch formbarer war als heute – wie man ausgehend vom Transformismus jedenfalls annehmen muss. Der Mimetismus müsste daher zutreffend als *eine auf ihrem Kulminationspunkt fixierte Beschwörung* definiert werden, bei der der Zauberer in die eigene Falle gegangen ist. Man sage nicht, dass es aberwitzig sei, Insekten mit Magie in Verbindung zu bringen: Ein neuer Wortgebrauch darf nicht verdecken, wie einfach die Angelegenheit im Grunde ist. Wie anders als *magischen Zauber* und *Faszination* soll man die Erscheinungen nennen, die man einhellig unter dem Begriff

[58] Vgl. Henri Hubert u. Marcel Mauss, »Entwurf einer allgemeinen Theorie der Magie«, in: Marcel Mauss, *Soziologie und Anthropologie*, Bd. I, S. 43–179, hier: S. 94–108.

des Mimetismus zusammengefasst hat? Ich halte diese Klassifizierung, wie man sich erinnern wird, für missbräuchlich, denn für mich sind die wahrgenommenen Ähnlichkeiten in diesem Fall zu sehr dem Anthropomorphismus geschuldet; befreit von diesen anfechtbaren Übertreibungen und auf das Wesentliche beschränkt, sind diese Tatsachen, zumindest was ihre Genese angeht, aber zweifellos jenen des wirklichen Mimetismus vergleichbar. Ich denke dabei an Erscheinungen, von denen ich weiter oben einige angeführt habe (die Beispiele von *Smerinthus ocellata*, von *Caligo*, der Raupe von *Choerocampa elpenor*) und unter denen das plötzliche Vorzeigen der Ozellen durch die Mantis in Drohstellung, wenn sie ihre Beute lähmen will, besonders herausragt.

Der Rückgriff auf die magische Tendenz des Strebens nach Gleichheit kann im Übrigen nur eine erste Annäherung sein, denn man kommt nicht umhin, über sie selbst Rechenschaft abzulegen. Das Streben nach Gleichheit erscheint wie ein Mittel, wenn nicht gar wie ein Zwischenschritt. Das Ziel ist offensichtlich die *Angleichung an die Umgebung*. Der Instinkt vervollständigt hier die Morphologie: *Kallima* platziert sich symmetrisch zu einem wirklichen Blatt, der Fortsatz seiner Hinterflügel an der Stelle, die der wirkliche Stiel einnehmen würde; *Oxydia* setzt sich quer auf das Ende eines Zweiges, da die Lage der Linie, die die Mittelrippe darstellt, dies so verlangt; *Clolia*, Schmetterlinge aus Brasilien, sitzen aufgereiht auf kleinen Stengeln, sodass sie – in der Art von Maiglöckchen – ganze Blütenstände bilden.[59]

[59] Murat, *Les Merveilles du monde animal*, S. 37.

Man möchte meinen, dass hier eine regelrechte *Versuchung durch den Raum* zu beobachten ist.

Im Übrigen sind auch andere Erscheinungen diesem Zweck untergeordnet, zum Beispiel die sogenannten Schutztrachten. Die Larven von *Ephemeres* bauen sich ein Futteral aus kleinen Zweigen und Kieselsteinen, die von *Chrysomelides* bauen sich eines aus ihren Exkrementen; die Trägerschnecken der Gattung *Xenophora* beladen sich mit nutzlosen Lasten.[60] Die Spinnenkrabben sammeln in der Umgebung, in der sie leben, wahllos Algen und Polypen und pflanzen sie auf ihren Panzer. Die »Verkleidung wirkt wie ein Akt des reinsten Automatismus«,[61] denn sie laden sich alles auf, was man ihnen anbietet (Versuche von Hermann Fol 1886). Dieses Verhalten hängt überdies vom Sehvermögen ab: Es lässt sich weder nachts noch nach der Entfernung der Augenstiele feststellen (Versuche von Aurivillius 1889) – ein weiteres Zeichen dafür, dass es sich um eine Störung der räumlichen Wahrnehmung handelt.[62]

Sowie aber feststeht, dass der Mimetismus kein Abwehrvorgang ist, ist auch klar, dass es sich bei ihm

[60] Vgl. Vignon, *Introduction à la biologie expérimentale*, S. 320–329.

[61] Bouvier, *Habitudes et métamorphoses des insectes*, S. 147–151. Nicht anders die Schlussfolgerung für die Insekten: »das Insekt, das sich verkleidet, braucht den Kontakt mit anderen Körpern, wobei die Art der Körper, die diesen Kontakt ermöglichen, keine Rolle spielt«, ebd., S. 151.

[62] Wird die Art des Untergrunds verändert, entledigt sich die Krabbe ihrer Verkleidung und nimmt ein anderes Aussehen an. Andererseits bemerkt Vignon zu Recht, dass es für die Krabbe trotzdem vorteilhafter ist, sich auf einem steinigen Untergrund mit Algen oder sogar mit Papier zu beladen, denn das Wesentliche für sie besteht darin, nicht als Tier zu erscheinen. Es ist ein anthropozentrisches Vorurteil zu denken, dass sie mit Papier bekleidet auffälliger sei. Minkiewicz schließlich hat gezeigt, dass die Krabbe für Farben empfänglich ist: Bestimmten Lichtstrahlen ausgesetzt, antwortet sie mit einer chromokinetischen Reaktion. Wird sie mit grünem Licht beleuchtet, bekleidet sie sich mit grünem Papier etc. (nur in der Dunkelheit bekleidet sie sich mit allen Farben). Alles in allem scheint es sich dabei um ein automatisches Verhalten zu handeln (Chromotropismus). Vgl. Vignon, *Introduction à la biologie expérimentale*, S. 342ff.

um eine solche Störung handeln muss. Zweifelsohne ist die räumliche Wahrnehmung ein komplexes Phänomen. Der Raum wird simultan wahrgenommen und vorgestellt und ist insofern ein doppelter Dieder, dessen Größe und Lage sich ständig verändert:[63] ein *Dieder der Handlung*, dessen horizontale Ebene der Boden und dessen vertikale Ebene der Mensch selbst ist, der sich bewegt und dadurch den Dieder mit sich trägt; sowie ein *Dieder der Vorstellung*, der bestimmt wird durch dieselbe horizontale Ebene wie zuvor (aber vorgestellt und nicht wahrgenommen) und der in der Entfernung, in der der Gegenstand erscheint, vertikal durchschnitten wird. Gerade beim vorgestellten Raum tritt das Drama besonders hervor, denn das Lebewesen, der Organismus, ist nicht mehr der Ursprung der Koordinaten, sondern ein Punkt unter vielen; es ist seines Privilegs beraubt und *weiß* (im starken Wortsinn) *nicht mehr, wohin mit sich*. Man kann schon das Eigentümliche der wissenschaftlichen Haltung erkennen,[64] und es ist höchst bemerkenswert, dass es gerade vorgestellte Räume sind, welche die moderne Wissenschaft in wachsender Zahl hervorbringt: Finsler-Raum, Fermats dunkler Raum, Riemann-Christoffels Hyperraum, abstrakte, verallgemeinerte, offene und geschlossene Räume, dichte und verstreute usw. Die Empfindung der eigenen Persönlichkeit als eines Gefühls des Organismus, sich von seiner Umgebung abzuheben, die Verbindung zwischen dem Bewusstsein und einem bestimmten Punkt im Raum, muss unter diesen Bedingungen

[63] Vgl. Louis Lavelle, *La Perception visuelle de la profondeur*, Straßburg: Commission des publications de la Faculté des lettres 1921, S. 13.
[64] Tendenziell ist für die Wissenschaft alles Umgebung.

ernsthaft Schaden nehmen; man tritt dann in die Psychologie der Psychasthenie ein, genauer in die Psychologie der *legendären Psychasthenie*, wenn wir die Störung in den oben definierten Beziehungen zwischen Persönlichkeit und Raum so bezeichnen wollen.

An dieser Stelle kann das, worum es geht, nur in groben Zügen zusammengefasst werden, zumal die klinischen und theoretischen Werke Pierre Janets allgemein zugänglich sind. Ergänzend nehme ich in einer kurzen Beschreibung auf persönliche Erfahrungen Bezug, die im Übrigen völlig mit den in der medizinischen Literatur anzutreffenden Beobachtungen übereinstimmen, so etwa mit der Tatsache, dass Schizophrene auf die Frage: Wo sind Sie? gleichbleibend antworten, *Ich weiß, wo ich bin, aber ich fühle mich nicht an dem Ort, an dem ich mich befinde.*[65] Der Raum erscheint diesen enteigneten Wesen als eine alles verschlingende Macht. Der Raum verfolgt sie, umzingelt sie, verschlingt sie in einer gigantischen Phagozytose. Zuletzt nimmt er ihre Stelle ein. Der Körper löst sich vom Denken, das Individuum überschreitet seine Körpergrenzen und besetzt die andere Seite seiner Sinne. Es versucht, sich selbst zu sehen, von irgendeinem Punkt im Raum aus. Es fühlt sich selbst Raum werden, *dunkler Raum, in den man nichts hineinstellen kann.* Es ist gleich. Nicht irgend etwas Besonderem gleich, sondern einfach *gleich.* Und es erfindet Räume, deren »konvulsivische Besessenheit« es ist.

[65] Vgl. Eugène Minkowski, »Le Problème du temps en psychopathologie«, in: *Recherches philosophiques* 2 (1933), S. 231–256, hier: S. 239.

Alle diese Formulierungen[66] beleuchten ein und denselben Vorgang: *Depersonalisation durch Angleichung an den Raum*, das heißt das, was der Mimetismus morphologisch an bestimmten Tierarten realisiert. Der magische (man kann ihn tatsächlich ohne Übertreibung so bezeichnen) Einfluss der Nacht und der Dunkelheit, auch *die Furcht im Dunkeln*, hat ihre Wurzeln zweifellos in der Bedrohung des Gegensatzes von Organismus und Umgebung. Die Analysen von Minkowski sind hier von unschätzbarem Wert: Dunkelheit ist nicht einfach nur Abwesenheit von Licht, es gibt in ihr etwas Positives. Während der helle Raum unmerklich wird und die Materialität der Gegenstände hervortreten lässt, ist die Dunkelheit ›stofflich‹, sie berührt das Individuum direkt, hüllt es ein, durchdringt es und geht sogar durch es hindurch. Daher »ist das Ich für die Dunkelheit, nicht aber für Licht *durchlässig*«; woraus wohl auch folgt, dass wir die Nacht als geheimnisvoll empfinden. Minkowski spricht auch vom *dunklen Raum* und der fehlenden Unterscheidung zwischen Umgebung und Organismus: »Dunkler Raum hüllt mich von allen Seiten ein und dringt tiefer in mich ein als heller Raum; die Unterscheidung von innen und außen – und infolgedessen auch die Sinnesorgane, insofern sie die äußere Wahrnehmung ermöglichen – spielen hier nur eine sehr untergeordnete Rolle.«[67]

[66] Sie sind introspektiven Aufzeichnungen entnommen, die während einer zu Askese- und Deutungszwecken absichtlich verstärkten ›legendären Psychasthenie‹-Krise entstanden sind.

[67] Eugène Minkowski, »Le Problème des hallucinations et le problème de l'espace«, in: *Le Temps vécu. Études phénoménologiques et psychopathologiques*, Kap. VII: »Vers une psychopathologie de l'espace«, Paris: J. L. L. d'Artrey 1933, S. 382–398.

Mit dieser Angleichung an den Raum geht zwangsläufig eine verminderte Empfindung für die eigene Persönlichkeit und für das Leben einher. Jedenfalls ist es bemerkenswert, dass sich das Phänomen bei den mimetischen Arten stets nur in einer Richtung vollzieht: Das Tier ahmt das Pflanzliche nach, Blatt, Blüte oder Dorn, und verbirgt oder vernachlässigt seine Beziehungsfunktionen.[68] *Das Leben weicht um eine Stufe zurück.* Mitunter macht die Angleichung an der Oberfläche nicht halt: So erinnern die Eier der Gespenstschrecken nicht nur durch ihre Form und ihre Färbung an Samen, sondern auch durch ihre innere biologische Struktur.[69] Andererseits helfen kataleptische Haltungen dem Insekt häufig bei seiner Einpassung in das andere Naturreich: Die Rüsselkäfer verharren in völliger Regungslosigkeit, die stabförmigen Phasmiden lassen ihre langen Beine hängen, ganz zu schweigen von den starr aufgerichteten Spannerraupen, die unweigerlich an die hysterische Kontraktion erinnern.[70] Und erinnert das mechanische Wiegen der Mantiden nicht umgekehrt an einen Tick?

Doch damit nicht genug: Häufig gleicht sich das Insekt nicht allein Pflanzen oder Stoffen an, sondern sogar zerfressenen Pflanzen oder löslichen Stoffen. So ähnelt die Krabbenspinne Vogelkot, wobei das Netz den flüssigsten und zugleich am schnellsten trocknenden Teil des Exkrements nachahmt und sich tropfenförmig

[68] Wir haben gesehen, aus welchen Gründen es ratsam schien, die Fälle unberücksichtigt zu lassen, in denen ein Tier ein anderes Tier nachahmt: Es handelt sich dabei eher um objektiv schwer nachweisbare Ähnlichkeiten und um Erscheinungen magischen Zaubers als um Mimetismus.

[69] Zu den Blattschrecken siehe die Arbeiten von Louis-Félix Henneguy (1885).

[70] Vgl. Bouvier, *Habitudes et métamorphoses des insectes*, S. 143.

in die Länge zieht.[71] Eine von Poulton beschriebene Raupe weist dieselbe Ähnlichkeit auf, mit einem vollkommenen Mimetismus der Form, der Färbung und der Konsistenz. »Die allgemeine Form«, schreibt Vignon, »wäre die eines Zylinders, würde der Hinterleib des Tieres sich nicht verbreitern und auf dem Rücken an dieser Stelle kein kleiner Stiel mit einem Kügelchen am Ende hochstehen.« Hängt die Raupe mit dem Kopf nach oben, »verdickt sich ihr Hinterleib und wird zu einer dickflüssigen Pseudo-Masse, die sozusagen von der Schwerkraft erzeugt und vergrößert wird; der kleine Stiel ist dann ein gallertartiger Faden und das Kügelchen am Ende ein Tropfen, kurz davor abzureißen«.[72] Ähnlich verhält es sich bei einem Schmetterling des British Museum, der in Ruhestellung wie ein längliches Häufchen aussieht, weißlich am einen Ende, schwarz am anderen, vollkommen identisch mit Vogelkot. Auf einem Blatt sind Schmetterling und wirklicher Vogelkot nicht zu unterscheiden.[73]

Die von Picado, Balt und Vignon untersuchten Laubheuschrecken (*Pterochroza* und *Phancropteridae*) des amerikanischen Tropenwalds,[74] die vielleicht für die vollkommensten Beispiele für Mimetismus gelten können, haben eine nicht weniger perverse Wahl hinsichtlich des nachgeahmten Gegenstands getroffen. Die

[71] Zudem verströmt die Spinne einen Uringeruch, der die Fliegen anzieht (Beobachtung von Edward Jacobson, 1921). Vgl. Vignon, *Introduction à la biologie expérimentale*, S. 359–361.

[72] Ebd., S. 362f.

[73] Ebd., S. 401.

[74] Clodomiro Picado, »Documents sur le mimétisme recueillis en Costa-Rica«, in: *Bulletin scientifique de la France et de la Belgique* 44 (1910), S. 89–108; Thomas Belt, *The Naturalist in Nicaragua*, New York: E. P. Dutton 1873; Vignon, *Introduction à la biologie expérimentale*, S. 422–459.

Deckflügel dieser Insekten stellen mit höchster Präzision Blätter dar, freilich Blätter mit Einbuchtungen. Ist nun ein intaktes Blatt, fragt sich Vignon, weniger Blatt als ein angefressenes Blatt?[75] Zudem ist es das für die Art weniger wertvolle Männchen, das dieses Übermaß an Mimetismus aufweist und es in Bauchnähe an einer fast unsichtbaren Stelle zeigt. Die Einbuchtungen sind im Übrigen bei den Männchen der verschiedenen Arten unterschiedlich weit fortgeschritten, denn ein Insekt, das ein Blatt vertilgt, fängt erst einmal an und frisst sich dann vor. Bei *Tanusia arrosa* formt der Flügellappen zusammen mit dem Deckflügel die Einbuchtungen, die wie die Fressspuren eines Insekts aussehen. Andere Arten imitieren die winzigen Schilde, auf denen die Sporen von *Microthyrium* keimen, auf wieder anderen Arten sind es die kleinen, runden und ebenfalls schwarzen Flecken des *Myocopron*.[76] Das Insekt scheint seinem Körper vor allem ein vertrocknetes, verwestes oder verschimmeltes Aussehen geben zu wollen: Eine vermeintliche Nekrose überzieht »absolut typisch und wunderbar logisch die Basis der Deckflügel«. In diesem Fall, fährt Vignon fort, handelt es sich um eine Zersetzung des tierischen, und nicht mehr des pflanzlichen Typs, und die falsche Nekrose scheint voranzuschreiten: »[E]iner Zone, die bereits wie tot aussieht, folgt ein brauner, verblasster Bereich, der sich gerade zu zersetzen scheint.«[77] Der hintere Schenkel der Heuschrecke ist in einer darauf abgestimmten Weise beschädigt, denn er muss mit der Pseudonekrose

[75] Vignon, ebd., S. 425.
[76] Ebd., S. 443; vgl. Tafel XIII.
[77] Ebd., S. 452.

des Teils übereinstimmen, das er überdeckt. Auf dem Deckflügel von *Metaprosagoga insignis* ist der zerfressene falsche Fleck ungefähr 23 Millimeter lang, die Nervatur ist erhalten, so als handelte es sich wirklich um das Werk eines nagenden Insekts.[78] Vignon hat immer nur Imitationen von *alten Blättern* festgestellt: »Ich sage alte Blätter, denn sollte das Museum eine grüne *Pterochroza* besitzen, dann wird es eine in einem stumpfen Grün sein, ich kenne keine, die ein lebhaft leuchtendes Blatt mimt.«[79] Besser lässt sich das zutiefst Kraftlose, der Bewegungslosigkeit und dem Anorganischen Zugewandte, das mir das Wesentliche an dem Phänomen zu sein scheint, nicht kennzeichnen.

Diese Gegebenheiten stimmen im Übrigen so sehr überein, dass sie dem Beobachter keine Wahl lassen. Vignon hat in seinen Ausführungen zwar mehrfach betont, dass der nutzlose und luxuriöse Mimetismus der von ihm untersuchten Insekten allein aus ästhetischen Gründen da sei,[80] dass es sich um l'art pour l'art handle,[81] um Dekor,[82] um etwas Gesuchtes, um

78 Ebd., S. 456; vgl. Tafel XVI, 2.

79 Ebd., S. 446. Bisweilen kombinieren die Pterochroza die Nachahmung kranker Pflanzen mit der von Exkrementen: Eine von ihnen zeigt auf ihrem Blatt-Deckflügel einen schwarzen Fleck, der wie Raupenkot aussieht (vgl. ebd., S. 455), und auf den Flügeln von *Tanusia colorata* täuscht eine weiße Markierung Vogelkot vor, ein vom Regen halb ausgewaschenes und verschmiertes Exkrement auf der Varietät *picta* von *Tanusia cristata* (London), wie Vignon präzisiert (ebd., S. 440, Tafel XII).

80 Hinsichtlich der ausgefransten, eckigen Flügelränder des *Maxates coelariata* aus Ceylon und des *M. Macarista* aus Nordindien heißt es: »das Insekt benutzt hier die Idee ›krankes Blatt‹ zu rein ästhetischen Zwecken«, ebd., S. 298. Hinsichtlich der schillernden Streifen eines Schmetterlings aus Zentralindien: »jedenfalls sind sie nur aus reiner Ästhetik da«, ebd., S. 399.

81 Ebd., S. 403, im Hinblick auf *Kallima*.

82 Im Hinblick auf die »Fensterbildungen« der Blatt-Deckflügel der Pterochrozen, die nur während des Flugs sichtbar sind, in einem Moment, in dem das Insekt in keiner Weise einem Blatt ähnelt: »Es handelt sich dabei um eine der zahlreichen Tatsachen, die beweisen, dass der Mimetismus in dieser minutiösen Genauigkeit häufig eine künstlerische oder wissenschaftliche Mission verfolgt. In diesen Fällen ist er Dekor

Eleganz.[83] Aber diese Erklärung, die aus dem Munde eines Gelehrten so seltsam klingt, verrät nur seine Ratlosigkeit gegenüber Tatsachen, für die er sich keine mögliche Zweckbestimmung vorzustellen vermag. Nichtsdestotrotz sieht er sich zuletzt gezwungen, in der Schlussbetrachtung mit dem Titel »Das Lebendige im Raum, so wie ihn die Physik auffasst« die Frage nach den Beziehungen von Raum und Individualität zu stellen. Zunächst muss er anerkennen, dass das Lebewesen und seine Umgebung in materieller Hinsicht nicht zu unterscheiden sind. Es gibt nur den Ausdehnungsbereich einer bestimmten, allgegenwärtigen Aktivität, die das Lebewesen umfängt und in die Umgebung einpasst. »Ein Lebewesen bewohnt den Teil der Raumausdehnung, in dem es die Atome zusammenzwingt, das heißt die elektrischen Zentren, welche die augenblicklichen Stoffe seines Plasmas sind. Aus Elektronen und Photonen zusammengesetzt, ist es da, ohne natürliche Grenzen. Und nun gibt es unter den Aktivitäten, die den Raumkräften ihre Macht verleihen, die *seine*.«[84] Dadurch, dass das Lebewesen in jedem Punkt seines Körpers *da* ist, besitzt es eine gewisse Allgegenwart, es *überschreitet die Raumausdehnung* und lebt, wie Vignon es ausdrückt, in einem *Raum-Jenseits*, dem zufolge jedes Erinnerungsbild ebenfalls ein Raum-Jenseits ist, denn »als Plasmaspur wäre die visuelle Erinnerung sofort überdeckt und zerstört worden, umso mehr, als der

und gehorcht, statt zu beschützen, einer inneren geheimnisvollen Logik«, ebd., S. 423. Vgl. ebd., S. 425, wo die Einbuchtung der Deckflügel als Hypertelie (eine Entwicklung, die über ihr Ziel hinausschießt), als Dekor ausgegeben wird.

83 »Wozu dient diese Verzierung der *Problepsis*, der *Urapterix*, der *Absyrthes?* Zu nichts. Das ist gesucht, das ist elegant, das ist schön«, ebd., S. 400.

84 Ebd., S. 463.

vitale Stoffwechsel die Zellen ganz oder teilweise durch andere ersetzt hätte«. Das Lebendige erscheint somit als ein »seltsamer Raum, dem erst das Raum-Jenseits das Sein verleiht«.[85] Unter diesen Umständen wird es nachvollziehbar, dass der unorganisierte Raum auf das Lebendige unaufhörlich eine Art Verführung ausübt, dass er es ständig niederdrückt, zurückhält und stets bereit ist, es in sich hineinzuziehen, um den Niveauunterschied auszugleichen, der das Organische im Anorganischen isoliert. Man rührt hier an das grundlegende Gesetz des Universums, das am klarsten durch das Carnot'sche Prinzip definiert wird: *Die Welt tendiert zur Einförmigkeit*. Man werfe ein Stück erhitztes Metall in kaltes Wasser: Die Temperaturen gleichen sich an, statt dass das Eisen heißer und das Wasser kälter wird, geht die Wärme vom Eisen auf das Wasser über – nicht aber umgekehrt –, bis sich ein Gleichgewicht gebildet hat. Ebenso stellt sich den Bewegungsveränderungen der Trägheitswiderstand entgegen, der sie mit einer Kraft bremst, die proportional zu ihrer Größe ist. Auch die Phänomene der Selbstinduktion wirken den Stromschwankungen entgegen, jeweils gegenläufig dazu, ob sie zu- oder abnehmen. Selbst in der Welt der Pflanzen ist die Dialektik identisch, etwa beim Gesetz der Depolarisation, das für die Blattentwicklung gilt. »Sowie das Wachstum in einer bestimmten Richtung zu weit geht, entwickelt sich in dem Lebewesen eine Kraft, die sich diesem Wachstum tendenziell entgegenstellt«,[86] schreibt Georges Bohn und erklärt damit die Tatsache,

[85] Ebd., S. 466f.

[86] Georges Bohn, *La Forme et le mouvement*, Paris: E. Flammarion 1921, S. 130.

dass die Platanenblätter im Laufe der Entwicklung des Baumes immer größer und ihre Blattstiele immer breiter werden, während die hinteren, seitlich verlaufenden Blattadern und die Blattspreite sich tendenziell zurückbilden.

Für höhere Stufen des Organischen wurde mitunter auch der Schlaf als Depolarisationsphänomen interpretiert, dessen Zweck es sei, eine übermäßige Aktivität zu zügeln und auszugleichen.

Es gibt somit allen Grund, den Mimetismus als Ergebnis einer Art Trieb zu behandeln, worunter – mit Klages – eine Bewegung zu verstehen ist, welche die »leibesursprüngliche Bedürftigkeit« (*vis a tergo*) mit dem »stillungsverheißenden Bild« (*vis a fronte*) verbindet.[87] So werden die mimetischen Phänomene durch eine ähnliche Bewegung hervorgebracht und stellen zugleich das stillungsverheißende Bild für die zugrundeliegende Bedürftigkeit dar.

Folglich ist es nicht mehr nur die Psychasthenie, die mit dem Mimetismus verwandt ist, sondern der Wissensimperativ selbst, dessen Perversion sie im Übrigen darstellt. Die Erkenntnis strebt bekanntlich die Aufhebung aller Unterscheidungen an, die Verringerung aller Gegensätze, sodass ihr Ziel darin zu liegen scheint, der Sinnlichkeit eine ideale Lösung für ihre Konflikte mit der Außenwelt anzubieten und auf diese Weise die ihr innewohnende Tendenz zur Aufgabe des Bewusstseins und des Lebens zu befriedigen. Auch bietet sie ihr zugleich ein vielversprechendes, *beruhigendes Bild*,

[87] Ludwig Klages, *Der Geist als Widersacher der Seele*, Leipzig: J. A. Barth 1929–1932, S. 598. Im Übrigen ist bemerkenswert, dass sich für Klages der Sitz der Seele eher an der Oberfläche als in der Mitte des Körpers befindet.

die wissenschaftliche Repräsentation der Welt, in der das Tableau der Moleküle, Atome, Elektronen etc. die lebendige Einheit des Seins auflöst. Gerade in der Strenge und Unpersönlichkeit der wissenschaftlichen Methode liegt etwas, das ihren Mechanismus vielleicht noch anziehender macht als ihre Ergebnisse, denn in ihr scheint der Weg auf das Ziel vorauszuweisen und beide scheinen dasselbe zu bewirken.

Das Verlangen nach Angleichung an den Raum, nach Einswerdung mit der Materie taucht häufig in der Dichtung auf: Es ist das pantheistische Thema der Verschmelzung des Einzelnen mit dem Ganzen, ein Verlangen, das in der Psychoanalyse als Ausdruck einer Art Sehnsucht nach der pränatalen Unbewusstheit gilt.[88]

Ganz ähnliche Erscheinungen sind in der Kunst zu entdecken, sowie man nur nach ihnen sucht. Es gibt die erstaunlichen Motive der slowakischen Volkskunst, bei denen man nicht weiß, ob es sich um Blumen mit Flügeln handelt oder um Vögel mit Blütenblättern. Es gibt aber auch die um 1930 entstandenen Bilder von Salvador Dalí, auf denen – ganz gleich, was der Autor hierzu erklärt[89] – all die Männer, Schläferinnen, unsichtbaren Pferde und Löwen weniger das Zeugnis paranoischer Doppel- oder Mehrdeutigkeiten sind, als vielmehr das einer mimetischen Assimilation des Belebten an das Unbelebte.

[88] Siehe im vorangehenden Kapitel die Passage aus *Die Versuchung des Heiligen Antonius*, in welcher der Eremit der Versuchung durch den materiellen Raum erliegt, er sich überall zerteilen, in allem sein möchte, »jedes Atom durchdringen, bis auf den Grund der Materie steigen – die Materie *sein* [möchte]«. Flaubert, *Die Versuchung des Heiligen Antonius*, S. 273.

[89] Salvador Dalí, *Die unsichtbare Frau*, in: ders., *Unabhängigkeitserklärung der Phantasie und Erklärung der Rechte des Menschen auf seine Verrücktheit. Gesammelte Schriften*, München: Rogner u. Bernhard 1974, S. 132.

*

Es steht außer Zweifel, dass etliche der obigen Ausführungen noch bei Weitem nicht gesichert sind. Es mag sogar verwerflich erscheinen, derart unterschiedliche Wirklichkeiten miteinander in Verbindung zu bringen: die äußere Morphologie gewisser Insekten mit der Homomorphie, das konkrete Verhalten von Menschen eines bestimmten Kulturtyps und vielleicht einer eigenen Form des Denkens mit der mimetischen Magie und schließlich die psychologischen Grundlagen von Menschen, die in kultureller und geistiger Hinsicht völlig unterschiedlichen Typen angehören, mit der Psychasthenie. Mir scheinen solche Gegenüberstellungen indes nicht nur legitim (es ist ja doch unmöglich, die vergleichende Biologie einfach zu verwerfen), sondern, sofern man sich mit dem dunklen Bereich der unbewussten Determinierungen befasst, sogar unumgänglich. Im Übrigen beinhaltet die vorgeschlagene Lösung nichts, was den Vorwurf mangelnder Strenge rechtfertigen würde: Sie gibt nur zu bedenken, dass sich neben dem Selbsterhaltungstrieb, der das Lebewesen gewissermaßen zum Leben hin polarisiert, sehr häufig ein *Trieb zur Selbstaufgabe* zeigt, der es zu einer eingeschränkten Lebensweise hin polarisiert, die tendenziell weder Bewusstsein noch Empfindung kennt, zur *Trägheit des élan vital* sozusagen. Es ist dies der besondere Fall des allgemeinen Gesetzes, das besagt, dass jede Aktion im Laufe ihrer Entwicklung und proportional zu ihr eine Reaktion hervorruft, die ihr entgegenwirkt.

*

Auf dieser Ebene mag es genügen, den biologischen und magischen Erscheinungen des Mimetismus[90] wie auch der psychasthenischen Erfahrung eine gemeinsame Wurzel zuzuweisen, da auch die Tatsachen dies nahelegen. Diese gemeinsame Wurzel ist die *Sogwirkung des Raums*, die so elementar und mechanisch ist wie beim Tropismus. Unter ihrem Einfluss scheint das Leben an Boden zu verlieren, im Rückzug die Grenze zwischen Organismus und Umgebung zu verwischen und *zugleich die Grenzen zu verschieben, innerhalb derer wir*, nach Pythagoras, *erkennen dürfen und sollen, dass die Natur sich überall gleich ist.* Es ist nicht zu verkennen, wie sehr der lebende Organismus mit der Umgebung, in der er lebt, eine Einheit bildet. Um ihn herum und in ihm sind dieselben Strukturen und dieselben Gesetze am Werk. Eigentlich ist er nicht *in* einer ›Umgebung‹, er *ist* diese ›Umgebung‹, und die Energie, die er aufbringt, um sich abzuheben, der Wille des Lebewesens, in *seinem* Sein zu beharren, verbraucht sich gerade in diesem Versuch und zieht es bereits unmerklich zu der Einförmigkeit, die seine unvollkommene Autonomie so skandalisiert.

[90] Diese Parallele scheint durchaus begründet, wenn man bedenkt, dass die biologische Notwendigkeit einen Trieb erzeugt oder, in Ermangelung eines solchen, eine Vorstellung, die in der Lage ist, dieselbe Rolle zu spielen, d. h. beim Einzelnen ein vergleichbares Verhalten auszulösen.

III
DER MYTHOS UND DIE GESELLSCHAFT

1. DIE ORDNUNG UND DAS KAISERREICH**

Ich brachte Ordnung in die Fülle der Wesen und unterzog die Riten und die Realien einer Prüfung: Jedes Ding trägt den Namen, der zu ihm passt. Ich zerstörte die unnützen Bücher im Reich. Den dunklen Wissenschaften gab ich den Vorzug, auf dass man ungestört das Elixier der Unsterblichkeit für mich suche.

Shi Huangdi

866 Jahre lang, mit 34 Königen, regierte die Zhou-Dynastie das Reich.[1]

Als König Wu Wang, der Begründer der Dynastie, an die Macht kam, weigerten sich Boyi und Shuqi, die Söhne des Guzhujun, die neue, in ihren Augen gesetzeswidrige Regierung anzuerkennen, und zogen sich in die Berge zurück. »Ihr Gewissen«, so berichten die Quellen, »erlaubte es ihnen nicht, das Korn der Zhou zu essen, sodass sie von Wildkräutern, Beeren und Früchten lebten. Eines Tages sagte eine Frau, die sie in der Gegend trafen: ›Das Korn der Zhou wollt ihr nicht essen, doch auch diese Kräuter und Früchte gehören

** Das Kapitel wurde von Andreas Jandl übersetzt und erschien erstmals in *Sinn und Form* 6 (2014), S. 821–828. Die Übersetzung wurde für den Wiederabdruck leicht überarbeitet, P. G.

1 Die Begebenheiten, die in diesem Kapitel erwähnt werden, sind klassischen Texten entnommen, in denen von der Geschichte des alten China berichtet wird. Dabei wurde auf die Übersetzung zurückgegriffen, die Léon Wieger zusammen mit dem chinesischen Original veröffentlicht hat: *Textes historiques*, Bd. I (= *Rudiments* X), Hejian (auch: Hokienfou): Imprimerie de la Mission Catholique 1903. Besonders für die Frühzeit nimmt die moderne Kritik die in den Annalen berichteten Tatsachen nicht für bare Münze. Sie versteht sie eher als eine *Historisierung* vergessener Legenden und nicht mehr praktizierter Riten. Für das Ziel, das ich mir setzte, war

den Zhou!‹ Daraufhin hungerten sich die beiden zu Tode.« Niemand widersetzte sich mehr der Ewigen Dynastie, und über Jahrhunderte wurde das Leben der Menschen rund um die Uhr bis ins kleinste Detail von unveränderlichen Riten bestimmt. Wer falsche Nachrichten verbreitete, die Lehren umschreiben, Arbeitsgeräte oder Techniken ändern wollte, Schriftzeichen modifizierte oder die Vorschriften bezüglich Haartracht, Kleidung, Ernährung, Schlaf oder Fortpflanzung in irgendeiner Weise zu reformieren gedachte, wurde mit dem Tod bestraft. Tugenden wie Menschlichkeit waren hingegen zweitrangig, da diese für den Fortbestand des Reiches keine Bedeutung hatten. Es kam unabhängig von individuellen Vorlieben nur darauf an, gemäß den fünf Grundprinzipien und drei unverzichtbaren Tugenden zu leben. Damit war jede Instabilität im Keim erstickt.

Alle Lebensbereiche wurden vereinheitlicht. Vielleicht aber wurden die legendenumwobenen, schillernden Skandale der vielbesungenen Herrscher doch nicht vergessen: Kaiser Shaohao, dessen Hymne »Der Abgrund« hieß und unter dessen Herrschaft das Volk sich vor Geistern und Ungeheuern zu fürchten begann,

es unerheblich, ob die tragenden Elemente meiner Konstruktion sich auf besondere geschichtliche Begebenheiten beziehen oder auf periodisch wiederholte, feierliche Zeremonien und Gebräuche. Deswegen habe ich es vorgezogen, alle verwendeten Berichte in ihrer traditionellen Form zu belassen, wobei mir durchaus bewusst ist, dass manche von ihnen weniger geschichtlich als liturgisch sind. Unerlässlich in diesem Zusammenhang ist das Werk von Marcel Granet, *Danses et légendes de la Chine ancienne*, 2 Bde., Paris: F. Alcan 1926, aus dem hervorgeht, dass das Thema der Pfeile, die auf mit Blut gefüllte Schläuche geschossen werden, die ihrerseits mit dem Himmel gleichgesetzt werden, in einer Beziehung zur Magie der Reflexhandlung und der Rivalität eines königlichen Clans von Schmieden mit dem Himmel steht (siehe ebd., Bd. II, S. 537–549). Ebenso verweist das Auftreten der schwarzen, unter dem Einfluss einer magischen Musik tanzenden Kraniche auf bestimmte Trauerfeste, bei denen die Tänzer getötet werden (siehe ebd., Bd. I, S. 216–225).

da er nicht imstande war, die Exzesse von neun Mitgliedern des mächtigen Li-Clans zu unterbinden, die Unordnung in die alten Lehren und Gebräuche brachten; oder Kaiser Jie aus der Xia-Dynastie, dessen Nebenfrau Moxi das Geräusch zerreißender Seide so sehr liebte, dass er seine Amtsgeschäfte vernachlässigte, um ihr, zu ihren Füßen sitzend, durch das Zerreißen ebensolcher Tücher dieses Vergnügen zu verschaffen, und der einen unterirdischen Palast bauen ließ, um auch bei Tag nächtliche Feiern abhalten zu können; oder König Youyi aus der Shangyin-Dynastie, der eine Statue nach menschlichem Abbild schuf, die er den »Geist des Himmels« nannte. »Er gab ihr Würfel«, steht in den Annalen, »und befahl jemandem, diese für sie zu werfen.« Verlor der »Geist des Himmels« die Partie, so beleidigte und schmähte er ihn nach allen Regeln der Kunst. Er ließ auch lederne Schläuche anfertigen, füllte sie mit Blut, hängte sie auf und zerschoss sie mit Pfeilen. Gemäß seiner Anordnung hieß dieses Spiel »den Himmel mit Pfeilen zerschießen«.

Unter den Zhou sollten die Beherzigung der fünf Prinzipien und drei Tugenden sowie die Befolgung unzähliger Riten den Erhalt des Reiches gewährleisten und auf ewig verhindern, dass die Zukunft von der Vergangenheit abwich; dennoch gelang es ihnen nicht, den althergebrachten Geist des Widerstands gegen die Ordnung und die Götter zu bezwingen. Auch König Kang von Song ließ Pfeile in den Himmel schießen und die Erde geißeln. Unter König Jing Wang ließ Herzog Ling von Wei eine Melodie, die er um Mitternacht von einer Geisterlaute gehört hatte, von seinem Musikmeister aufschreiben und sorgte dafür, dass sie dem Herzog

Ping von Jin auf der Terrasse der Freigebigkeit vorgespielt wurde. Als dieser erfuhr, dass das Lied von einem untergegangenen Reich handelte und damit besonders traurig war, sagte er dennoch: »Die Melodie gefällt mir. Ich möchte sie zu Ende hören«, machte daraus ein Prinzip und fragte, ob es nicht eine noch traurigere Melodie als diese gebe. Die ließ er sich dann bis zum Ende vorspielen, ohne die sechzehn schwarzen Kraniche zu beachten, die beim ersten Akkord auf der Terrasse landeten, die Hälse reckten, riefen, tanzten und mit den Flügeln schlugen. Fürst Ping war geradezu hingerissen, erhob seinen Becher auf den Musiker und fragte: »Gibt es keine *noch* unheilvollere Melodie als diese?« Da es eine solche gab, ließ er sich auch die vorspielen, während der Himmel seinen Groll zeigte.

So kam die Anarchie ins Reich und währte bis zur Thronbesteigung Kaiser Shi Huangdis und der Qin-Dynastie. Der neue Souverän bestimmte, dass seine Dekrete fortan Zhi und seine Befehle Zhao heißen sollten. Er erfand für sich selbst das besondere persönliche Fürwort Zhen. Er schaffte die posthumen Titel ab, mit denen ein Sohn seinen Vater oder ein Minister seinen Herrscher auszeichnen konnte. Er ließ sich Erster Kaiser nennen und gab dem Reich eine neue Ordnung, deren Grundlage in den Schriften so beschrieben wird: »Um das Jahr 370, nachdem der berühmte Philosoph Zhou Yang aus Qi das System der wechselseitigen Hervorbringung der Elemente durch das der gegenseitigen Zerstörung ersetzt hatte, folgerte der Kaiser, der an dieses System glaubte: Da die Zhou vermöge des Feuers regiert hatten und von den Qin besiegt worden waren, musste deren Schutzmacht das Wasser sein, das Feuer löscht. Wasser steht für den Norden, und dessen Farbe ist Schwarz, weshalb auf kaiserlichen Erlass unter der neuen Dynastie sämtliche Kleider und Kopfbedeckungen schwarz waren. Da Sechs die Zahl des Wassers ist, maßen Schrifttäfelchen sechs Zoll, wurden Kutschen von sechs Pferden gezogen und bildeten sechs Fuß eine Maßeinheit. Da Wasser für das Yin-Prinzip steht, das Folter auferlegt, wurden die Gesetze mit rücksichtsloser Härte durchgesetzt, und lange Zeit gab es grundsätzlich keine Gnade.«

Doch die Reformen des Kaisers wollten nicht in »die beschränkten Köpfe der dummen Gebildeten«, sodass der Kanzler Li Si diese als Hindernisse für die neue Ordnung darstellen konnte. Dem Vernehmen nach suchten sie in der Vergangenheit nach Argumenten, um die Gegenwart schlechtzumachen und das Volk zu verunsichern. Sie würden ihre Utopien in den schönsten Farben malen, damit die Wirklichkeit um so hässlicher aussähe. Obwohl es allein dem Herrn des Reiches zustand, weiß und schwarz voneinander zu scheiden und Gesetze zu diktieren, versammelten sie sich, um ihn nach ihrem Gutdünken zu kritisieren und vor dem Volk herabzusetzen. Li Si forderte, dass alle Bücher bis auf Werke zu Medizin, Pharmakologie, Weissagung, Landwirtschaft und Gartenbau den örtlichen Behörden zur Verbrennung übergeben werden müssten, dass alle, die über einen Text aus den *Oden* oder *Annalen* diskutierten, mit dem Tode zu bestrafen und ihre Leichen auf dem Markt zur Schau zu stellen seien, dass alle, die mit besagten Texten die Gegenwart herabsetzten, mitsamt ihren Familien auszulöschen seien und dass Beamten, die bei der Anwendung des Gesetzes Milde zeigten, die gleiche Strafe wie den Delinquenten zugemessen werde.

Der Kaiser gab der Forderung statt, und so verschwand im Zuge dieser Maßnahme die gesamte Literatur des alten China. Angesichts dessen erscheinen die Fackeln, die Kalif Omar an die Bibliothek von Alexandria legen ließ, und Savonarolas Scheiterhaufen als bloße Manifestationen jugendlicher Übellaunigkeit.

Zwölf Jahre lang kamen die unwiderruflichen Befehle des Kaisers aus seiner Residenz in Xianyang, doch wusste man nicht, ob er dort noch wohnte. Nachdem der Zauberer Lu ihm gesagt hatte, es sei bei der Suche nach dem Elixier der Unsterblichkeit aus besonderen Gründen ratsam, dass niemand wisse, wo er sich aufhalte, waren die 270 Paläste in der Umgebung seiner Residenz mit überdachten Gängen miteinander so verbunden worden, dass er ungesehen von einem zum anderen gelangen konnte, und verriet jemand den bevorzugten Aufenthaltsort des Kaisers, war er des Todes.

Gerade als Shi Huangdi im Begriff stand, das Elixier der Unsterblichkeit zu erlangen, kam er auf elende Weise zu Tode. Er hatte soeben den großen Fisch getötet, nach dem alle Kundschafter vergebens gesucht hatten, als er selbst erkrankte. Weil er Gespräche über den Tod nicht mochte, so ist in den *Annalen* zu lesen, wagte ihm niemand zu sagen, dass der seine kurz bevorstand. Daher konnte er seinen Sohn nicht rechtzeitig benachrichtigen, und als er starb, war die Nachfolge noch ungeklärt. Man musste den Tod des Kaisers geheim halten: Täglich wurden im Wagen, der die Leiche zur Hauptstadt transportierte, wie gewohnt die Mahlzeiten serviert, und da es warm war, belud man jeden Wagen der Eskorte mit 120 Pfund Trockenfisch, »um die Gerüche zu überdecken«.

Für das kaiserliche Grab goss man ein riesiges Fundament aus Bronze, um die unterirdischen Ströme, Winde und Flüsse fernzuhalten. Darauf standen der Sarkophag und ein Miniaturreich mit einem Palast, Villen, Ministerien, Amtsgebäuden und allerlei seltsamen und seltenen Gegenständen. Automatische Armbrüste schützten die Reichtümer vor Dieben. Mit Quecksilber wurden Flüsse nachgebildet, der Gelbe Fluss, der Blaue Fluss und das Meer. Eine Maschine hielt das Quecksilber in Bewegung. An der Gewölbedecke war das Firmament zu sehen, am Boden die Erde. Für die Beleuchtung wählte man Fackeln mit Seehundstran, der besonders lange brannte. Die Frauen seines Harems und auch viele Männer mussten dem Verstorbenen in den Tod folgen, und die Handwerker und Arbeiter, die an dem Bau mitgewirkt hatten, wurden im Eingangstunnel lebendig begraben, damit die Konstruktionsgeheimnisse des Grabes nicht verraten würden. Die *Annalen* schließen mit dem Satz: »Das Grab wurde mit Gräsern und Bäumen bepflanzt, damit es sich vom Rest des Berges nicht mehr unterschied.«

Bis zur Frühen Han-Dynastie herrschte wieder Anarchie im Reich. Das Grab des Ersten Kaisers wurde geschändet und seine Reformen wurden abgeschafft.

Unter den Zhou war es unerheblich, ob das Reich vital, gerecht oder was sonst alles war, denn außer seinem Fortbestand diente es keinem weiteren Zweck. Es ging allein darum, dass es an jedem einzelnen Tag genau so blieb, wie es war, so lange, bis die Zeit seiner vielleicht überdrüssig würde. In gewisser Weise war nämlich die Zeit, die stets eine *Variation* hervorbringen konnte, der einzige Feind, den das Reich zu fürchten hatte; weil aber nur in dieser einen Hinsicht Gefahr drohte, musste man sie lediglich daran hindern, sich in ein Werden zu verwandeln. Jeder Versuch, die Riten abzuändern, wurde als Staatsverbrechen behandelt, egal wie klein die Änderung auch war. Nur ihr Innenleben blieb den Menschen überlassen, und auch dies nur unter der Bedingung, dass nichts davon nach außen drang, weder Schmerz noch Freude, mit Ausnahme regelkonformer Bekundungen von Schmerz und Freude. Zunächst muss man natürlich würdigen, welche Befriedigung eine solche Politik dem Geist und großem Ehrgeiz bereiten kann, denn indem man sich jeder möglichen Variation entschlossen entgegenstellte, konnte man sehr wohl Anspruch darauf erheben, den Tod besiegt zu haben. In Wahrheit arbeitete man ihm zu, denn Werdendes zu unterbinden bedeutet weniger, Bestehendes zu erhalten, als vielmehr, sich vom Leben abzuschneiden. Natürlich darf man nicht außer Acht lassen, was für eine vorläufige, heikle Sache das Leben ist: Geboren aus einer Spannung in der anorganischen Materie, ist es seiner Natur nach zur Zerstörung bestimmt; doch liegt es auch in seiner Natur, diese Spannung ins Extrem zu steigern und erst nach einem Paroxysmus zum Erliegen zu kommen, also erst dann zu vergehen, wenn der Höhepunkt erreicht ist.

Wenn es in den alten Schriften also heißt, Kaiser Shi Huangdi habe sich das System der gegenseitigen *Zerstörung* der Elemente zu eigen gemacht und ihm die Institutionen des Reiches bis ins kleinste Detail angepasst, muss man diesen Hinweis ernst nehmen. Es ist auch kein Zufall, dass er sich *Erster Kaiser* nennen ließ und somit, wie Religionen und Revolutionen, die Zeit mit seiner Machtübernahme beginnen ließ, die durch Geburten und Todesfälle bestimmte Zeit des Lebens ebenso wie die der *Epochen*, die Räume und Kulturen übergreift und nach der sich die Zählung richtet. Schließlich ist zu bedenken, dass der Kaiser die Vernichtung aller Bücher mit Ausnahme der genannten nur deshalb befahl, weil das Vergangene sonst die Gegenwart überschattet hätte, denn fortan gab es im Reich Vergangenheit und Gegenwart. Folglich gab es auch ein Werden und damit die Furcht vor dem Ende. Freilich war wohl niemand im Reich so vom Tod besessen wie Kaiser Shi Huangdi: Er trug seinem Volk auf, das Elixier der Unsterblichkeit für ihn zu suchen. Die Arbeiten an seinem Grabmal begannen, noch ehe er Kaiser oder auch nur König von Qin war, und er wünschte, dass es ein Miniaturreich enthielte und dem Blick der Menschen für immer verborgen bliebe. Er mochte es nicht, wenn man vom Tode sprach, und in den *Annalen* steht, was geschah, als im Jahr 211 ein Unbekannter anlässlich einer Sternschnuppe schrieb: *Der Erste Kaiser wird sterben.* »Da der Vorfall ihn melancholisch stimmte, befahl er den Weisen, Verse über die Unsterblichen und die kaiserlichen Reisen zu verfassen; dann ließ er sie vertonen und von Sängern vortragen.«

Die Schriften überliefern lediglich, dass die Bewohner des Reichs unter der Härte der Gesetze litten, doch darf man nach den Erfahrungen der Soziologie vermuten, dass es wohl kaum jemanden gab, der vom persönlichen Drama des Kaisers nicht im Innersten betroffen war, nicht an seinem Schicksal Anteil nahm und nicht auch auf das Elixier der Unsterblichkeit wartete.

Jedenfalls begehrte das Volk nicht auf, obgleich es das aus Gründen der Gerechtigkeit, der Vernunft oder schlicht aus Eigeninteresse hätte tun müssen. Gesellschaften werden so wenig wie Individuen von abstrakten Erwägungen wie Gerechtigkeit und Vernunft oder von Nützlichkeits- und Besitzdenken geleitet. Auch sie unterliegen den Gesetzen der Leidenschaften des Lebens. Nicht einmal Tiergesellschaften sind davon ausgenommen. So kann man beobachten, dass die *Formica sanguinea* für das schiere Vergnügen, sich an deren nach schwerem Äther riechenden Ausdünstungen zu berauschen, bestimmten Parasitenarten freien Einzug in ihr Nest gewährt, sie mit Nahrung versorgt, bis ihr selbst nichts bleibt, und dem Eindringling sogar Eier und frische Larven überlässt, sodass in kurzer Frist die ganze Kolonie ausstirbt. Solche ›morbiden‹ Neigungen, in denen Escherich analog zum Alkoholismus bei Individuen eine gewisse Perversion der Art sieht und die nach Piéron lediglich bei sozialen Insekten auftreten, zeigen deutlich, dass auch auf gesellschaftlicher Ebene die Gesetze des Eigeninteresses und sogar der Selbsterhaltung nicht Meister, sondern Sklaven sind; auch auf dieser gibt das Leben, unbarmherzig wie beim Individuum, dem grausamen Imperativ des Affekts nach.

Kein Wunder also, dass uns die Geschichte von Shi Huangdis Herrschaft so bewegt, denn obwohl die große räumliche und zeitliche Ferne den Dingen unvermeidlich einen pittoresken, glanzvollen Anstrich verleiht, rührt ihr exemplarischer Wert von etwas anderem: von der Erkenntnis, dass Gesellschaften durch unaufhaltsame Strömungen blind ins Verderben stürzen oder Ruhm erlangen können. Jeder Mensch kennt das von sich selbst: Eine einzige Niedergeschlagenheit, eine einzige Begeisterung haben genügt, es ihn zu lehren. Doch unter dem Einfluss primitiver, wertloser Theorien oder weil er dem Altern einer Nation beiwohnt, übersieht er ebenjene Antriebe und Verhängnisse, die politischen und historischen Ereignissen innewohnen, wähnt sich kaum betroffen, neigt dazu, die Weltdinge und sein Seelenleben entschieden voneinander abzugrenzen, und macht das Beste aus sich abseits der Gesellschaft, deren Gesetze ihm so fremd erscheinen. Er isoliert sich, und seine Isolation und Ablehnung der Gesellschaft führen dazu, dass er die Grundwerte des Gefühlslebens, die einst in Mythen fixiert und in entsprechenden rituellen Festen gelebt wurden, als *Privatsache* betrachtet und dies auch so verficht. Er beansprucht das Recht auf individuelle Schuld und ein dionysisches Leben, wie es die Romantik – darin besteht ihr Verdienst – mit immer größerem Nachdruck einforderte. Zwar werden diese vitalen Kräfte heute meist als asozial betrachtet, doch geschieht dies vermöge jener schematischen Doktrinen des Skeptizismus, Rationalismus und sozialen Utilitarismus aus dem 18. Jahrhundert, die besagte Kräfte nicht in Bezug auf soziale Gruppen, sondern nur individuell zu denken vermochten und sie dabei verschoben und nicht mehr zurückbanden. Von der Kritik und dem Systemgeist verworfen, haben diese Werte die Lektion gelernt und können den Gegner heute mit den eigenen Waffen schlagen. Ihrer selbst bewusst, haben sie ihre Weltanschauung mit einer Kohärenz systematisiert, die jener der anderen keineswegs nachsteht – im Gegenteil –, sodass in der Sache keine Widerlegung mehr zu erwarten ist. Übrigens sind sie es jetzt, die sich auf Wissenschaft und Forschung stützen, und nicht die Vernunft, dieser Zauberlehrling, dem die Geister, die er rief, allmählich über den Kopf wachsen.

Zudem haben diese Werte nicht nur ihre Berechtigung, sondern auch ihre Kraft. Werden sie in einer Gesellschaft, die im Namen des aufgeklärten Absolutismus wie auch der unantastbaren Menschenrechte ihre Ehre darein gesetzt hat, sie zum Verschwinden zu bringen, offen einbekannt, haben sie hinlänglich Anspruch auf die Macht und auch die heimliche Gewissheit, diese, im Widerstand erstarkt, eines Tages übernehmen zu können. Um sein Schicksal mit dem der Gesellschaft zu verknüpfen, genügt es dem Menschen zu verstehen, dass dieselben fundamentalen Kräfte, die sein inneres Leben bestimmen, auch auf gesellschaftlicher Ebene wirksam sind, und zwar noch stärker und gebieterischer. Die einen drängen Richtung Trägheit, die anderen Richtung Leidenschaft, offenbar aufgrund derselben Polarität, die anorganische Materie und Lebewesen so zusammenbringt, dass eine wechselseitige Sehnsucht entstehen kann, wobei in der Ersteren eine Art Wille zur Entwicklung und zum Paroxysmus aufscheint, in der Letzteren unter größter Anspannung das Traumbild von einer Art Gelobtem Land der Ruhe und Empfindungslosigkeit, so etwas wie die Lust an der absoluten Erschöpfung.

Wäre es tatsächlich möglich, die Kraftlinien zu bestimmen, welche die Welt im Ganzen, sowohl psychologisch als auch physisch, durchweg zu beherrschen und damit ihre Kontinuität zu gewährleisten scheinen, so ließe sich vielleicht Folgendes sagen: *Trägheit* ist stets der Widerstand, der dem Übergang von der Immobilität zur Bewegung wie auch dem von der Bewegung zur Immobilität entgegenwirkt; sie schwächt die elektromagnetische Energie, wenn diese zunimmt, und verstärkt sie, wenn sie sinkt; sie stellt sich jeder Zustandsänderung entgegen und strebt wie das Reich der Zhou danach, das Sein wenn nicht der Chronologie, so doch dem Werden zu entziehen.

Leidenschaft hingegen ist der Rausch, der ein Leben bis zum Paroxysmus unter Spannung setzt, es zwischen Genese und Bruch einschreibt, es einer Beschleunigung unterwirft, die zu einem regelrechten Sturz aus der Zeit führt.

Beim Menschen schließlich, um vom Allgemeinen zum Besonderen zurückzukehren, wären die mit Antriebslosigkeit verbundenen *Angst*zustände, die ihn manchmal um ein seltenes Glück bringen, demzufolge das Ergebnis eines zeitgleichen Auftretens beider Impulse.

Wegen der Sorgfalt, die es allen Dingen angedeihen ließ, konnte das Reich der Mitte bis ins kleinste Detail die Konsequenzen dieser Gesetze aufzeigen, was die Lektüre seiner Chroniken so wertvoll macht. Man sieht hier deutlicher als sonst, dass Gesellschaften genau wie Individuen, sofern feste Strukturen vorhanden sind, ihr Schicksal entweder der Trägheit oder der Leidenschaft überantworten, entweder die Unwandelbarkeit oder das Abenteuer zum Prinzip erheben, sich der Erregung des Werdens entweder verschließen oder sich ihr überlassen, mag ihr Zeitbegriff auch unklar sein, mag ihre

Entwicklung auch nicht durchgehend der ihr zugrundeliegenden Idee folgen.

Für den Menschen ist das durchaus nicht unerfreulich, denn er findet kaum je Befriedigung, wenn er nicht jenseits seiner selbst etwas Weiterreichendes, nicht zu Überblickendes und doch den gleichen Gesetzen Folgendes erkennt, die Fortsetzung des Musters, in dem er eines der Motive ist.

2. SCHATTENSPIELE AUF HELLAS

Lebensstile der minoischen Welt

Mit Beginn des Jahrhunderts sollte Griechenland um mehr als 2000 Jahre älter werden, wie auch schon die vorangegangenen Grabungen sein Herrschaftsgebiet im Osten und Westen bis zu den entferntesten Ufern des Mittelmeers ausgedehnt hatten.[1] In dieser räumlich und zeitlich kaum zu überblickenden Welt war die politische und kulturelle Hegemonie Athens stets nur ein kurzlebiges und lokal eng begrenztes Phänomen. Eine Kultur, die sich von Sizilien bis Kleinasien erstreckte und in der frühminoischen Zeit an das Neolithikum anschließt, aus Neigung oder Gewohnheit auf einige Jahrzehnte der Geschichte einer Stadt zu beschränken, ist ein seltsames Unterfangen. In der Praxis scheint es vor allem auf Unkenntnis zu beruhen: Das weitverbreitete Bild von Griechenland hat daher wenig mit der Wirklichkeit zu tun, viel jedoch mit den Gesetzen der Psychologie, die der Bildung einfacher Ideen zugrunde liegt.

Geschichtsschreibung und Archäologie stellen das Land der Götter als ein vielfältiges, widersprüchliches, im Mittelpunkt verschiedenster Einflüsse stehendes Land dar, als außerordentlich formbar, in beständigem Wandel begriffen: als ein Land der Menschen par excellence. Durch die Tragödien Racines und die Gemälde

[1] Die Zeugnisse, die in diesem Kapitel angeführt werden, sind allgemein bekannt. Sie finden sich in den Übersichtswerken über die kretische Kultur. Daher erschien es nicht notwendig, Einzelnachweise beizubringen.

Poussins wurde daraus jedoch eine Welt jenseits von Zeit und Raum, ohne Bewegung, ohne Werden, implizit definiert als einheitlich, homogen und autonom.

Kaum aber hat der Reisende seinen Fuß auf griechischen Boden gesetzt, kommen ihm auch schon, wie im Land der Vampire, die ersten Gespenster entgegen. Nehmen wir Korfu als ersten Aufenthalt. Bereits der Gorgo-Giebel gibt kaum lösbare Rätsel auf und stürzt den Besucher unversehens in das Dunkel der Geschichte. In der Mitte der kniende Dämon, der Körper in Profil-, der Kopf in Frontalansicht, die beiden Arme gebeugt, der eine zur Erde gerichtet, der andere zum Himmel, sodass eine Art *menschliches Hakenkreuz* gebildet wird, der Körper im sogenannten *Knielaufschema*, das sowohl auf diesem archaischen Giebel prangt als auch auf einem assyrischen zylindrischen Siegel, auf einem Basaltrelief aus Westasien (Karkemisch, 2000 v. Chr.), auf einem Abdruck aus Kentucky für Nordamerika oder auf einer Stickerei der Yoruba in Westafrika. Die Gorgo ist umgeben von Löwen, die ebenfalls im Profil mit dem Kopf in Frontalansicht dargestellt sind. Auch hier gibt es Vergleichbares auf den Felsbildern des Sahara-Atlas und bei den Statuetten der mittleren Steinzeit.

Doch das war nur ein Vorspiel: Auf Kreta ist das Fremdheitsgefühl vollkommen. Der Parthenon und der Palast des Minos kennen keinen gemeinsamen Maßstab. Dort »Vorrat der Ruh und alles Schauen Fülle«, der Stil eines Volkes, das, wie es scheint, zu verzichten weiß, das Heilige vom Profanen zu trennen vermag, besser gesagt: der Stil von Menschen, die in der Ordnung der Ästhetik leben, für die infolgedessen der *Begriff des*

Gelingens an erster Stelle steht. Hier der Lebensraum einer vollkommen sakralisierten Existenz, der ungeheure Irrgarten im Gegensatz zur Einfachheit des klassischen Hauses, angesichts dessen es nicht verwundert, dass die zur Legende gewordene Erinnerung zuletzt zum Mythos des Labyrinths führte. Palast, Tempel und Lager, alles in einem: riesige, mit stilisierten Kraken verzierte Krüge, die eine ausgeprägt geometrische Struktur noch erschreckender macht, so, als verstärkte die dem Schrecken aufgesetzte Ordnung noch dessen treibende Kraft; an den Wänden Reihen von Männern und Frauen, die rituelle Gegenstände tragen, die Männer in Rot, die Frauen in hellem Ocker; die langen lockigen Haare fallen tief über den Rücken herab und die Taille ist von einem Metallgürtel so eng zusammengeschnürt, dass sie wie in einem Ring zu stecken scheint.

Es ist die Welt der wiederauferstandenen Ariadne. Auch hier ist die Legende mächtiger als die Geschichte, die Dichtung mächtiger als die Wirklichkeit. Die zarte Heldin, die Theseus durch das Labyrinth führte, ist keine andere als die »Heiligste« (*ari-adne*), eine Manifestation der höchsten Göttin wie Unsere Liebe Frau vom Berg (*Dictynna*), die Schutzherrin hochgelegener Orte, die in Gestalt eines unbehauenen Steins angebetet und später mit Demeter gleichgesetzt wird, oder auch wie die Süße Jungfrau (*Britomartis*), die abwechselnd eine himmlische und eine chthonische Erscheinung ist und von Minos, dem göttlichen Stier, verfolgt wird.

Allem Anschein nach müssen wir den minoischen König als Beispiel für einen zeitweiligen Monarchen verstehen, der Priester, Zauberer und Gott in einem ist, verantwortlich für die Fruchtbarkeit der Frauen und des Bodens, wie er von Frazer so treffend bestimmt und beschrieben wurde. Es fällt nicht schwer, die Zeugnisse von Platon, Strabon und Dionysios von Halikarnassos in diesem Licht zu interpretieren. König Minos, identisch mit dem göttlichen Stier, der in Asien bereits im 4. Jahrtausend bekannt war, ist die leibhaftige Verkörperung des Minotaurus. Seine Macht ist mit der ganzen Ambiguität des Heiligen bekleidet: *causa efficiens* aller Güter, furchterregend, wenn er direkt angesehen oder berührt wird, verehrungswürdig und abstoßend, Ungeheuer und Gott. Durch göttlichen Willen auserwählt, waltet er neun Jahre seines Amtes. Am Ende des magischen Zyklus ist die übernatürliche Kraft, von der seine Macht abhängt, verbraucht und er steigt auf den Heiligen Berg, um mit dem Gott, dem er mystisch verbunden ist, Zwiesprache zu halten. Er befragt ihn in der Grotte des Minotaurus, dem göttlichen Labyrinth, von dem sein Palast von Knossos nur ein menschlich verkleinertes Abbild ist, und erneuert seine erschöpfte Kraft. Das ist der Augenblick von Tod und Wiederauferstehung des Gottes und auch der ganze Landstrich erzittert bei dem Gedanken, unterzugehen und wiedergeboren zu werden. Es gilt, den Fortbestand der Welt zu sichern, daher werden auf der Insel überall Opfer dargebracht. Minos selbst verbleibt für immer in der Grotte oder er verlässt den Berg und steigt wieder herab, gestärkt mit neuer Kraft für einen neuen Zyklus.

Zweifellos verlangte dieser Moment die Opferung von Menschen, schließlich musste der Wert des Opfers der Krise entsprechen, die durch diesen feierlichen Akt glücklich beendet werden sollte. Hierfür ausersehen waren wahrscheinlich die sieben Jünglinge und die sieben Jungfrauen, die Athen als Tribut alle neun Jahre abverlangt wurden. Wir begegnen also wieder der Theseus-Legende. Das Labyrinth ist dieses Mal der Palast von Knossos selbst mit seinen verwinkelten Gängen und zahllosen Sälen. Schon sein Name beweist es: Das Labyrinth ist die Stätte, die *der* und *durch* die ›Labrys‹ geweiht ist, der Ort jener Doppelaxt, die für Opferungen verwendet wurde. Man findet sie in Pfeiler eingraviert, als Bemalung auf Tongefäßen, einziseliert unter den Wandverkleidungen, wo sie dem Toten durch ihre verborgene Anwesenheit Schutz gewähren, ihn zum Grab begleiten und vor den Gefahren der anderen Welt bewahren sollen; im Kaukasus wurde sie, in Form einer Doppellanze und mit kaum verändertem Namen, zur Waffe des Heiligen Georg. Ein bisexueller Fetisch nach Evans, ein Symbol des Blitzes, der die Bäume des Waldes spaltet, nach Cumont, nach Glotz ein Werkzeug des Todes, »das dem menschlichen Arm die übermenschliche Kraft überträgt, das Leben zu zähmen, zu vernichten«, stellt die Doppelaxt die höchste Verdichtung des Heiligen dar. Sie ist die Waffe, die den göttlichen Stier tötet und auf Darstellungen häufig zwischen seinen Hörnern platziert ist, sie ist das antike Werkzeug, mit dem der Opfernde die männliche Energie des Gottes vom Tier auf den Menschen überträgt.

Unter diesem Zeichen stehen die feierlichen Stierrennen, jenes gefährliche Spiel mit der Gottheit, zu dem man vermutlich die als Tribut geforderten jungen Leute zwang. Man setzte sie damit jener Gefahr aus, vor der Ariadne Theseus rettete, sofern der traditionelle Bericht nicht eher die Vorstellung eines *Abstiegs in die Unterwelt* nahelegt, bei dem der Initiierte – geleitet durch die Unterweisung einer Göttin – allein seinen Weg zu finden weiß. Wie dem auch sei, im Hinblick auf die Tauromachien zeigt ein Fresko in Knossos deutlich genug, worum es sich handelte. Der Jüngling, die Jungfrau stehen aufrecht, fast nackt, dem heranstürmenden Stier gegenüber. Sie springen zwischen die gesenkten Hörner des Tiers, deren Spitzen unter ihren Achseln hindurchschauen, packen sie blitzschnell an ihrem Ansatz, als wären sie Barren, und schwingen genau in dem Moment hoch, in dem der Stier den Kopf hochreißt und sie in die Luft schleudert, um sich von ihnen zu befreien. Sie landen auf dem Rücken des Tiers, stoßen sich für einen weiteren gefährlichen Sprung wieder ab und werden zuletzt von einem aufmerksamen Mitspieler aufgefangen, bevor sie anmutig auf dem Boden zu stehen kommen.

Diese akrobatischen Stierspiele, ferner Ursprung der großen griechischen Spiele, veranschaulichen aufs Neue die Kommunion mit dem Gott unter ihrem doppelten Aspekt von Lust und Gefahr. Sie verdeutlichen zugleich den grundlegenden Dualismus der minoischen Kultur: die extreme Eleganz der Kunst im Dienste dunkelster Lebensprozesse. Dies alles liegt weit vor den intellektualistischen Bemühungen der milesischen Philosophie: Die Welt wird noch von der Herrschaft der tiefsten Kräfte, der dionysischen Imperative, der tellurischen Impulse bestimmt. Die Bruderschaft der Kureten, im Wesentlichen vergleichbar mit den geheimen Initiationsgesellschaften primitiver Völker, feiert in Messenien die jungfräuliche Mutter Gottes und in Kreta Minos-Zeus selbst, dessen Leben in der Geburtshöhle des Ida-Gebirges beginnt und im Heiligen Grab des Iouktas-Höhenzugs endet, um die kaum übertrieben christlichen Worte von Gustave Glotz zu verwenden: Der Leidensweg der Götter ist überall derselbe. Die Kureten tanzten, stießen ihre Schilde aneinander, sangen eine Hymne, deren griechische Transkription kürzlich in Paleokastro gefunden wurde, und unterstützten auf diese Weise *jedes Jahr* die Wiedergeburt des kretischen Zeus. In dem Moment, in dem, wie es hieß, das Blut der göttlichen Geburt floss, sah man aus der Höhle eine Flamme hervorschießen: alles Merkmale, die auf einen Fruchtbarkeitsritus hinweisen.

Auch die Hingabe Pasiphaes, der Raub der Europa verweisen auf alte Hierogamien mit dem Stiergott, bei denen sich die Priesterin, symbolisch oder wirklich, dem Tier darbot, um die Fruchtbarkeit der Erde sicherzustellen. In Indien wurde ein ähnlicher Ritus mit einem Pferd, in Ägypten mit dem heiligen Bock des Gottes Min vollzogen.

Die Bemalung des Sarkophags von Agia Triada zeigt, wie die Toten angerufen wurden: Durch ein Gefäß ohne Boden – *gleich dem Fass der Danaiden*, dessen rituelle Bedeutung dadurch verständlich wird – lässt die Priesterin das Blut des Opfers auf die Erde fließen, wo es die Geister trinken, um für kurze Zeit ins Leben zurückzukehren.

Agrarmagie, Totenmagie, es fehlt wirklich nichts, um das minoische Leben wie das eines primitiven Stammes erscheinen zu lassen. Hat man nicht auch die ersten Bewohner von Hellas als halbnackte Wilde beschrieben, die in Strohhütten kampierten, bewaffnet mit Äxten und Obsidianmessern, die grob geritzte Tongefäße benutzten, voller Stolz auf die Federn in ihrem

Haar und die glatten Kiesel ihrer Armbänder? Sie wurden mit den Polynesiern verglichen und der Vergleich wurde sogar von den Sitten auf die Mythologie ausgeweitet, denn nichts gleicht dem Mythos von Uranos und Gaia so sehr wie die polynesische Erzählung von der Trennung von Himmel und Erde. Mehr noch, um die Gottheiten drängt sich eine Ansammlung seltsamer Dämonen, deren Gestalt aus allen Elementen der Natur zusammengesetzt ist und die, was Schrecken und Extravaganz angeht, die ausgefallensten Schöpfungen von Sumer und Elam in den Schatten stellen: Nur die systematisch monströsen Erfindungen eines Hieronymus Bosch halten den Vergleich etwa mit den Siegelabdrücken aus den Grabungen von Zakros aus, obwohl ihr Gebrauch eher kommerzieller als religiöser Natur gewesen zu sein scheint. Hier eine Frau mit Greifenbeinen und Schmetterlingsflügeln; dort ein Hirschkopf, überragt von einem einzigen, riesigen und weitausladenden Geweihende und flankiert von zwei menschlichen Armen; dort das Profil einer laufenden Gestalt mit zwei nutzlosen Flügeln, die einen bärtigen Ziegenkopf mit Widderhörnern trägt.

In Anbetracht dieser Alpträume, inmitten dieser reinen Magie, die von der apollinischen Klugheit ebenso weit entfernt ist wie vom dionysischen Mystizismus und die, wie P.-M. Schuhl erst kürzlich hervorgehoben hat, nur hartnäckige und ansteckende Beschmutzungen kennt, Verwünschungen von Priestern, die ihre Purpurmäntel der untergehenden Sonne entgegenhalten, Verzauberungen und Exorzismen, umgibt sich das materielle Leben mit allem nur erdenklichen Raffinement. Die Vollkommenheit der Fresken muss nicht mehr gepriesen werden. Doch auch die Skulptur steht ihnen in nichts nach, so sehr hat der Erfindungsreichtum des Künstlers es verstanden, das Material zu variieren und die Form zu stilisieren, ohne den Ausdruck starr werden zu lassen. Auch gab er sich nicht mit der rein theoretischen Darstellung zufrieden, die für magische Zwecke allein erforderlich ist. Man nehme nur jenen Stierkopf aus schwarzem Steatit, mit seinem Maul aus inkrustiertem Perlmutt, den goldbeschichteten Hörnern und den Augen aus Bergkristall, in deren Mitte ein purpurroter Stein die Pupille vortäuscht. Dabei galt dem Komfort keine geringere Sorge als dem vollendeten künstlerischen Werk: Die hydraulischen Installationen von Knossos haben die Archäologen bereits zu einer solchen Vielzahl von Lyrismen inspiriert, dass es sich erübrigt, dem noch etwas hinzuzufügen. Bei der Kleidung scheint sich die Mode an das Gefällige gehalten zu haben, jedenfalls ist sie eher kokett als vornehm, hat mehr Charme als wirkliche Größe: Wir sehen Volantkleider, geblümte Röcke, wallende Reifröcke, Mieder mit Puffärmeln, die unter der Brust geschnürt sind und die Brüste völlig frei lassen, Schuhe mit Absätzen und, auf dem Kopf der Preziösen, Nadeln von einem außergewöhnlichen Reichtum, mit denen Locken, Fransen und Bänder hochgesteckt wurden, darüber Hauben, Mützen und Turbane, geschmückt mit Federn und Büscheln.

Auf den ersten Blick scheint es schwierig, diese Evokationen, die eher an die Salons des Zweiten Kaiserreichs erinnern, an Lebenswelten, denen jegliche innere Tiefe, oder noch elementarer, jedes menschliche Bewusstsein abgeht, mit der Welt von Gewalt und

Schrecken zu vereinbaren, die diesen Bau des Lichts von allen Seiten umgibt. Dabei vergisst man jedoch allzu leicht, dass der Prunk genau aus dieser Triebverbindung hervorgeht, denn gerade in einer magischen Welt ist kein Detail des materiellen Lebens unbedeutend, jede Veränderung könnte eine ferne ungeheure Katastrophe auslösen. Wenn der Priesterkönig ein vorherbestimmtes Opfer ist, warum soll man ihn dann nicht auch der mystischen Gegenwart von Steinen und Metallen aussetzen? Der Mensch fühlt sich in der Hand von Mächten, derer er sich nicht als unwürdig erweisen darf und deren Widerschein ihn mit einem beständigen und gefährlichen Glanz schmückt.

So setzt in diesem besonderen Fall gerade der Luxus den Einfluss dunkler Mächte in den strahlendsten Manifestationen des weltlichen Lebens voraus. Es handelt sich überall um höchste Werte, sodass bei den Details der Toilette wie bei den Details der Riten dieselbe gespannte Aufmerksamkeit erforderlich ist. Jede Angst führt in einem Umfeld der Gefahr zu größerer Vorsicht, in einem Umfeld der Sicherheit zu größerer Gelassenheit, hie und da sehen wir einen gewissen Übermut, der herausfordert, beruhigt oder das eigene Prestige gegen die Aggression der Gespenster ausspielt. An den Prunk glauben und die reine Schönheit verachten, gerade die Kunst des Zeremoniellen zu einer Ästhetik machen: welch eindrucksvolle Häresie! Aber nichts könnte tatsächlich besser deutlich machen, dass die Mächte der Finsternis nicht aufgegeben haben und dass es zwischen dem Menschen und seiner Seele noch keinen Frieden gibt.

Man muss die Palastruinen von Knossos in der Stunde des hellsten Lichts betreten. Doch selbst dann wird man vergeblich nach Spuren einer irgendwie gearteten Geistigkeit Ausschau halten. Harmonie, Ordnung, Symmetrie, sämtliche Merkmale, welche die klassische Kunst mit der Geometrie und der klaren Linie der vollkommenen Geisteserzeugnisse vereint, sind gleichermaßen abwesend, gerade so, als hätte sie eine glühende, unauslöschliche Eruption bereits zu Beginn hinweggefegt. Nicht zu übersehen ist freilich, wie sehr die soeben beschriebenen widersprüchlichen und dennoch verwandten Aspekte sich in diesem Bau überlagern, dessen auffallende Rohheit durch die Zementeinbauten der Rekonstruktion von Evans noch verstärkt wird. Das Komplizierte und Geheimnisvolle geht dabei mit Prahlerei und Prunk eine enge Verbindung ein. Die hohen Terrassen, die Propyläen mit ihren massiven Säulen, die Balkone, die auf den Horizont des Meeres und die Weite der Ebenen gehen, deuten auf eine ausgesprochene Neigung zum Theatralischen hin, aber ganz unvermittelt auch auf eine Neigung zum Geheimnis: Sie zeigt sich in den winzigen Patios, deren eigenwillige Verteilung nicht zum Gesamteindruck und den Dimensionen des großen zentralen Hofs passt, in den verwinkelten Gängen, den unerwarteten und nutzlosen Treppen, den Lichtschächten, sogar in den Sälen, deren Eingänge sich niemals in der Mitte zwischen den Säulenreihen, sondern in einer Ecke befinden – wenn es nicht die Kolonnade selbst ist, die, von der Mitte zur Seite verschoben, vor zwei aufeinanderfolgenden Wänden steht und nach drei Vierteln des Raumes einen eigenartigen Knick macht. Es ist eine orientalische

Märchenarchitektur, mit den zugleich praktischen, unverständlichen und dramatischen Eigenschaften, die uns an die Verließe der Abenteuerromane erinnern, die die städtische Kultur hervorgebracht hat: *Tausendundeine Nacht* und *Les Secrets de Paris* in einem. Der Gedanke liegt nahe, dass die Gedichte von Saint-John Perse eine Kultur dieser Art beschreiben: »Gesetze erlassen auf anderen Ufern, und Bündnisse durch die Frauen bei ausschweifenden Völkern; große Länder öffentlich ausgeboten unter schwellender Sonne, die Hochebenen befriedet und einen Preis ausgesetzt auf die Provinzen im feierlichen Duft der Rosen, [...] die besitzlosen Hauptleute auf unsterblichen Bahnen, die Würdenträger in Scharen gekommen, uns zu begrüßen, die ganze männliche Bevölkerung des Jahres mit ihren Göttern auf Stöcken [...] Feste im Freien an den Gedenktagen großer Bäume und öffentliche Zeremonien zu Ehren eines Teiches; Weihungen schwarzer Steine von vollkommener Rundung, Auffindungen von Quellen an dürren Orten, Einsegnungen von Stoffen auf langen Stangen, nah den Pässen im Gebirge, und Beifallsbrausen am Fuße der Mauern, bei den Verstümmelungen der mannbaren Jugend im Sonnenlicht, bei den Hochzeitslaken, ausgehangen vor allem Volk!«

Diese Zeilen, in denen jede Einzelheit auf einen weitverbreiteten Brauch verweist, passen zweifellos zur minoischen Welt, erinnern aber in keiner Weise an das klassische Bild Griechenlands, des vergeistigten Heiligtums der Ausgeglichenheit und des Glücks. Maß, Vernunft, Weisheit, Harmonie, all jene Eigenschaften, die auch den Parthenon beschreiben, haben nicht einmal ihre Anfänge auf Knossos. Es ist indes nicht gleichgültig, dass sie Schritt für Schritt den barbarischen Werten abgerungen werden mussten und nicht als Gabe einer großzügig-gnädigen Macht empfangen wurden. Die Ruhe dieser Götter ist ein stets bedrohter Sieg, und erst dies verleiht ihm seinen wirklichen Sinn, denn gerade weil er so teuer erworben wurde und niemals wirklich gesichert ist, ist er ein so voller, bedeutsamer und bewundernswürdiger Sieg – ein Sieg, der leer und unerheblich erscheinen könnte, wüsste man nicht von seinen Hintergründen, ja seinen Abgründen. Man betrachte nur im Giebel von Olympia den Apollon Hyperdexios, mit ausgestrecktem Arm, den Sieg verkündend: Seine Ausgeglichenheit ist keine Gabe der Natur, kein Effekt der Gewohnheit, sondern die kaum gereifte Frucht einer Kraftanstrengung. Man denkt unwillkürlich an jene ›Ordnung‹, die ein berühmtes und unglückliches Wort nach jeder Niederschlagung und jedem Massaker *herrschen* lässt. Die eroberte Sanftheit ist ihrerseits auf Eroberungen aus. Das Lächeln, das sich auf den Lippen des Gottes andeutet, aber nicht wirklich zeigt, drückt einen Triumph aus, der stets neu errungen, der stets aber auch gezügelt werden muss, aus Angst, er könnte, bis zur Trunkenheit gesteigert, in einer Niederlage, einem Fall enden. Der unmittelbar bevorstehende Sieg rechtfertigt die Entspannung, nicht aber die Unachtsamkeit. Der Sieger muss wachsam bleiben, in jedem Augenblick fähig zur unmittelbaren Mobilisierung seiner Energie, denn die widerstrebenden Mächte, die er beherrscht, geben niemals nach. In Wirklichkeit bleibt die Spannung erhalten, der fordernde Moment der Ruhe stabilisiert sie jedoch, verleiht ihr ihre Form, gibt ihr Raum für einen Stil. Es ist der gefährliche Moment, in dem der Athlet, der spürt, dass sein Gegner nachgibt, plötzlich sieht, dass er seinen eigenen Schwung beherrschen muss, um nicht das Gleichgewicht zu verlieren, wenn der Widerstand nachlässt.

Der Preis der Siege sind die Bequemlichkeiten, die verführerischen Nachlässigkeiten, die Entwicklung des Lebens in rein formalen Gestaltungen. Wir sprechen dann schon von der hellenistischen Welt.

Die klassische Ruhe wird somit nur ein vorübergehender Gipfel gewesen sein, eine Bewährungsprobe der Disziplin gegenüber jenen heftigen Trieben, die nach ihr als Herrin riefen und ohne die jene Ruhe stets nur das gewesen wäre, wozu man sie zuletzt machte: ein Bühnendekor der komischen Oper, die Postkartenansicht eines Tempels im Mondschein.

Zwischen dem Labyrinth und der Akropolis vollzog sich die pathetische Zeugung der Heroen. Theseus findet seine Rechtfertigung weniger darin, dass er den Minotaurus besiegt hat, als darin, dass er mit ihm kämpfen musste. Erst die Ungeheuer machen die Halbgötter.

3. PARIS, EIN MODERNER MYTHOS

Da liegt die heilige Stadt,
im Westen hingeschmiegt.

Arthur Rimbaud, *Paris se repeuple*

Die modernen Mythen werden noch weniger verstanden als die alten Mythen, obwohl wir von den Mythen zerfressen werden.

Honoré de Balzac, *La Vielle Fille*

Einer der verwirrendsten Aspekte des Problems ist mit Sicherheit folgender: Erwiesenermaßen haben Mythen in zahlreichen Kulturen so grundlegenden menschlichen Bedürfnissen entsprochen, dass es lächerlich wäre anzunehmen, sie seien verschwunden. Dennoch ist in der modernen Gesellschaft schwer zu erkennen, wie diese Bedürfnisse erfüllt werden und welche Instanzen die Funktion des Mythos übernommen haben könnten.

Da der Mythos unter der Kategorie des Imaginären gefasst wird, ist es verführerisch, zur Beantwortung dieser Frage auf die Literatur zu verweisen. In Wahrheit ist hier größte Vorsicht geboten. Sollte es tatsächlich einen eigenständigen Wert des Mythos geben, ist er gewiss nicht ästhetischer Natur. Wenn man die Art des Interesses, das von Büchern geweckt wird, und die Geisteshaltung, die ihre Lektüre voraussetzt, angemessen beschreiben will, ist vor allem zu beachten, dass die Lektüre im Allgemeinen auf den Genuss des Schönen ausgeht und sich an der Suche nach dem Meisterwerk orientiert. Gerade dies könnte sich jedoch als gravierendes Hindernis erweisen, da etwas Entscheidendes hieraus folgt: Die Kommunikation zwischen dem Werk und dem Publikum ist stets nur eine Sache persönlicher Sympathien oder weltanschaulicher Affinitäten – eine Sache des Geschmacks oder des Stils. Das definitive Urteil hängt immer vom *Einzelnen* ab, was nicht heißt, dass die Gesellschaft keinen Einfluss hätte, aber sie gibt nur Empfehlungen und übt keinen Zwang aus. Der Mythos hingegen ist per definitionem Teil eines *Kollektivs*, er rechtfertigt, unterstützt und inspiriert das Dasein und das Handeln einer Gemeinschaft, eines Volkes, einer Zunft oder einer Geheimgesellschaft. Als – im juristischen Wortsinn – konkreter *Präzedenzfall* für das gebotene Verhalten in dem ehemals sehr ausgedehnten Bezirk der *heiligen Schuld* ist er in den Augen der Gruppe gerade dadurch mit Autorität und zwingender Kraft ausgestattet. Man kann diesen Gegensatz noch schärfer fassen und die Behauptung aufstellen, dass der Mythos genau dann, wenn er seine moralische Zwingkraft verliert, zu Literatur, zu einem Gegenstand ästhetischen Genusses wird. Es ist der Augenblick, in dem Ovid die *Metamorphosen* schreibt.

Eine Möglichkeit der Annäherung zeichnet sich nichtsdestoweniger ab, denn es sind prinzipiell mehrere Arten der Literaturbetrachtung möglich. Die Konzentration auf das Meisterwerk ist alles in allem nur eine, und man kann anstelle der eher seltenen schöpferischen Erfolge die Gesamtheit der Literaturproduktion in den Blick nehmen, ohne Rücksicht auf Stil, Kraft oder Schönheit, und hier wiederum zum Beispiel nur die Auflagenhöhe als symptomatischen Wert berücksichtigen. Damit rückt zwar die Quantität in den Vordergrund und die populäre Literatur wird zum Nachteil der hohen Literatur massiv bevorzugt. Der Analytiker gewinnt dadurch jedoch ein größeres Maß an Sicherheit und erhöht seine Chancen, die Gesetze des Genres, ihre Kraftlinien und insbesondere ihre tatsächliche Einwirkung auf die Einbildungskraft, die Sinnlichkeit und die Handlungsweisen zu erfassen. Schließlich wird die Frage hierdurch auf die Ebene des Kollektiven verschoben, und ohne dass man streng genommen schon von Mythen sprechen könnte, wird nun auch die Literatur ein Machtfaktor, vergleichbar etwa der Presse, aber im rein Imaginären angesiedelt. Sicher wirkt Literatur wesentlich indirekter und diffuser, dennoch übt sie einen vergleichbaren und ähnlich weitreichenden Druck aus.

Wer unter diesen Bedingungen – aus reinem Erkenntnisinteresse oder weil er daraus einen unmittelbaren Gewinn für die Effektivität seines Handelns zu ziehen erhofft – die Sitten und Gebräuche, die sozialen Folgewirkungen der Einbildungskraft untersuchen will, wird unweigerlich zu dieser sehr speziellen Betrachtungsweise von Literatur geführt, einer Betrachtungsweise, die manchen Künstlern leicht als unangemessen, zynisch oder verächtlich erscheinen mag, einem Teil von ihnen aber auch als luzide und vielleicht machiavellistisch, mit einem Wort *luziferisch* – was sie alles in allem auch ist. Grob gesprochen ist diese Einstellung gegenüber der ästhetischen Kritik verwandt mit der Einstellung der Soziologie gegenüber den apriorischen Moralvorstellungen und der sogenannten wissenschaftlichen Psychologie gegenüber den Regeln des Syllogismus. Sie wird mithin, wenn man ihr einen Namen geben will, eine Art *Literatursoziologie* sein. Für die hohe Literatur hat das eine erfreuliche Konsequenz; zwar wird sie von der Populärliteratur nicht mehr getrennt und es ist damit zu rechnen, bei beiden – zur selben Zeit und im selben Land – dieselben Tendenzen, dieselben Appelle, eventuell dieselben *Mythen* anzutreffen (es ist schließlich die Untersuchung der Mythen, die dieses Vorgehen bestimmt hat), dafür werden jedoch ihre besonderen Verdienste, die als wichtige Faktoren des Problems gebührend untersucht werden, objektiv anerkannt: der technische Erfolg im Sinne einer Waffenüberlegenheit, die Aura des Prestiges als eine Form der Einflussnahme, die höchste Bewusstheit schließlich als seltene Ausnahmeerscheinung.

Dies vorausgeschickt ist festzustellen, dass es unter diesem Blickwinkel ein Bild von der Großstadt gibt, *das eine derartige Macht über die Phantasie ausübt, dass praktisch nie die Frage nach seiner Beschaffenheit gestellt wird*, ein Bild, gänzlich vom Buch erzeugt und gleichwohl so verbreitet, dass es nun Teil der kollektiven geistigen Atmosphäre ist und folglich eine gewisse Zwingkraft besitzt. Man erkennt bereits hieran die Merkmale der mythischen Vorstellungswelt.

Diese Erhebung des städtischen Dekors zu einem epischen Gegenstand, genauer diese plötzliche ins Phantastische gehende Übersteigerung einer wohldefinierten und den Lesern völlig vertrauten Stadt ist der Aufmerksamkeit der Literaturhistoriker nicht entgangen. Sie wird zuerst in der ersten Hälfte des 19. Jahrhunderts beobachtet, wo sich der Ton plötzlich verändert, sobald Paris in Szene gesetzt wird. Offenbar müssen Größe und Heroismus nicht mehr das Gewand von Racines Griechen oder Hugos Spaniern anlegen, um Aufmerksamkeit zu beanspruchen oder zu erlangen; der zeitliche und räumliche Abstand ist für das tragische Milieu nicht mehr erforderlich, um als solches in Erscheinung zu treten. Die Umstellung ist umfassend; die Welt der erhabensten Größe und der unsühnbaren Verderbnis, der ununterbrochenen Gewalttaten und Heimlichkeiten, die Welt, in der jederzeit und überall alles möglich ist, weil die Einbildungskraft in sie schon im Voraus ihre stärksten Reize verlegt hat, diese Welt ist nicht mehr fern, unzugänglich und autonom; es ist die Welt, in der ein jeder sein Leben zubringt.

Dieses Phänomen, das gleichzeitig mit den Anfängen der Großindustrie und der Formierung des städtischen Proletariats auftritt, ist, um mit dem Offensichtlichsten zu beginnen, eng verbunden mit der Umwandlung des Abenteuerromans zum Kriminalroman. Man darf als sicher annehmen, dass diese Metamorphose der Stadt etwas damit zu tun hat, dass Fenimore Coopers *Savanne* und *Urwald*,[1] wo jeder geknickte Zweig eine Bedrohung oder eine Hoffnung bedeutet, wo jeder Baumstamm die Flinte eines Feindes oder den Bogen eines unsichtbaren und schweigsamen Rächers verbirgt, auf das städtische Dekor übertragen wurde. Alle Schriftsteller, Balzac an erster Stelle, haben sich zu diesen Anleihen offen bekannt und nicht verhehlt, was sie Cooper verdankten. Werke mit so bezeichnenden Titeln wie *Les Mohicans*

[1] Vgl. Régis Messac, *Le ›Detective Novel‹ et l'influence de la pensée scientifique*, Paris: H. Champion 1929, S. 416–440.

de Paris von Alexandre Dumas waren an der Tagesordnung. Diese Transposition ist unbestritten, zweifellos hat dabei aber auch der Roman noir eine gewisse Rolle gespielt; tatsächlich erinnern *Les Mystères de Paris* stellenweise an *The Mysteries of Udolpho.*[2] Die mythische Struktur nimmt rasch Gestalt an: Der riesigen Stadt steht der legendenumwobene Held gegenüber, dessen Bestimmung es ist, sie zu erobern. Tatsächlich gibt es in dieser Zeit kaum ein Werk, das nicht eine bewegende Beschwörung der Hauptstadt enthält. Der berühmte Ausruf Rastignacs ist dabei von einer ungewohnten Zurückhaltung, obwohl die Episode alle üblichen Elemente des Themas enthält. Die Helden von Ponson du Terrail sind in ihren unvermeidlichen Reden über das »moderne Babylon« lyrischer (man nennt Paris nicht mehr anders),[3] man lese etwa die Rede von Armand de Kergaz in *Les Drames de Paris*, vor allem die des Genies des Bösen, des falschen Sir Williams, in *Le Club des Valets de Cœur*:

> O Paris, Paris! Du bist das wahre Babylon, das wahre Schlachtfeld der großen Geister, der wahre Tempel, in dem das Böse seinen Kult und seine Hohepriester hat, und ich glaube, dass der Hauch des Erzengels der Finsternis ewig über dich hinweggeht wie die Winde über die Unendlichkeit der Meere. Oh stehender Sturm, steinerner Ozean, ich will inmitten deiner

[2] Insbesondere durch die starke Bedeutung der Keller und Verließe.

[3] Zweifellos hat diese Bezeichnung ihren Ursprung in den Predigten der königlichen Hofprediger, denen die zahllosen Gefahren, die von der Großstadt ausgehen, großen Schrecken einflößten. Die Rolle der Kirche bei der Schaffung des Mythos von Paris wäre noch zu untersuchen, ebenso was in ihn von einer in Teilen selbst mythischen Vorstellung von Babylon eingegangen ist.

> wütenden Fluten jener schwarze Adler sein, der den Blitz verhöhnt und lächelnd über dem Sturm schläft, mit weit ausgebreiteten Flügeln; ich will das Genie des Bösen sein, der Geier der Meere, jenes arglistigsten und stürmischsten Meeres, jenes Meeres, wo die menschlichen Leidenschaften tosen und branden.

In diesen Zeilen, in denen die Hellenisten mit Staunen eines der bekanntesten Bilder Pindars erkennen werden, glaubt man *die wahnsinnigen Worte, wenngleich von höllischer Größe*, des Comte de Lautréamont zu vernehmen.[4] Régis Messac hat bereits darauf hingewiesen. Tatsächlich handelt es sich exakt um dasselbe Paris, dessen Spelunken schon Eugène Sue beschrieben und dessen labyrinthische Unterwelt er mit sogleich berühmt gewordenen Personen bevölkert hatte: dem Schurimann, Fürst Rudolf, Marienblume, dem Schulmeister. Das Dekor der Stadt ist Teil des Geheimnisses; man erinnert sich an die Lampe mit dem silbernen Schnabel, ihren Schimmer, »weiß wie elektrisches Licht«, die in *Les Chants de Maldoror* auf der Seine durch ganz Paris langsam ihre Bahn zieht. Später, am anderen Ende des Zyklus, in *Fantômas*, werden in den Tiefen der Seine am Quai de Javel ebenfalls unerklärliche Irrlichter funkeln. So setzen sich die Geheimnisse von Paris identisch mit sich selbst fort: Die Mythen sind nicht so flüchtig, wie man glaubt.

[4] Ich möchte hier nur auf die sprachliche und stilistische Gemeinsamkeit des lyrischen Ausdrucks hinweisen. Die Beziehungen zwischen den *Chants de Maldoror* und dem Fortsetzungsroman sind so bekannt, dass es sich erübrigt, auf sie weiter einzugehen. Eine ernsthafte Untersuchung dieser Beziehungen steht allerdings noch aus.

Indessen erscheinen unaufhörlich neue Werke, deren eigentliche Hauptfigur die Stadt ist, und der Name von Paris, der fast immer im Titel auftaucht, zeigt deutlich genug, dass das Publikum es so will.[5] Wie sollte da beim Leser in seinem Innersten nicht die Überzeugung aufkeimen, wie sie heute noch anzutreffen ist, dass das Paris, das er kennt, nicht das einzige, nicht einmal das wahre Paris ist, sondern nur ein hell beleuchtetes, aber zu *normales* Bühnendekor, dessen wahre Herren sich niemals zeigen werden, und das ein anderes Paris verbirgt, das wirkliche Paris, ein gespenstisches, nächtliches, nicht zu fassendes Paris, das umso machtvoller ist, als es geheim ist, und das sich überall und jederzeit gefährlich in das andere Paris einmischt? Die Merkmale des kindlichen Denkens, insbesondere des Artifizialismus, bestimmen diese seltsam präsente Welt; nichts geschieht, was nicht lange im Voraus geplant war, nichts entspricht der äußeren Erscheinung, alles ist vorbereitet, um im rechten Moment von dem allmächtigen Helden, dem Herrn des Geschehens, benutzt zu werden. Es ist das Paris von *Fantômas*. Pierre Véry hat seine Atmosphäre glänzend wiedergegeben. Der typische Held ist ihm zufolge Der-Mann-mit-der-dunklen-Brille: »Das Genie

[5] Einige Titel seien hier zitiert. Ich entnehme sie der Bibliographie von Messac: Charles Lucas, *Les Prisons de Paris*, 1841; Eugène Sue, *Les Mystères de Paris*, 1842–43; Eugène François Vidocq, *Les Vrais Mystères de Paris*, 1844; Maurice Alhoy, *Les Prisons de Paris*, 1848; Xavier de Montépin, *Les Viveurs de Paris*, 1852–56; Alexandre Dumas, *Les Mohicans de Paris*, 1854; Paul Bocage, *Les Puritains de Paris*, 1862; Jules Claretie, *Les Victimes de Paris*, 1864; Émile Gaboriau, *Les Esclaves de Paris*, 1867; Xavier de Montépin, *Les Tragédies de Paris*, 1874; Fortuné du Boisgobey, *Les Mystères du nouveau Paris*, 1876; Jules Claretie, *Le Pavé de Paris*, 1881; Gustave Aymard, *Les Peaux-Rouges de Paris*, 1888 etc. Selbstverständlich müssten hier auch Titel wie *Les Mystères du Grand Opéra* von Léo Lespès (1843) genannt werden, wo der Name von Paris nur angedeutet wird, oder wie *Les Mystères de Londres* von Paul Féval (1844), wo er nur vertauscht ist.

des Verbrechens, der Herrscher des Schreckens, der Meister der unmöglichsten Verwandlungen, der nach Belieben sein Gesicht verändert und dessen ständig wechselnde Kleidung jeder Beschreibung spottet, auf den kein Steckbrief zutrifft [...], den die Kugeln nicht erreichen, an dem die Klingen stumpf werden, der Gifte schluckt wie andere Milch.« Und hier, vom selben Autor, ein Kapitel aus seinem Leben:

> Er war der, dessen geheimes Versteck über unausdenkliche Aufzüge mit dem Erdinnern verbunden ist. Mitten auf einem Feld taucht er wieder auf. Kommt ein Bauernmädchen vorbei, eine Gänsemagd, die ein verkleideter Detektiv ist und auch nur sein kann. Der andere spürt die Gefahr, verschwindet unter der Erde. Vor ihm enge Gänge, alle hundert Meter Türen aus Dreifachstahl, die er mit dem kleinen Finger per Knopfdruck öffnet; er durchquert diverse Schlupfwinkel, vollgestopft mit Waffen und Schmuck, Laboratorien voller Retorten, Bomben, Höllenmaschinen: Schließlich taucht er wieder an der Oberfläche auf. Nachts in Nôtre-Dame. Ein Altar dreht sich. Da ist er, der Mann mit der dunklen Brille, er hat die Schlüssel zur Sakristei und der Küster, der sein Komplize ist, leuchtet ihm mit einer Kerze. Im Louvre. Das Bild der Mona Lisa gleitet zur Seite, der Mann mit der dunklen Brille zeigt sich. Er hat die Schlüssel für die Tür und das Gitter, der ihm ergebene Wächter leuchtet ihm mit einer schwachen Lampe. Nun in den Keller der Präfektur. Wieder ist er es. Die Polizisten, die seine Kreaturen sind, tun so, als schliefen sie, als er

vorbeigeht. Auch hier hat er die Schlüssel. Er hat alle Schlüssel.
Dann ist er in einem Café, er bestellt ein Bier: Der Kellner, eine ihm ergebene Seele, steckt einen Zettel unter den Untersetzer. In aller Ruhe erreicht er die Tür. (Es war Zeit. Hinter ihm stürmt eine Truppe von Inspektoren, die Pistole in der Hand, in das Etablissement; sie gehören nicht zu seiner Bande.) Er indessen, usw.[6]

Man möge dieses lange Zitat entschuldigen, aber sein dithyrambisch-drängender Charakter, der dem Sujet besonders angemessen ist, lässt eine Kürzung nur schwer zu. Es entspricht zudem, wie man noch sehen wird, den Hintergedanken der Schöpfer des Genres. Und schließlich markiert es eine neue Stufe in der mythischen Beschreibung der Hauptstadt: Der durchgängige Riss, der das Paris des äußeren Scheins vom Paris der Geheimnisse trennte, ist aufgehoben. Der Mythos hatte sich zunächst mit den Möglichkeiten der Nacht und der Bezirke am Stadtrand, der unbekannten Gassen und der unerforschten Katakomben begnügt. Doch rasch ist er ins volle Tageslicht vorgedrungen und hat das Herz der Stadt eingenommen. Er *besetzt* die frequentiertesten, offiziellsten, sichersten Gebäude. Nôtre-Dame, der Louvre, die Präfektur sind die Orte seiner Wahl. Nichts konnte sich der Epidemie entziehen, überall hat der Mythos die Wirklichkeit infiziert.

[6] Pierre Véry, *Les Métamorphoses*, Paris: Gallimard 1931, S. 178f. Wir verdanken Pierre Véry neben einer Reihe von Kriminalromanen einen bemerkenswerten, kurz zuvor in der *Revue européenne* (Mai/Juni/Juli 1930) erschienenen Artikel, in dem er ein außergewöhnliches Verständnis für die moderne Imagination zeigt und der deswegen besondere Erwähnung verdient.

Dass diese Verklärung des modernen Lebens vor allem dem Kriminalroman geschuldet ist, darauf hat Chesterton bereits 1901 hingewiesen: »Diese Vorstellung von der Großstadt als etwas Abenteuerlichem und Auffälligem hat im Kriminalroman ihre *Ilias* gefunden. Niemandem kann es entgangen sein, dass in diesen Geschichten der Held oder Ermittler völlig unbeschwert durch London wandert, einsam und frei, fast wie ein Märchenprinz aus Elfenland. Im Verlauf dieser unberechenbaren Reise nimmt der zufällige Omnibus die Urfarben eines Fabelschiffes an. Die Lichter der Stadt beginnen wie unzählige Koboldsaugen zu glühen usw.«[7]

Wir gewärtigen hier eine Poetisierung der städtischen Kultur, eine wirklich tiefreichende Adaptation der Sinnlichkeit an die moderne Stadt, die genau in diesem Moment in ihrem heutigen Erscheinungsbild entsteht. Zu fragen bleibt, ob dieses Phänomen nicht ein Zeichen für eine allgemeinere geistige Umwälzung ist. Denn wenn diese Verklärung der Stadt offenkundig ein Mythos ist, dann muss er wie alle Mythen einer Interpretation zugänglich sein und von Schicksalen berichten.

Das soziale und demographische Substrat ist bekannt: eine beträchtliche Zunahme der industriellen Konzentration, der Landflucht, der städtischen Überbevölkerung, die Anfänge der großen Warenhäuser (*La fille mal gardée, Les deux magots, Le diable boiteux* usw.), der Hochfinanz (Rothschild, Fould, die Brüder Pereire

[7] Gilbert Keith Chesterton, »Defense of the detective story«, in: ders., *The Defendant*, London: R. Brimley Johnson 1901, S. 154. Vgl. Messac, *Le »Detective Novel« et l'influence de la pensée scientifique*, S. 11.

usw.), der Aktiengesellschaften usw. 1816 werden an der Börse sieben Werte gehandelt, 1847 mehr als 200. Der Bau der Eisenbahnlinien wird aktiv vorangetrieben. Die Proletarisierung erzeugt ihre ersten Dramen und es gibt unzählige politische Geheimgesellschaften.

Verständlicherweise versetzte eine derart radikale Veränderung die bereits von der Romantik aufgewühlten Geister in höchste Erregung. Dieses Mal ging der Schock jedoch in die andere Richtung. Es ist ein gebieterischer, aber nicht weniger lyrischer Appell an die Wirklichkeit und die Aktualität. Tatsächlich bedeutet die Erhebung des städtischen Lebens in den Rang eines Mythos für die hellsichtigsten Geister eine klare Parteinahme für die *modernité*. Es ist bekannt, welche Bedeutung dieser Begriff für Baudelaire hat, deswegen überrascht es nicht, in ihm einem entschlossenen, leidenschaftlichen Parteigänger der neuen Richtung zu begegnen. Es handelt sich für ihn dabei, wie er sagt, um die »Haupt- und Grundfrage«, nämlich darum festzustellen, ob seine Zeit »eine besondere, aus neuen Leidenschaften entspringende Schönheit« besitzt. Man kennt seine Antwort: Es ist der Schluss seiner zumindest ihrem Umfang nach bedeutendsten Schrift:

> Das Wunderbare umgibt uns und durchtränkt uns wie die Luft; doch wir sehen es nicht. [...] Denn die Helden der *Ilias* reichen euch nicht einmal bis ans Knie, o Vautrin, o Rastignac, o Birotteau, – und du, o Fontanarès, der es nicht wagte, dem Publikum seine Schmerzen in dem düsteren, verzogenen Frack, den wir alle tragen, zu erzählen; – und du, o Honoré de Balzac, du, die heldenhafteste, die einzigartigste, die

> romantischste und poetischste unter allen Gestalten, die du aus deinem Innersten hervorgebracht hast![8]

Es ist sozusagen der erste Entwurf einer Art epischer Theorie des modernen Lebens, deren Folgen noch unabsehbar sind, die zu entwickeln sich Baudelaire jedoch sein ganzes Leben lang bemühen wird.[9] *Les Fleurs du Mal* sind dafür nur eine unzureichende Illustration, ein Notbehelf vielleicht sogar in den Augen des Autors selbst, der zu diesem Zeitpunkt daran denkt, *Romane* zu schreiben (von denen er nur die Titel hinterlassen hat), und der im Dezember 1847[10] seiner Mutter anvertraut: »Ab Neujahr beginne ich einen neuen Beruf – das heißt die Schöpfung von Werken reiner Imagination – den Roman. Es ist unnütz, Ihnen die Schwere, die Schönheit und das Unendliche dieser Kunst zu beweisen [...].« Später will er schwören, dass die *Fleurs du Mal* ein »Buch der reinen Kunst« seien, weist zugleich aber darauf hin, dass er lügen werde »wie ein Jahrmarkts-Zahnausreißer«.[11] Damit wird auch verständlich, in welchem Sinn er sich auf Balzac beruft, der mehr als jeder andere den Mythos von Paris im Geiste Baudelaires entwickelt. Victor Hugo schließt sich ebenfalls der Strömung an und schreibt *Les Misérables*, zu einem guten Teil ein Epos auf Paris, nachdem

[8] Charles Baudelaire, *Der Salon 1846*, Kap. XVIII: »Von dem Heroismus des modernen Lebens«, in: ders., *Sämtliche Werke/Briefe*, Bd. I, München, Wien: Hanser 1977, S. 280–283, hier: S. 283.

[9] Vgl. Charles Baudelaire, *Le Peintre de la vie moderne*, in: ders., *Œuvres complètes*, Bd. III: *L'Art romantique*, Paris: Michel Lévy Frères 1868, S. 51–114; ders., *L'École païenne*, in: ebd., S. 301–309 usw.

[10] Das heißt zehn Jahre vor *Les Fleurs du Mal*: Man sieht, wie wenig diese, der Legende zum Trotz, die beherrschende Bestimmung seines Lebens waren.

[11] Charles Baudelaire, *Sämtliche Werke/Briefe*, Bd. VIII, München, Wien: Hanser 1985, S. 104.

er den protzigen Exotismus der *Orientales* und von *Han d'Islande* hinter sich gelassen hat.[12] Auch er erkennt in Balzac keinen Realisten: »Alle seine Bücher«, sagt er in seiner Rede am Grab des Romanciers, »bilden nur ein einziges, lebendiges, leuchtendes, tiefes Buch, worin man unsere ganze zeitgenössische Zivilisation in einem gleichsam aus Verstörtheit, Furchtbarkeit und ergreifender Wirklichkeit gemischten Zauber sich regen und bewegen und kommen und gehen sieht.«[13] Baudelaire sieht es nicht anders: »Es hat mich manches Mal verwundert, dass Balzacs großer Ruhm darauf beruhte, dass er für einen Beobachter galt; mir schien immer, sein Hauptverdienst läge darin, ein Visionär, und gar ein leidenschaftlicher Visionär zu sein.«[14] Als er seine eigene Theorie des modernen Heroismus entwirft, denkt er übrigens an das Paris von Sue und von Balzac, ja mehr noch, er beruft sich bereits auf die vermischten Nachrichten: »Das Schauspiel des eleganten Lebens und der unzähligen schwer bestimmbaren Existenzen, die die unterirdischen Bezirke einer großen Stadt bevölkern – Kriminelle und Prostituierte –, die *Gazette des Tribunaux* und der *Moniteur* beweisen uns, dass wir nur die Augen öffnen müssen, um unseren Heroismus

[12] Später, in *L'Homme qui rit*, schickt sich Victor Hugo an, die Atmosphäre einer nächtlichen Stadt zu beschreiben: »Das herumirrende Kind erlebte das unsagbar bedrückende Gefühl, das eine schlafende Stadt auslöst. Diese Stille eines gelähmten Ameisenhaufens macht schwindeln. All die quälenden Träume dieser Schlafenden vermischen sich, und von den ruhenden menschlichen Körpern steigt es auf wie ein Dunst von Träumen, usw.« Victor Hugo, *Die lachende Maske*, Leipzig: Paul List 1952, S. 96.

[13] Victor Hugo, »Grabrede«, in: Claudia Schmölders (Hg.), *Über Balzac*, Zürich: Diogenes 1977, S. 32.

[14] Charles Baudelaire, *Théophile Gautier*, in: ders., *Sämtliche Werke/Briefe*, Bd. V, München, Wien: Hanser 1989, S. 102.

zu erkennen.«[15] Diese Vorliebe für die Modernität geht so weit, dass Baudelaire wie Balzac sie auf die flüchtigsten Details der Mode und der Kleidung ausdehnen. Beide untersuchen sie an sich selbst und nehmen sie zum Anlass für moralische und philosophische Fragen,[16] denn sie stellen die unmittelbare Wirklichkeit in ihrem schärfsten, aggressivsten, vielleicht irritierendsten, aber auch ganz allgemein gelebten Aspekt dar.[17] Darüber hinaus offenbaren diese vestimentären Details, wie E. R. Curtius betonte, »das launische und lächelnde Gegenspiel zu dem pathetischen Ringen der neuen Zeitkräfte«.[18]

Es ist unschwer zu erkennen, dass diese systematische Aufmerksamkeit für das zeitgenössische Leben zunächst eine Opposition gegen die äußeren Kennzeichen der Romantik darstellt, ihre Vorliebe für das Lokalkolorit, für das Exotisch-Pittoreske, für das Gotische, für Ruinen und Gespenster. Sie setzt jedoch auch einen tieferen, radikalen Bruch mit dem *mal du siècle* voraus, auf jeden Fall jedoch die Verabschiedung des

[15] Charles Baudelaire, *Der Salon 1846*, Kap. XVIII, S. 282. Man muss sich daran erinnern, dass *Les Mystères de Paris* 1843 veröffentlicht wurde, und zur Kenntnis nehmen, dass »die unzähligen schwer bestimmbaren Existenzen, die die unterirdischen Bezirke einer großen Stadt bevölkern«, für einen so kritischen Geist wie Baudelaire ein *Glaubensgegenstand* sind. Das allein beweist schon den mythischen Charakter der Darstellung von Paris. Es wird für den Dichter sein ganzes Leben lang so bleiben: Man denke an die »Tablaux Parisiens« der *Fleurs du Mal* und vor allem an den *Salon von 1859*, wo Baudelaire des Längeren das Fehlen von Bildern beklagt, die die natürliche Feierlichkeit einer riesigen Stadt zeigten, *die schwarze Majestät der unheimlichsten aller Hauptstädte*, die wiederzugeben nur einem Marineoffizier gelungen sei. Charles Baudelaire, *Der Salon 1859*, Kap. VIII: »Landschaftsmalerei«, in: ders., *Sämtliche Werke/Briefe*, Bd. V, S. 194f.

[16] Baudelaire bricht eine Lanze für den schwarzen Frack (s. o.), Balzac schreibt eine *Physiologie der Krawatte und der Zigarre*, eine *Theorie des Handschuhs*, einen *Traktat über das elegante Leben*.

[17] Zudem verbindet sich für Baudelaire diese Beschäftigung mit seiner bedeutenden Theorie des *Dandyismus*, den er zu einer Frage der Moral und der Modernität macht.

[18] Ernst Robert Curtius, *Balzac*, Bonn: F. Cohen 1923, S. 240.

Bildes vom kränklichen, träumerischen und unangepassten Helden. Angesichts der mythischen Stadt, dem *Schmelztiegel der Leidenschaften*, die selbst harte Charaktere berauscht und zermalmt, bedarf es eines vom Willen zur Macht, um nicht zu sagen vom Cäsarismus durchdrungenen Helden. »Die Bestimmung eines starken Mannes ist der Despotismus«, schreibt Balzac, und einer seiner besten Analytiker stellt fest, dass er Wesen gezeichnet habe, »die aus dunklen Herzensverwirrungen, aus lähmendem Lebensekel den Weg zurückgefunden haben zu sittlicher Verantwortung, zu fruchtbarer Tätigkeit, zu überwindendem Glauben«.[19] Einige seiner Romane sind eindeutig Antworten auf *René* und *Obermann*. Tatsächlich spielen der Traum und seine Ersatzformen keine besondere Rolle im Leben der Figuren Balzacs. Es fehlt nicht viel und er behandelte sie mit der Verachtung eines D. H. Lawrence, der sie mit dem Inhalt von Mülltonnen vergleicht und es als eine seltsame Verirrung ansieht, dass man sich für sie nicht nur interessiert, sondern ihnen sogar einen *Wert* zubilligt.[20] Indes, wie entschieden sich die Figuren der *Comédie humaine* auch der Tat verschrieben haben, sie sind gleichwohl romantisch, sei es, dass in der Natur des Helden notwendigerweise eine gewisse Romantik liegt, die mit der soziologischen Funktion des Begriffs

[19] Ebd., S. 380.

[20] »Es ist unter unserer Würde, diesem Kehricht irgendwelche besondere Wichtigkeit beizumessen. Es ist immer unter unserer Würde, die Integrität der Persönlichkeit in Frage zu stellen, indem man den Wust des Zufälligen und Minderwertigen, den Kehricht mechanischer Koinzidenzen und Automatismen durchwühlt und aufrührt. Nur die Vorgänge sind von Bedeutung, die unmittelbar ableitbar sind vom Wesen der Persönlichkeit in ihrer vollen Integrität oder mit ihr in innerem Zusammenhang stehen.« David Herbert Lawrence, *Spiel des Unbewussten*, München: Dornverlag Grete Ullmann 1929, S. 268f.

zusammenhängt, sei es, dass die Romantik – worauf Baudelaire hinweist, hier wie stets Balzacs Komplize in diesem Abenteuer der Modernität – eine »Gnade ist, eine himmlische oder höllische Gnade«, Spenderin »ewiger Stigmata«.[21]

Wie dem auch sei, wenn die Figuren Balzacs, Kulturhelden wie Benassis oder Eroberer wie Rastignac, bereit sind, die *raue Wirklichkeit zu umarmen*, lassen sie im Allgemeinen eine etwas nebulöse, ungewisse oder schwierige Vergangenheit hinter sich, die dem Leben ihrer Vorgänger der romantischen Belle Époque gleicht, eine Vergangenheit, in deren Verlauf sie sich heranbildeten und deren Prägung sie bewahren, von der sie sich jedoch ohne Wehmut verabschieden und die in der klassischen Mythologie aufgrund all dieser Merkmale der Periode der sogenannten *Okkultation* entsprechen könnte, die für den Helden stets der Zeit der Prüfung und der des Triumphs vorausgeht: Dionysos in Nysa, der Schäfer Apollon bei Admetes, Ödipus vor der Begegnung mit der Sphinx, Achilles bei den Frauen von Scyros. Nichts ist in dieser Hinsicht aufschlussreicher als die Figur des Vautrin, Rebell und Schöpfer in einem,[22] *der unbeugsame Sträfling, hinter dem sich wieder und wieder das Zuchthaus schließt*, und zugleich der intelligente und genau planende Regisseur, der im Hintergrund die Fäden einer komplizierten und großartigen Intrige in der Hand hält.[23]

[21] Baudelaire, *Salon de 1859*, Kap. V: »Religion, Historie, Fantaisie«, in: ders., *Sämtliche Werke/Briefe*, Bd. V, S. 150–179, hier: S. 170.

[22] Dazu die Analyse von Curtius, *Balzac*, S. 193.

[23] Genau diesen Komplex nenne ich den *luziferischen* Geist. Er entspricht dem Moment, in dem sich die Revolte in den Willen zur Macht verwandelt und – ohne etwas von ihrem leidenschaftlichen und subversiven Charakter aufzugeben – dem Verstand, dem zynischen und klaren Blick auf die Wirklichkeit den Vorrang bei der

Aufs Ganze gesehen ist weder der romantische Held noch der moderne Held mit den Lebensumständen zufrieden, die die Gesellschaft für ihn bereithält. Der eine zieht sich jedoch aus ihr zurück, während der andere sich zu ihrer Eroberung entschließt, sodass die Romantik zu einer Theorie des *ennui*, der Langeweile führt, das *moderne* Lebensgefühl hingegen zu einer Theorie der Macht oder zumindest zu einer Theorie der Energie. In dem von Hugo und Balzac verklärten Paris treten alsbald Gestalten wie Enjolras und Z. Markas auf – die ersten Vertreter des, nach Curtius spezifisch französischen, Typus des keuschen Revolutionärs –, die Macht nur als erbarmungslose und quasi *pontifikale* Kraft verstehen, wofür D. H. Lawrence treffende Formulierungen gefunden hat. Baudelaire seinerseits stellte sich vor, dass allein die Machtausübung, »auch wo Tugenden fehlen, einen gewissen Adel der Haltung« verleiht, und kündigt so die Konzeption des englischen Romanciers an: »Jemand muss die Macht ausüben und so sollte sie von denen ausgeübt werden, die für sie eine natürliche Gabe haben und eine gewisse Achtung vor ihrer Heiligkeit.«[24] Diese *natürliche Gabe* deckt sich hier seltsamerweise mit den Himmelsgaben, welche Arbeit und Geld nicht zu verleihen vermögen, mit den Gaben, an die Baudelaire denkt, wenn er davon

Verwirklichung ihrer Absichten zubilligt. Er bezeichnet den Übergang von der *Agitation zur Tat.*

[24] David Herbert Lawrence, *Kangaroo*, New York: Th. Seltzer 1923, S. 113. Diese Konzeption der Macht steht in einem scharfen Gegensatz zur Theorie der Monarchie von Charles Maurras und kommt den Schlussfolgerungen nahe, die James George Frazer in *Les Origines magiques de la Royauté* nahelegt. Es ist ein gutes Zeichen, dass sie sich auf Seiten der Wissenschaft und nicht auf Seiten einer *Apriori*-Konstruktion einordnen lässt.

spricht, *eine neue Art von Adelsherrschaft* zu gründen.[25] Erneut stimmt er mit Lawrence überein: »Wir werden einen Orden gründen und wir werden alle engelsgleiche Prinzen sein. Wir müssen diesen Traum verwirklichen oder ihm zumindest Leben einhauchen, wir müssen ihn zur Welt bringen, überwacht von unserer alten Schlauheit, geleitet von unseren noch viel älteren Haudegen-Gewohnheiten.«[26] Was Balzac angeht, so genügt es, daran zu erinnern, dass sein erstes oder beinahe erstes Werk eine *Histoire impartiale des Jésuites* ist, eine Huldigung an »die schönste Gesellschaft, die jemals gebildet wurde«, und dass er zugleich der Schöpfer des Vautrin und der Autor der *Histoire des Treize* ist, die mit den Zeilen beginnt: »Zur Zeit des französischen Kaiserreichs trafen in Paris dreizehn Männer zusammen, die von gleichen Gefühlen durchdrungen waren. Energisch genug, ihren gemeinsamen Ideen treu zu bleiben; [...] klug genug, die geheiligten Bande ihrer Einigkeit vor aller Welt zu verheimlichen; stark genug, sich über jedes Gesetz hinwegzusetzen; kühn genug, um alles zu wagen [...].« Auch ihr Anführer fand, »dass die Gesellschaft in ihrer Gesamtheit einigen Wenigen gehören müsste, die ihrem angeborenen Geist, ihren erworbenen Erkenntnissen, ihrem Vermögen einen so glühenden Fanatismus hinzufügten, dass alle diese unterschiedlichen Kräfte zu einem einzigen Ganzen zusammengeschmolzen würden«. Wie die Dandys, mit denen Baudelaire seine neue Art von Adelsherrschaft

[25] Baudelaire, *Der Maler des modernen Lebens*, Kap. IX: »Der Dandy«, in: ders., *Sämtliche Werke/Briefe*, Bd. V, S. 241–245, hier S. 244.

[26] David Herbert Lawrence, »Lettre à Lady Ottoline Morrell, 1er févr. 1915«. Vgl. ders., *Lettres choisies*, Bd. I, Paris: Plon 1934, S. 122.

gründen will, sind es »überragende Männer, kaltblütig und spöttisch«, zudem »zu asiatischen Genüssen durch Kräfte hingezogen, die umso maßloser waren, da sie nach langem Schlummer desto ungestümer erwachten«.[27] Beide Schriftsteller berufen sich im Übrigen auf dieselben Beispiele: die Societas Jesu und den Alten vom Berge. Vergleichbar mit den *ehrgeizigen und demütigen Anhängern*[28] des Alten vom Berge, halten die mythischen Verbündeten des Romanciers, die das »ständige Glück genießen, das Geheimnis des Hasses vor den Menschen zu wahren«, Paris unter ihrer mysteriösen Herrschaft, ein Paris, von dem Balzac zu Beginn seiner Erzählung eine lange lyrische und physiognomische Beschreibung gibt. Als »Räuber in Glacéhandschuhen und Karossen«[29] gehören sie bereits in den Bereich der populären Literatur. Hieran sieht man, was sich für diese hellsichtigen und privilegierten Geister mit der Gründung eines monastisch-militärischen und der Elite vorbehaltenen Ordens verband, eines Ordens, der, befreit von der vulgären Moral, aus Prinzip und aus Instinkt der Eroberung gewidmet sein sollte; er ist das ausformulierte Gegenstück zu dem Mythos, den der Feuilletonroman zur gleichen Zeit verbreitet. Letzterer prägt den Phantasien bereits das Bild einer unermesslich großen, schlafenden Stadt ein, über die ein riesiger, maskierter und frisch rasierter Fantômas, im Frack und mit Zylinder, den Fuß auf ein Gebäude gesetzt, eine allmächtige Hand ausstreckt, in der Haltung, die man

[27] Honoré de Balzac, »Vorwort«, in: *Geschichte der Dreizehn*, Zürich: Diogenes 1977, S. 7–14.

[28] Baudelaire, *Der Maler des modernen Lebens* Kap. IX: »Der Dandy«, S. 244.

[29] Balzac, »Vorwort«, S. 13.

später auf den Umschlagseiten der Illustrierten sehen wird.

Alles in allem ist um 1840 in der Außenwelt eine beträchtliche Veränderung festzustellen, hauptsächlich im städtischen Dekor, gleichzeitig entsteht eine eindeutig mythische Vorstellung von der Stadt, in deren Folge sich das Bild des Helden verändert und die romantischen Werte einer tiefgreifenden Revision unterzogen werden. Diese Revision zielt darauf ab, alles Schwächliche an ihnen zu eliminieren und im Gegenzug ihre aggressiven und energischen Seiten zu systematisieren. Die Romantik markiert in der Tat den Moment, in dem sich der Mensch einer Vielzahl von Trieben bewusst wird, an deren Unterdrückung die Gesellschaft stark interessiert ist; großenteils manifestiert sich in ihr aber auch der Verzicht auf den Kampf, ja sogar die Verweigerung des Kampfes. Auch nimmt der romantische Schriftsteller gegenüber der Gesellschaft häufig eine defätistische Haltung ein. Er wendet sich den verschiedenen Formen des Traumes zu, *einer Dichtung des Rückzugs und der Realitätsflucht*. Der Versuch Balzacs und Baudelaires zielt genau in die andere Richtung, er geht darauf aus, die Postulate, welche die Romantiker allein auf der Ebene der Kunst zu befriedigen suchten und aus denen sie ihre Dichtungen nährten, *ins Leben zu integrieren*. Dadurch ist dieses Unternehmen eng mit dem Mythos verwandt, der, insofern er seiner Natur nach darauf angelegt ist, zur Tat zu drängen, *stets ein Übergreifen der Einbildungskraft auf das Leben bedeutet*. Im Gegensatz dazu bleibt eine Literatur des Rückzugs und der Realitätsflucht rein *literarisch*, sie verschafft nur *ideelle, gänzlich inoffensive Ersatzbefriedigungen* und bewegt infolgedessen die Einbildungskraft zum Rückzug in den Bereich praktischer Forderungen. Daraus folgt, dass die Romantik herkömmlicher Prägung von Grund auf unfähig zu wirklichen Mythen ist. Zwar brachte sie gefällige Märchen und Geistergeschichten hervor, versuchte sich am Phantastischen, aber gerade dadurch entfernte sie sich vom Mythos. Tatsächlich hat dieser, *gebieterisch und vorbildlich*, nichts gemein mit einer Schwäche für das Übernatürliche, die in der Art eines *Derivativs*, einer Ersatzbefriedigung wirkt und nur eine mangelhafte Anpassung an die Gesellschaft verrät, nicht aber eine kollektive, begeisterte und mitreißende Vision.

Um das Werk eines Balzac als authentisch mythisch erkennen zu können, genügt es, daran zu erinnern, dass sich bereits zu Lebzeiten des Autors in Venedig und in Russland Zirkel bildeten, in denen Männer und Frauen die Rollen der Figuren der *Comédie humaine* unter sich aufteilten und sich bemühten, nach ihrem Vorbild zu leben. Das Kindliche solcher Bekundungen steht außer Frage. Man sollte sich jedoch hüten, die Natur der schwer bestimmbaren Bedürfnisse, die ihnen zugrunde liegen, zu ignorieren. Offenkundig ist es einfacher, auf den Menschen einzuwirken, als über seine Bedürfnisse zu spekulieren.

Abschließend sei es mir gestattet, ein kurzes, aber folgenschweres Fazit zu ziehen: Der Mythos von Paris kündigt bislang unbekannte Mächte der Literatur an. Offenbar verzichtet die Kunst, mehr noch *die Einbildungskraft in ihrer Gesamtheit*, auf ihre autonome Welt und versucht, was Baudelaire, um ihn ein letztes Mal zu zitieren, hellsichtig die »*legendäre* Übersetzung des äußeren Lebens« nennt.[30] Als Ausdruck ein und derselben Gesellschaft weist die Gesamtheit des Geschriebenen, auf welchem Niveau man es auch untersucht, eine unerwartete Kohärenz auf und infolgedessen eine Überzeugungskraft, ein Druck- und Unterwerfungspotenzial, das die Literatur endlich zu etwas Ernstem macht. Die Suche nach dem Schönen – so zweifelhaft als ernsthafte Betätigung, solange man nicht Ästhet ist – erscheint unerheblich im Hinblick auf die Gesamtheit des Phänomens. Das Interesse am Schönen war nur eine müßige Laune. Es kann natürlich sein, dass der Kunst im eigentlichen Sinn dadurch ein schmerzlicher Verlust droht – was freilich noch zu diskutieren wäre. Aber selbst das ist letzten Endes unbedeutend. Viel wichtiger ist es, sich mit der Möglichkeit zu befassen, in der Ästhetik eine Wende zur *Dramaturgie* einzuleiten, das heißt hin zur Einwirkung auf den Menschen, um Vorstellungen zu befördern, die der Morphologie der Gesellschaft entsprechen, in der er lebt, und die zugleich seiner Entwicklung und seinen besonderen Schwierigkeiten inhärent sind. Noch wichtiger ist es festzuhalten, dass Phänomene dieser Art zu beobachten sind, *seit alle Welt liest.*[31] Unter diesen Bedingungen ist es unabdingbar, die Frage nach dem Mythos erneut zu stellen und mit ihm zu rechnen – und das zwingt

[30] Baudelaire, *Der Maler des modernen Lebens*, Kap. V: »Die Gedächtniskunst«, in: ders., *Sämtliche Werke/Briefe*, Bd. V, S. 229–232, hier: S. 229. Baudelaire setzt das Wort *legendär* selbst kursiv.

[31] Das heißt seit der Einführung des obligatorischen Grundschulunterrichts, dessen tatsächliche Durchsetzung zeitgleich mit der Entstehung des Mythos von Paris erfolgte.

natürlich dazu, viele Dinge unter einem neuen Blickwinkel zu betrachten.[32]

[32] Die Arbeit will nur eine Art Probe aufs Exempel sein, die zeigen soll, dass man gut daran tut, die Literatur unabhängig von jedem ästhetischen Gesichtspunkt zu untersuchen und vornehmlich ihren Einfluss, ihre soziale Bedingtheit, ihre mythische Funktion in Bezug auf die neuen Phasen der Ideengeschichte und der Milieuentwicklung zu betrachten. Die Materialgrundlage dieser Studie ist fragmentarisch, die Analyse unvollständig und die Schlussfolgerungen sind möglicherweise zu revidieren. Doch beim aktuellen Stand der Forschung konnte es nicht anders sein, denn Fragen dieser Art haben noch nicht – es sei denn über Umwege – die allgemeine Aufmerksamkeit auf sich gezogen. Es wäre von großer Bedeutung, über folgende Punkte, die jeweils Gegenstand eigener Monographien sein könnten, umfassend informiert zu werden: 1) Beschreibungen der Stadt Paris vor dem 19. Jahrhundert, insbesondere bei Pierre Carlet de Marivaux und Nicolas-Edme Restif de la Bretonne; 2) die Rolle von Paris während der Französischen Revolution, die Polemiken zwischen Girondisten und Montagnards, in denen die Hauptstadt der Provinz gegenüberstand, der Widerhall der großen revolutionären Tage von Paris bei den Zeitgenossen; 3) die Entwicklung der Geheimpolizei im Kaiserreich und während der Restauration; was die städtische Atmosphäre in den Phantasien dadurch an Geheimnisvollem hinzugewinnt; 4) Stimmungsbilder von Paris bei den bedeutenden Schriftstellern der Zeit und ihre Entwicklung: Victor Hugo, Honoré de Balzac, Charles Baudelaire; 5) Untersuchung der objektiven Beschreibungen von Paris: Jacques-Antoine Dulaure, Maxime du Camp; 6) Sicht der Dichter auf Paris; Alfred de Vigny, Victor Hugo (vor allem das lange historisch-metaphysische Gedicht in *Année terrible*: »Paris incendié«), Arthur Rimbaud etc. Erst wenn diese Arbeit abgeschlossen ist, wird man die Frage so behandeln können, wie sie es verdient. Es war jedoch gewiss nicht verfrüht, Schema und Reichweite der Forschung im Voraus zu skizzieren.

SCHLUSS. FÜR EINE EINHEITLICHE AKTIVITÄT DES GEISTES

In der Wirrnis dieser Zeiten können einige aus ihrer Bahn geratene, angewiderte, beschäftigungslose Männer, die doch alle reich sind an ursprünglicher Kraft, auf den Gedanken verfallen, eine neue Art von Adelsherrschaft zu gründen, die umso schwerer zu brechen ist, als sie auf den kostbarsten, den unzerstörbarsten Fähigkeiten ruht, und auf den Himmelsgaben, welche Arbeit und Geld nicht zu verleihen vermögen.

Charles Baudelaire

Die Untersuchung der modernen Welt ist dazu angetan, jedem, der sich ihr widmet, allen nur erdenklichen Ekel einzuflößen. Man weiß nur zu gut, wie es um die ökonomische und soziale Ordnung und ganz allgemein um die menschlichen Beziehungen bestellt ist: Nirgends kann es so weitergehen, alles ist neu zu beginnen. Doch auch im engeren Kreis der Dinge des Geistes ist die Krise nicht weniger tiefgehend. Die avancierten Formen der Literatur und der Kunst, gerade jene, die sich die Befreiung des Geistes zur Aufgabe gemacht haben, etwa der Surrealismus, haben sich nach Jahren rühmlicher Bemühungen in halbästhetischen Aktivitäten verloren, die auf die Dauer einen manischen und rein rituellen Charakter annehmen mussten. Die Philosophie verfolgte seit jeher dasselbe Ziel, doch fehlende Autorität und mangelhafte Methoden führen hier zu einer extremen Vielfalt an Gesichtspunkten und

Ansätzen, sodass diese anarchische und unzusammenhängende Forschung, die außerstande ist, eine Weltanschauung zu begründen, selbst den besten Willen und die stärksten Hoffnungen entmutigt. Die Wissenschaft schließlich verstrickt sich in beispiellose Debatten und Probleme, die sie dazu zwingen, selbst ihre unumstößlichsten Grundsätze infrage zu stellen. Inzwischen betrachtet sie selbst der rationalistische Geist, der sie ausgebrütet hat, mit Schrecken als ein monströses, entartetes und zugleich alles vereinnahmendes Konstrukt. Von der Physik bis zur Psychopathologie sieht er in Entdeckungen und Theorien, die selbst die doch so freie dichterische Phantasie – zu ihrer Schande – nicht hätte ersinnen können, höchst alarmierende Fragen gestellt, die die methodische Forschung gezwungenermaßen aufwerfen musste,[1] – gerade weil sie nicht frei ist und es für sie keine strengere Verpflichtung gibt als die vollständige und stetige Metamorphose, in deren Verlauf sie durch die Integration der Eigenart der Erkenntnishindernisse ihre innerste Struktur unablässig transformiert.

Die Beschreibung der Schattenseiten der gegenwärtigen Lage stellt aber bereits eine mögliche Klärung in Aussicht, denn gerade diese Schattenseiten zeigen teils die *Richtung*, teils die *Elemente* einer – wie zu hoffen ist – heilsamen Reform an.

In einer Welt, in der die Verwirrtheit gemeinhin die Stelle der Tiefe einnimmt, die Faulheit und der Zufall

[1] Es ist bezeichnend, dass die kühnsten und gründlichsten Versuche, die *Formen der Sinnlichkeit* und die *Antizipationen der Wahrnehmung* zu zerstören, nicht von der Dichtung ausgingen, sondern von der Wissenschaft, namentlich von der Relativitätstheorie, die so den bedeutendsten Beitrag liefert, die von Arthur Rimbaud geforderte *lange, ungeheure und überlegte Verwirrung aller Sinne* tatsächlich umzusetzen.

die Stelle von Mut und Hellsichtigkeit, die Nachlässigkeit das Regierungshandeln bestimmt und die unbegründete Arroganz sich als Genie ausgibt, sollten eine gewisse Schärfe der Entscheidung und eine große Strenge in der Ausführung genügen, um die Stimmen, die zählen, um sich zu scharen. Was die anderen angeht, so liegt es in ihrer Natur zu folgen und sich zu fügen.

*

Die geistige Neuausrichtung muss aufs Ganze gehen. Sie muss mit einer Entschiedenheit geführt werden, die keine Konzessionen kennt. Ich schrieb unlängst: »Die Dreistigkeiten des Laisser-aller kannten keine Grenzen. Sie hätten sich sogar zum System erhoben, wäre es nicht genau die organische Schwäche des Laisser-aller, sich nicht als System konstituieren zu können. Gleichviel: Man darf heute in der Strenge nicht weniger weit gehen als gestern andere in der Willfährigkeit.« Ich werde nicht müde werden, diese Losung zu wiederholen. *Doch muss das Problem in all seinen Facetten betrachtet werden*: Es hat einem gewissen abstrakten und grob vereinfachenden Geist (für den die Bezeichnung rationalistisch und positivistisch ausreicht) nichts genutzt, alles, was an der gelebten Erfahrung irreduzibel ist, aus seinem engen Rahmen auszuschließen und im Dunkeln zu belassen. Diese so verständnislose Einstellung, die in sich selbst den Keim ihres Untergangs trug, musste in jeglicher Hinsicht heillose Folgen nach sich ziehen.

Seit jeher ringt der Geist mit außerordentlich verstörenden Problemen und scheint nur durch ihre Lösung zufriedengestellt werden zu können. *Es ist im Menschen ein Schattenbereich, dessen nächtliche Herrschaft sich auf die meisten seiner Gefühlsreaktionen wie auch auf die meisten Regungen seiner Einbildungskraft erstreckt und mit dem sein Wesen in jedem Augenblick rechnen und sich auseinandersetzen muss.* Die unerbittliche Neugier des Menschen gilt zunächst diesen dem klaren Bewusstsein so seltsam nahen Geheimnissen, sodass jede Erkenntnis, die ihnen keine Beachtung, keinen Glauben schenkt, die sie aus Voreingenommenheit beiseiteschiebt oder aus Gleichgültigkeit vernachlässigt, ihm unwiderruflich und zu Recht als Verrat an seinem Schicksal erscheint. Da nun aber der positivistische Geist die methodische Arbeit auf Gegenstände fernab dieser beunruhigenden Hindernisse beschränkte, wurden diese das exklusive Privileg emotionaler und sentimentaler Kräfte, die, unfähig sie zu beherrschen, sich darauf verlegten, sie zu vergöttlichen.

In der Folge entwickelte sich jene desaströse Neigung, das Wunderbare und Außergewöhnliche mit allen nur denkbaren Tugenden auszuschmücken und es ungeschmälert in diesem Zustand zu halten. Man gefiel sich mit Rimbaud darin, die Verwirrtheit des eigenen Geistes für etwas Heiliges zu halten, man besaß jedoch nicht Rimbauds Hellsichtigkeit, sie sich offen einzugestehen, und auch nicht seinen Mut, sich aus einem so eitlen Spiel zurückzuziehen. Es ist an der Zeit, mit diesem intellektuellen Hedonismus zu brechen. Gewiss, das Mysterium hat über vieles Aufschluss zu geben, hat viele Geständnisse abzulegen: Es sind aber nicht jene, die es ekstatisch umschwärmen, die sie entgegennehmen werden, denn auch hier gehört der Himmel den Gewaltsamen.

Andere zeigen sich weniger geneigt, sich mit dem so flüchtigen Genuss zufriedenzugeben, dem Unbekannten eine gewisse Transzendenz gegenüber dem diskursiven Denken zuzugestehen; sie erheben den Anspruch, dieses zu überschreiten und durch eine *jähe Mutation*, einen radikalen Bruch in der Kontinuität der intellektuellen Entwicklung zum Inintelligiblen vorzudringen.

Es ist indes nicht ersichtlich, welches Prinzip es gestatten könnte, vom Unverstandenen auf das Unverständliche zu schließen: Das hieße doch, die Perfektibilität des Geistes zu unterschätzen und sich zu sehr an die gegenwärtigen Grenzen des Denkens zu binden, die man unvorsichtigerweise als unüberschreitbar ansieht. *Andererseits ist es wenig wahrscheinlich, dass eine Welt, die sich allenthalben als ein Universum darbietet, eine unüberwindbare Heterogenität zwischen dem Wahrgenommenen und den Formen der Wahrnehmung verträgt*. Schließlich setzt, praktisch gesehen, eine transzendente Apprehension eine plötzliche und vollständige Aufgabe des bis dahin gültigen Denkrahmens voraus, wobei nichts beweist, dass es nicht besser wäre, die aktuelle Syntax des Begriffsvermögens beizubehalten, unter dem Vorbehalt, sie, wo nötig, weiterzuentwickeln. Es ist zumindest unvorsichtig, etwas aufzugeben, das man besitzt, für etwas anderes, das man sich nur vorstellt: Das Ergebnis könnte enttäuschend sein. Auch jenseits der unterschiedlichen Verdächtigungen, die das Systemdenken all denen anhängt, die es hinter sich lassen wollen,[2] ist es jedenfalls sinnvoller, nicht auf eine Operationsbasis zu verzichten, die noch als nützlicher Ausgangspunkt für eine Erweiterung unbekannten Ausmaßes dienen könnte.

Im Übrigen ist es eine Tatsache, dass man sich unter den heutigen Bedingungen nicht mehr mit jenen *Schwärmereien* zufriedengeben kann, die ich, Fichte nur wenig überbietend,[3] als verstreut, unbeständig, ungesichert, ohne einen vorausgehenden Glaubensakt wertlos und erfreulich nur durch den Kredit, den man ihnen gibt, beschrieben habe.[4] Es ist zwecklos, der Logik oder dem Systemdenken *Schwärmereien* entgegenzustellen. Der Gegner muss mit seinen eigenen Waffen geschlagen werden, durch eine größere Kohärenz und eine strengere Systematisierung, durch eine Konstruktion, die impliziert und expliziert, statt von ihm selbst reduziert und zerlegt zu werden. Dieses Verfahren der *Verallgemeinerung*,[5] durch das die Riemann'sche Geometrie die Euklidische Geometrie und die Relativitätstheorie die Newton'sche Physik in sich aufgenommen hat,

[2] Ich werde mich nicht weiter mit diesen Verdächtigungen beschäftigen, denn wenn sich zwei Denkweisen gegenüberstehen, nutzt es nichts, Argumente der einen gegen die andere zu verwenden, und umgekehrt. Es ist ratsamer, die jeweiligen inneren Unstimmigkeiten zu untersuchen.

[3] Vgl. Johann Gottlieb Fichte, *Die Grundzüge des gegenwärtigen Zeitalters*, Kap. VIII: »Achte Vorlesung«, Hamburg: Meiner 1978, S. 116–132. Ich habe die Argumentation des Philosophen in einem Artikel zusammengefasst und kommentiert, der 1937 in einer der deutschen Romantik gewidmeten Sondernummer der *Cahiers du Sud* erschienen ist: Roger Caillois, »L'Alternative (Naturphilosophie ou Wissenschaftslehre)«, in: *Les Cahiers du Sud* (Mai/Juni 1937), S. 109–117.

[4] Roger Caillois, *Procès intellectuel de l'art*, Marseille: Les Cahiers du Sud 1935, S. 10.

[5] Ich hebe den Begriff hervor, weil es zu viele Geister gibt, die noch wenn nicht der Aristotelischen Logik, so doch der Hegel'schen Dialektik verhaftet sind, weil Bolyai bzw. Lobatschewski Euklid nicht leugnen, ebenso wenig wie Einstein Newton, und weil man nicht durch eine Umkehrung der Systemwidersprüche von einem System zum anderen wechseln kann. Es handelt sich um eine *Verallgemeinerung*, was etwas völlig anderes ist. Vgl. Gaston Bachelard, *Der neue wissenschaftliche Geist*, Frankfurt a.M.: Suhrkamp 1988.

wobei Letztere als Sonderfälle einer umfassenderen Synthese gelten, zeigt den richtigen Weg. Um welchen Bereich es sich auch handelt, der Ausgang des Wettstreits zwischen dem Systematischen und dem Rationalen – wobei unter dem Rationalen der Stand der Formen intellektueller Intuition gegenüber dem Inhalt der Erfahrung zu verstehen ist[6] – steht außer Zweifel. *In allen strittigen Punkten endete dieser Streit stets mit der Kapitulation des Rationalen vor den Forderungen der Systematisierung.* Und es konnte auch nicht anders sein, da diese die verschiedenen Stadien des Rationalen bestimmt. Ein solcher Erkenntnisprozess schreitet nie voran, ohne sich an seinen Eroberungen zu bereichern und ohne sich das Wesentliche ihrer Substanz anzueignen, sodass das Erklärungsprinzip, das gerade durch diese stetige Aneignung in jeder Hinsicht dem überlegen ist, was es erklärt, das grundlegende Merkmal jeder ernsthaften Forschung in sich trägt, nämlich jenes, dem es im *Kräftemessen* seine glanzvolle Überlegenheit verdankt: *dass es über alles Aufschluss gibt, ohne dass es etwas gäbe, das über es selbst Aufschluss gibt.*

*

Auf dieser Grundlage hat die methodische Untersuchung von den sogenannten positiveren Systemen bzw. von den verschiedenen Intuitionismen nichts zu befürchten und kann für sich beanspruchen, ihr

6 In ähnlicher Weise definiert Philipp Frank den ›gesunden Menschenverstand‹ als den Wunsch, die im Experiment gewonnenen Ergebnisse mit der Kosmologie der klassischen Philosophie in Einklang zu bringen: Philipp Frank, *Théorie de la connaissance et physique moderne*, Paris 1934, S. 18.

Gesetz den einen wie den anderen aufzuzwingen. In diesem Sinne ist es sicher nicht zu hoch gegriffen, wenn wir von einer *militanten Orthodoxie* sprechen, die ihre Autorität nur aus der Bestimmtheit ihrer Grundsätze, aus der Strenge ihrer Anwendung und *aus der Attraktivität ihrer Forderungen* bezieht. Es ist notwendig, alle Brücken hinter sich abzureißen und sich deutlich von jedem Mittelmaß und jeder Falschmünzerei abzusetzen. Tatsächlich gibt es keinen Grund, nicht brutal zu sein, denn es kommt einer Verleugnung der Ordnung gleich, die Spreu und den Weizen auf eine Stufe zu stellen. Einem gesunden Denken widerstrebt es, dass Schwäche und Inkonsistenz dieselbe Wertschätzung erfahren wie Scharfsinn und Kohärenz und dass es vom Umfang und der Menge ihrer täglichen Erzeugnisse überschwemmt wird. Sicher missfällt es manchen, Nietzsches »Seid hart« auf das Gebiet des Geistes übertragen zu sehen, doch sind es nur jene, die allzu gute Gründe haben, diesen Imperativ zu fürchten. Was diejenigen angeht, die davon nichts zu befürchten haben, so machten sie sich schuldig, würden sie ihn sich nicht zunutze machen, um ihre Gegner zu attackieren und sie bloßzustellen.

*

Es ist somit notwendig, größtmögliche Strenge denen gegenüber anzuwenden, die es nicht über sich bringen, gegen sich selbst streng zu sein. Wenn die Mühe nicht umsonst sein soll, wird man diese geistige Reform darüber hinaus so gestalten müssen, dass sie für alle Bereiche des *menschlichen Handelns verallgemeinerbar* ist. So verfrüht es auch erscheinen mag, so ist es doch nicht unangebracht, ein solches Ziel ins Auge zu fassen, denn im Allgemeinen genügt es, Umfang und Tragweite einer Unternehmung zu erkennen, um die nötige Energie für sie aufzubringen.

Echte geistige und moralische Unbeugsamkeit müssen dabei Hand in Hand gehen, denn nie wird sich eine geistige Strömung ohne die enge Verbindung dieser beiden Haltungen durchsetzen. Bezeichnenderweise waren bereits im letzten Jahrhundert diejenigen, deren geistige Haltung die stärkste Anziehungskraft ausübte, auch diejenigen, deren moralische Einstellung – unter den damaligen Zeitbedingungen – häufig als vorbildhaft galt: Baudelaire, Rimbaud, Lautréamont. Doch heute, wo es weder eine Ordnung noch eine Autorität gibt, die den Intellektuellen unter Anklage stellen würde, der gegen die Vernunft oder gegen die Sitten verstößt, wo in diesen Fragen die Freizügigkeit als Tugend gilt und die Regellosigkeit als achtbare Phantasie, *gibt es keinen Grund mehr, sich durch Rebellion, durch großen Erfindergeist, durch großen Mut hervorzutun*. Das hieße nur, es sich in einer Position bequem zu machen, die immer noch von dem Prestige zehrt, das in heroischen Zeiten von Männern erworben wurde, die heute jene, die sich allzu gern als ihre Nachfolger ausgeben, wegen ihrer Routine und ihren Kompromissen von sich weisen würden. Sie alle wurden schon im Voraus mit einem durchschlagenden Dementi bedacht: vom ersten durch sein gesamtes kritisches Werk, vom zweiten durch die *Saison en Enfer* und vom dritten durch die *Préface aux Poésies*.

Die moralischen Werte, die sie verteidigten, Werte der Gewalt, aber auch solche der Treue und der Ehre, waren rebellisch nur unter dem Zwang der Verhältnisse, sie stießen sich nur an dem unerträglichen Druck, an Entscheidungen, die ihnen jeden Wert absprachen. Heute, wo das Feld frei ist und man sieht, dass die beständigsten Anstrengungen nur dafür aufgebracht werden, die Anarchie fortzusetzen, müssen diese Werte, die die größte Fülle und das reinste Prestige besitzen, *in die Offensive gehen und es sich zur Pflicht machen, die Weltanschauung, in der sie zum Ausdruck kommen, nicht mehr als ungeordnetes Chaos widerstreitender Forderungen erscheinen zu lassen, sondern als eine, die einzige, die eine Ordnung zu begründen vermag, die den unhintergehbaren Forderungen des Menschen gerecht wird.*

Diese moralische Strenge muss sich unmittelbar in der intellektuellen Arbeit zu erkennen geben, wo es von Anfang an einer Redlichkeit bedarf, die sich der Verführung zu entziehen weiß, und einer Entschiedenheit, der der Wunsch sich einzuschmeicheln fremd ist. Es geht tatsächlich um eine Ethik der Erkenntnis, ohne die sie weder Anerkennung noch Opfer verdient bzw. erhalten sollte. Um eine Erkenntnis zu einer *Orthodoxie* erheben zu können, genügt es nicht, dass sie jeglicher Methodenkritik standhält; sie muss darüber hinaus die menschliche Sinnlichkeit ansprechen, sie muss imstande sein, ihr *direkt mit gebieterischer Anziehungskraft entgegenzutreten und sie unmittelbar zu mobilisieren.*[7]

[7] Der einzige Unterschied zwischen der gewöhnlichen wissenschaftlichen Erkenntnis und der besonderen Art von Erkenntnis, die hier beschrieben wird, ist in der Tat der, dass jedes Ergebnis der Letzteren auch für die Ebene des Werts gilt und gerade deswegen eine Wirkung auf das Gefühlsleben ausübt. Von daher die *aggressive* Seite jeder Orthodoxie.

Moralische Garantien sind hierzu nicht weniger notwendig als geistige Garantien; wie könnten Letztere auch gewahrt und gewährt werden, wenn sie nicht in einer strengen und gewissenhaften Lebensführung gründeten? Es ist in der Tat nicht vorstellbar, dass eine Konzession in einem Punkt nicht zu einer Konzession in allen anderen führen würde; dazu ist die Konstitution des Menschen zu *einheitlich*.

Genaugenommen ist die Hoffnung auf eine *Orthodoxie* nichts anderes als *der Vorgriff auf ein ideales einheitliches Unternehmen*, das es sich zur Aufgabe setzt, die *Totalität des Menschen* zu verwirklichen, um all seine verschiedenen Funktionen in einer lebendigen und zusammenhängenden Schöpfung aufgehen zu lassen. Diese würde seinen wesentlichen Strebungen eine umso größere Befriedigung verschaffen, als sie ihn nicht mit Versprechungen und Vertröstungen abspeiste, sondern imstande wäre, seine Ehre, wie zuvor schon sein Streben, organisch zu binden und so seinen Forderungen – durch die erlebte und verstandene Bewährungsprobe ihrer Kohärenz und Solidarität – ein Mehr an Gewissheit und Kraft zu verschaffen.

*

Es handelt sich hierbei um eine sehr weitreichende Perspektive, um eine sehr unwahrscheinliche Hoffnung. Die unmittelbare Aufgabe, die aktuell alle Energie beansprucht, ist ebenso bescheiden und präzise, wie jene grandios und unbestimmt erscheinen mögen. Ausgang und Ziel sind zumindest durch ihr gemeinsames Postulat der Strenge miteinander verknüpft: Angesichts der allgemeinen Willfährigkeit reicht dies schon aus, um ihren Zusammenhang deutlich zu machen. Schon zu Beginn der Erklärung der Feindseligkeiten kam es darauf an, die Kriegsziele klar zu benennen: den allmählichen und sicheren Aufbau einer Doktrin, deren Eindeutigkeit sowohl für die Ebene der philosophischen Wahrheit wie für die der affektiven Befriedigungen gilt und die, insofern sie jedem *die Gewissheit über sein Schicksal* gibt, in allen Konflikten ein moralischer Imperativ und für alle Schwierigkeiten die technische Lösung ist.

NACHWORT DES ÜBERSETZERS

Wie Caillois in seinem Vorwort von 1972 selbst anmerkt, ist in dem vorliegenden Band *Der Mythos und der Mensch* – mit Ausnahme der späteren Steine-Bücher – ein Großteil seines Werkes bereits im Ansatz enthalten. Das gilt nicht nur in thematischer, sondern mehr noch in methodischer Hinsicht. Denn wenn es ein Merkmal gibt, dass sich in allen seinen Arbeiten wiederfindet, dann ist es sein Denken in Gegensätzen, dem freilich jedes synthetisierende, vorwärtstreibende Moment fehlt. Caillois ist alles andere als ein Hegelianer. Als Schüler von Georges Dumézil und Marcel Mauss ist er ein Meister der feingliedrigen Klassifikation, die in ihrer Modulierbarkeit, ihrer Beweglichkeit eher an ein Perpetuum mobile erinnert als an das feste Gerüst von These, Antithese und Synthese.

Ein Meisterwerk in dieser Hinsicht lieferte Caillois bereits 1939, nur ein Jahr nach seinem Erstling, mit seiner religionssoziologischen Arbeit *Der Mensch und das Heilige*. Er wollte damit, so seine eigenen Worte, eine »Syntax des Heiligen« vorlegen. Die Feststellung der Ambiguität des Heiligen, seiner »abstoßenden und faszinierenden« Wirkung,[1] die Unterscheidung des Reinen und Unreinen, die Teilung in ein Heiliges der Ehrfurcht, der Verbote und in ein solches der Überschreitung, der Feste, war dabei von grundlegender Bedeutung. Zwei Jahrzehnte später, in *Die Spiele und die Menschen*, waren

[1] Roger Caillois, *Der Mensch und das Heilige*, übers. v. Brigitte Weidmann, München, Wien: Hanser 1988, S. 43.

es dann die vier Spieleklassen Agon (Wettkampf), Alea (Zufall), Mimikry (Verstellung) und Ilinx (Rausch) mit den modulierenden Komponenten Paidia (wilde Ausgelassenheit) und Ludus (geregeltes Spiel), die sich zu einem Modell »mehrdimensionaler Schemata«[2] fügten. Ähnliche ›Syntaxen‹ ließen sich auch in anderen systematisch angelegten Arbeiten von Caillois entdecken, etwa in den nicht übersetzten und wohl auch unübersetzt bleibenden Werken *Bellone ou la pente de la guerre* (»Bellone oder die Neigung zum Krieg«) oder *Au Cœur du fantastique* (»Im Herzen des Phantastischen«).

Bei dem vorliegenden Band ist die Ausgangslage jedoch eine andere. Hier haben wir es mit keiner Monographie zu einem genau umgrenzten Gegenstand zu tun, sondern mit einer Zusammenstellung von Aufsätzen, die alle bereits zuvor – zwischen 1934 und 1937 – in loser Folge in verschiedenen Zeitschriften veröffentlicht wurden: eine erste Fassung der »Gottesanbeterin« in *Minotaure*, Nr. 5, 1934; »Mimetismus und legendäre Psychasthenie«, gekürzt in *Minotaure*, Nr. 7, 1935;[3] »Funktion des Mythos« unter dem Titel »Le

2 Arnold Gehlen, »Die Spiele und die Menschen (v. Roger Caillois, Stuttgart: Curt Schwabe 1960)«, Rezension, in: *Merkur* 15/155 (Januar 1961), S. 87–91, hier: S. 87.

3 Eine Übersetzung dieser Kurzfassungen ist abgedruckt in: Roger Caillois, *Méduse & Cie. Die Gottesanbeterin – Mimese und legendäre Psychasthenie*, Berlin: Brinkmann & Bose 2007, S. 7–23, 25–43. Der Begriff der Mimese, obwohl sachlich zutreffend, wurde hier durch den des Mimetismus ersetzt, da der 1916 von dem österreichischen Entomologen Roman Puschnigg geprägte Begriff der Mimese in den Folgejahren nur im deutschen Sprachraum verwendet wurde und sehr spät erst in die französische Fachterminologie Eingang fand. Siehe dazu Michel Boulard, »Mimétisme. Mimicry«, in: Patrick Tort (Hg.), *Dictionnaire du darwinisme et de l'évolution*, Bd. 2, Paris: PUF 1996, S. 2961–2986. Um den Unterschied von Mimikry und Mimese zu markieren, wird Caillois später von Mimetismus im engeren und im weiteren Sinn sprechen. Zum biographischen Hintergrund des Mantis-Kapitels siehe Peter Geble, »Zeittafel I: Die Gottesanbeterin«, in: Anne von der Heiden u. Sarah Kolb (Hg.), *Logik des Imaginären. Diagonale Wissenschaft nach Roger Caillois*, Bd. 1, *Versuchungen durch Natur, Kultur und Imagination*, Berlin: August 2018, S. 81–86.

Mythe et l'homme« in *Recherches philosophiques*, Nr. 5, 1935/36; »Die Ordnung und das Kaiserreich«, in *Europe*, Nr. 161, Mai 1936; das letzte Kapitel »Schluss« unter dem Titel »Pour une orthodoxie militante« in *Inquisitions* 1, 1936; »Schattenspiele auf Hellas« in *Le Voyage en Grèce*, 6, 1937; »Paris, ein moderner Mythos«, in *Nouvelle Revue Française*, Nr. 284, Mai 1937. Wie man sieht, handelt es sich um eine überaus heterogene Komposition, ein Mosaik aus sechs Texten mit sehr unterschiedlichen Themensetzungen, wobei den ersten beiden – den frühesten, die die erste Hälfte des Bandes ausmachen und thematisch eng miteinander verbunden sind – sicherlich das größte Gewicht zukommt. Die Texte der zweiten Hälfte zu China, Griechenland und Paris fallen inhaltlich zwar stärker auseinander, bilden zusammen aber das notwendige Gegengewicht, und beide Hälften wiederum ergänzen sich in der Art einer »gegenstrebigen Fügung«, durch die sich zuletzt so etwas wie das Gesamtbild einer »inneren Mythologie« ergibt.[4]

Ein anderes, nicht minder wichtiges Merkmal dieser fünf Aufsätze besteht darin, dass die jeweils behandelten Gegenstände immer auch für etwas anderes stehen, dass sie als Symbol für ein dahinterliegendes Prinzip zu lesen sind. Die *Mantis religiosa*, der chinesische Kaiser Shi Huangdi oder das griechische Knossos werden deswegen thematisiert, weil ihnen entweder in Legenden und Mythen immer schon eine symbolische Bedeutung zugewiesen wurde oder weil sie – wie hier von Caillois – als Symbole interpretiert werden können.

4 Roger Caillois, »Ouranos-Varuna. Étude de mythologie comparée indo-européenne (v. Georges Dumézil)«, Rezension, in: *Les Cahiers du Sud* (Juni 1935), S. 499.

Caillois spricht im Fall der Gottesanbeterin zwar nicht von einem Symbol, sondern von einem Ideogramm, genauer von einem »objektiven Ideogramm«, was in der Sache aber nichts ändert, da auch das in der Gottesanbeterin objektivierte Ideogramm auf etwas anderes »deutet«.[5]

Wofür nun die Gottesanbeterin bzw. die ganze Familie der Mantiden steht, ist klar ersichtlich: Der Name selbst, Mantis, sagt es. Sie wird als Seherin, als Prophetin angesehen, sie gilt als heilig, in Legenden erscheint sie aber auch als diabolisch, bei den Buschmännern ist sie die höchste Gottheit, kann aber auch der Teufel sein; es geht von ihrer Gestalt und ihren Verhaltensweisen eine große Faszination aus, sodass selbst ein moderner Physiologe sich nicht enthalten kann, von ihr als einer »mörderischen Geliebten« zu sprechen: ein Insekt, das das Männchen vor der Begattung köpft und dann auffrisst – von Caillois nüchtern als »Konnex zwischen Sexualität und Nahrungsaufnahme« eingeordnet. Und dieses Faszinosum »deutet« wiederum auf »Gefühls-momente«, wie sie etwa in Baudelaires Bildlegende »quaerens quem devoret«, die er unter eine Darstellung seiner Geliebten Jeanne Duval setzte, zum Ausdruck kommen. Es sind, wie unschwer zu erkennen ist, die Ängste des Kastrationskomplexes. Auch hierzu wieder Legenden und Geschichten von Männer verschlingenden Frauen und »Giftmädchen«.[6]

[5] Caillois folgt hier Rudolf Otto, für den ein Ideogramm ein »Deute-Zeichen eines eigentümlichen Gefühls-momentes« war, ein Stellvertreter für »begrifflich nicht auflösbare Gefühle«. Rudolf Otto, *Das Heilige* (1917), München: C. H. Beck 1963, S. 21, 198. Auf welche Gefühle das Ideogramm der Mantis »deutet«, wird sogleich deutlich werden.

[6] S. 72ff. im vorl. Bd. In Fortführung seiner Mantis-Studie entsteht in jenen Jahren zudem der Artikel »Les Spectres de midi dans la démonolgie slave« (»Die

Was macht Caillois in diesem Kapitel? Er stellt unter dem Deckmantel einer Insektenstudie die Charakterzüge der Femme fatale, des Vamps des späten 19. Jahrhunderts dar.[7] In den Gemälden eines Gustave Moreau, in Flauberts *Salambo* ist dieser Typus in die Exotik des Orients versetzt, bei Caillois nimmt er die nicht weniger exotische Gestalt der Mantis an, wobei sich die Exotik hier nun in die Phantastik der langen Namenslisten und die übergenaue Beschreibung der Insektenanatomie verlagert; oder aber in den modernen Typus der mechanischen Maschinenfrau, wie er unübertroffen von Brigitte Helm, einem Jugendtraum Caillois',[8] in Fritz Langs *Metropolis* dargestellt wurde: »La belle dame sans merci« (John Keats). Die »lyrische Kraft«, das dominierend aggressive Moment liegt hier eindeutig auf Seiten des Weiblichen.

Nun ist aber die automatenhafte Mantis selbst ein mimetisches Insekt und unterliegt ihrerseits den Gesetzen des Mimetismus, die Thema des zweiten großen Kapitels sind. Mimetische Insekten kennen nur ein Gebot, das der Unsichtbarkeit, oder vielleicht besser,

Mittagsgespenster in der slawischen Dämonologie«) wie auch Caillois' Diplomarbeit an der École pratique des Hautes Études: *Les démons de midi* (»Die Mittagsgespenster«). In beiden Arbeiten wird das große Gefolge unheilvoller Weiblichkeitssymbole behandelt: die Empusen, Erynien, Sirenen, Nymphen etc. In welch engem Verhältnis Caillois zu seinem akademischen Lehrer Georges Dumézil stand, zeigt sich u.a. daran, dass dieser in seiner *thèse complémentaire* von 1924: *Le Crime des Lemniennes* (»Das Verbrechen der Frauen von Lemnos«) ebenfalls eine Legende von einem Männermord behandelt, hier sogar von einer kollektiven Ermordung aller männlichen Inselbewohner durch die Frauen von Lemnos. Dumézil interpretiert sie freilich als begleitende Erzählung eines Vegetationsritus, nicht als Kastrationsphantasma.

7 Jean Blot, ein großer Kenner und Bewunderer Caillois', meint hierzu, dieser ganze Themenkomplex lasse den »Abgrund an Angst« erahnen, der das Werk und den »wissenschaftlichen Geist« Caillois' in seinen Anfängen motiviert habe. Jean Blot, »L'Entrée en poésie de Roger Caillois«, in: *Commentaire* 22 (1983), S. 449–452, hier: S. 451. Man darf sich Caillois nicht als einen glücklichen Menschen vorstellen.

8 Vgl. Odile Felgine, *Roger Caillois*, Paris: Stock 1994, S. 73.

der Nichtidentifizierbarkeit. In den einfachen Fällen begnügen sie sich damit, sich zu verkleiden oder sich aufzuplustern, in den komplizierteren ist der ganze Organismus miteinbezogen: Die Haut nimmt die Farbe der Umgebung an, die Körper gleichen Kieselsteinen oder Blütenblättern (wie die Mantis), und diese Übereinstimmung geht bisweilen so weit, dass sie selbst Spezialisten ratlos macht bzw. zu gewagten Hypothesen verführt. Es fällt das Wort der »Skulptur-Photographie« oder »*Teleplastik*«, die die Gestaltähnlichkeit per Fernwirkung erklären soll. Caillois greift in den Fundus seines ethnologischen Wissens, erinnert an das »Gesetz der Magie«, die *attractio similium*, der zufolge Gleiches durch Gleiches erzeugt wird, und erkennt auch hier, dass beim Menschen offenbar »psychologische Virtualitäten« fortbestehen, »die mit diesen Tatsachen seltsam korrespondieren«.[9] Damit ist schließlich das dritte Element angesprochen, die psychopathologische Entsprechung zum Mimetismus, bestimmte Erscheinungen der Depersonalisation, des Ichverlusts, bei denen eine ähnliche »*Sogwirkung des Raums*« mitzuwirken scheint wie bei der Gestaltausbildung der mimetischen Insekten. Aus der Sicht Caillois' stehen nämlich sowohl die »männliche Angst« vor der Kastration wie die »Auslöschungsverfahren«[10] der Psychotiker unter dem Zeichen eines »Zurückweichens des Lebens«, eines »*Trieb*[s] *zur Selbstaufgabe*«, einer »*Trägheit des élan*

[9] S. 114 im vorl. Bd.

[10] So der Titel der Habilitationsschrift von Hans-Ulrich Treichel, *Auslöschungsverfahren. Exemplarische Untersuchungen zur Literatur und Poetik der Moderne*, München: W. Fink 1995, die u.a. ein sehr lesenswertes Kapitel zu Caillois enthält. Wiederabgedruckt unter dem Titel »Kristalline Erstarrung und halluzinatorisches Koma«, in: von der Heiden u. Kolb (Hg.), *Logik des Imaginären*, Bd. 1, S. 231–259.

vital«.[11] *Die Versuchung des Heiligen Antonius* von Flaubert ist hierfür die beste Illustration.

Stellt man diese ersten beiden Kapitel nebeneinander, so ist nicht zu übersehen, dass beide Male ein empirisch gegebener Gegenstand (Mantis, mimetische Insekten), eine imaginative Tätigkeit (Namensgebung, Mythen- und Legendenbildung) und eine besondere Pathologie (Phantasma der dämonischen Frau, Depersonalisation) miteinander korrespondieren, sich gewissermaßen ineinander spiegeln. Der symbolistische Hintergrund hat das schon vermuten lassen.[12] Daher ist es nur konsequent, wenn am Ende der Kapitel mehrmals das Apriori der »einheitlichen Natur« auftaucht. Angepasst an den jeweiligen Kontext lautet es zunächst so: »Von der Wirklichkeit der Außenwelt zur Welt der Einbildungskraft, von der Orthoptere zum Menschen, vom Reflex zum Bild ist der Weg mitunter lang, aber ohne Unterbrechungen. Überall weben dieselben Fäden dieselben Muster. Nichts ist autonom, isoliert, willkürlich, grund- und zwecklos[.]«[13] Im Mimetismus-Kapitel dann so: »Es ist nicht zu verkennen, wie sehr der lebende Organismus mit der Umgebung, in der er lebt, eine Einheit bildet. Um ihn herum und in ihm

[11] S. 129 im vorl. Bd. In der abgeklärten Phase der Nachkriegszeit distanziert sich Caillois von dieser Interpretation des Mimetismus und begreift ihn stattdessen als »Insekten-Äquivalent zu den Rollen- und Verkleidungsspielen des Menschen«. Roger Caillois, *Die Spiele und die Menschen: Maske und Rausch*, übers. v. Peter Geble, Berlin: Matthes & Seitz 2017, S. 275.

[12] Das Bekenntnis des symbolistischen Malers Odilon Redon, er wolle »die Logik des Sichtbaren in den Dienst des Unsichtbaren stellen«, hätte ebenso gut von Caillois stammen können. Überhaupt wirkt Redon wie ein älterer Bruder Caillois'. *Die Chimäre*, *Sphynx*, *Lächelnde Spinne*, *Satan* sind die Titel einiger seiner Schwarz-Weiß-Bilder, seiner *Noirs*. Hinzu kommen drei Lithographie-Serien zu Flauberts *Die Versuchung des Heiligen Antonius* und eine zu Baudelaires *Les Fleurs du Mal*. Caillois hat ihn freilich nicht ein einziges Mal erwähnt.

[13] S. 92 im vorl. Bd.

sind dieselben Strukturen und dieselben Gesetze am Werk. Eigentlich ist er nicht *in* einer ›Umgebung‹, er *ist* diese ›Umgebung‹«.[14] Und im darauffolgenden China-Kapitel zuletzt so: »Für den Menschen ist das durchaus nicht unerfreulich, denn er findet kaum je Befriedigung, wenn er nicht jenseits seiner selbst etwas Weiterreichendes, nicht zu Überblickendes und doch den gleichen Gesetzen Folgendes erkennt, die Fortsetzung des Musters, in dem er eines der Motive ist.«[15] Der Satz aus den »Goldenen Versen« des Pythagoras, dass »die Natur sich überall gleich« ist, ist die Grundannahme, die das gesamte Werk Caillois' durchzieht und ohne die es undenkbar wäre. Die Vorstellung eines homogenen Universums, in dem alles mit allem in einem nicht immer leicht zu erkennenden Zusammenhang steht, ist im Übrigen auch die ›Triebfeder‹ für Caillois' enzyklopädischen Zugriff auf die Welt, der freilich ohne den »Dämon der Analogie«[16] kaum Erfolg gehabt hätte.

Im zweiten Teil mit dem Titel »Der Mythos und die Gesellschaft« ist es nicht mehr die Welt der mimetischen Insekten, die dem »Trieb zur Selbstaufgabe« als Folie dient, in diesem Teil sind es ganze Kulturen, China und Griechenland, die dem Konflikt zwischen Selbstbehauptung und Selbstaufgabe eine Bühne bieten. China ist das Reich der großen und langlebigen Dynastien, allen voran die Zhou-Dynastie mit ihren 36 Königen. Unter ihnen ist alles bis in die letzten

14 S. 130 im vorl. Bd.
15 S. 148 im vorl. Bd.
16 Der »Dämon der Analogie« ist ein Prosagedicht Mallarmés, eine Kapitelüberschrift in Caillois' *Au Cœur du fantastique* (Paris: Gallimard 1965) und schließlich ist er der Geist, der Caillois' ganzes Denken beherrscht.

Details geregelt, es sollte »auf ewig« verhindert werden, »dass die Zukunft von der Vergangenheit abwich«.[17] Aber ohne Erfolg, die Erinnerung an frühere Kaiser, die den Himmel herausforderten, war nicht erloschen, und so zog die Anarchie ein, die erst mit Kaiser Shi Huangdi und der Qin-Dynastie endete. Ein erneuter Versuch, die Zeit zum Stillstand zu bringen, noch strenger als zuvor: Zerstörung aller alten Schriften, um die Erinnerung an ein Früher auszulöschen, Bau der großen Mauer, um alle Einflüsse von außen abzuwehren. Doch auch Shi Huangdi gelingt es nicht, die Zeit stillzustellen, den Unsterblichkeitstrank zur rechten Zeit zu finden,[18] er stirbt und wieder kehrt Anarchie ein. Beide Male ist somit die Variation, das Werden und damit das Leben stärker als der Ehrgeiz, den Tod zu besiegen, stärker als der Wunsch nach ewigem Stillstand. Die meiste Zeit über aber begehrt das Volk trotz aller Härten nicht auf, gehorcht es nicht den »Gesetzen des Eigeninteresses« bzw. »der Selbsterhaltung«. Die Identifikation mit dem Kaiser überwiegt und damit der »Trieb zur Selbstaufgabe«. Die gegenstrebigen »vitalen Kräfte« sind an den Rand gedrängt, können nur im Privaten ausgelebt werden, falls sie nicht gänzlich kriminalisiert sind. Dennoch, offen einbekannt, haben diese »vitalen Kräfte« Anspruch auf die Macht und die Gewissheit, sie »eines Tages übernehmen zu können«. Man muss nur verstehen, dass im Individuellen wie im Sozialen dieselben

[17] S. 137 im vorl. Bd.

[18] Eine weitere Reminiszenz an Dumézil, der in seiner *thèse principale*, ebenfalls von 1924, *Le Festin d'immortalité*, den Versuch unternahm, einen indoeuropäischen Sagenkreis um Ambrosia/Amrita, den Unsterblichkeitstrank der Götter, zu rekonstruieren. Siehe dazu die selbstkritischen Kommentare in: Georges Dumézil, *Entretiens avec Didier Eribon*, Paris: Gallimard 1987, S. 21f., 27.

Kräfte wirken: die einen in Richtung Trägheit, die anderen in Richtung Leidenschaft und Abenteuer. Der im Mimetismus sichtbar gewordene Zug zur Selbstaufgabe ist nicht alles.

Wechseln wir nach Griechenland. Dort findet sich dieser Gegensatz erneut, allerdings in seiner griechischen Variante: in dem Gegensatz zwischen dem Dionysischen und dem Apollinischen. Der Gorgo-Giebel auf Korfu und mehr noch der Palast von Knossos evoziert die Welt der Blutopfer, »der Herrschaft der tiefsten Kräfte, der dionysischen Imperative, der tellurischen Impulse«. Die Analogie mit der Welt und den Mythen der Polynesier drängt sich auf, ja sogar mit den »monströsen Erfindungen eines Hieronymus Bosch«. Begleitet wird dies von einem höchstentwickelten Sinn für Luxus, von raffinierter Perfektion, ganz wie in der Zeit des Symbolismus, der Femme fatale. Grausamkeit und Luxus, »Prahlerei und Prunk« ergänzen sich aufs Beste. »*Tausendundeine Nacht* und *Les Secrets de Paris* in einem«. Dem muss sich Apollo entgegenstellen, und wenngleich er über die Unterwelt, über den Aufruhr »dunkelster Lebensprozesse« triumphiert, ist sein Sieg ein gefährdeter.[19] Allzu leicht verführt dieser zu Nachlässigkeit und Bequemlichkeit. Auch China kannte neben den ordnungsliebenden Herrschern Gestalten wie die des Seide liebenden Kaisers Jie aus der Xia-Dynastie.

Und so treten wir zuletzt in die Halbwelt von Paris ein. Im Vergleich zu China und Griechenland eine

[19] S. 154 im vorl. Bd. Dass der Gegensatz zwischen Apollo und Dionysos, zwischen den »geschlossenen Lokalkulten der Städte« und den »offenen und universellen« Dionysos-Mysterien auch ein Gegensatz zwischen Stadt und Land ist, darauf verweist Caillois in »Les Vertus dionysiaques«, in: *Acéphale* 3–4 (Juli 1937), S. 25.

kleine Welt, aber eben doch, wie nicht nur Walter Benjamin meinte, die Weltstadt, die Hauptstadt des 19. Jahrhunderts. Caillois sieht klar, dass in der Moderne die mythischen Situationen und Helden in den populären Feuilletonromanen abgehandelt werden. Es braucht nicht mehr »Racines Griechen oder Hugos Spanier«, um »Größe und Heroismus« zu veranschaulichen. Tatsächlich ist das Paris-Kapitel auf den ersten Blick ein Stück Literatursoziologie, das die Erzeugnisse der Populärliteratur mit den großen sozialen Veränderungen der Zeit in Verbindung bringt – um am Ende in einen programmatischen Ausblick auf eine allgemeinverbindliche »Weltanschauung« zu münden (die vielleicht problematischste Seite dieses Buchs).

Man kann es aber auch anders lesen, nämlich als Pendant zum Mantis-Kapitel, als einen weiteren Versuch der Caillois'schen Version einer vergleichenden Mythologie, was bedeuten würde, dass es dessen dreigliedrige Struktur aufweisen müsste, mit einem realen Gegenstand, einer Reihe mythisch-legendärer Imaginationen und einem psychopathologischen Komplex als Ergänzung. Machen wir die Probe aufs Exempel. Real gegeben ist natürlich das sichtbare, das »hell beleuchtete« Paris, das durch seine sozialökonomischen Daten bestimmt ist – die Überbevölkerung, die Warenhäuser, die Börse etc. Das ist zu großen Teilen noch das Paris des frühen Balzac, seiner diversen Physiologien mit ihren genau gezeichneten Sozialcharakteren. Mit Balzac wechselt man aber bereits in den Bereich der Imagination, in den Bereich der Bilderwelt, die Paris umgibt und die sehr bald Zweifel an diesem sichtbaren Paris aufkommen lässt. Verbirgt sich darunter nicht ein anderes, das wirkliche Paris, »ein gespenstisches, nicht zu fassendes« Paris, in dem die wahren Herren der Welt zu Hause sind? Dieses Paris hat einen Namen, es ist das »moderne Babylon«.[20] Und so wie bei der Mantis die »Volks- und die Namenskunde« wertvolle Informationen über deren »lyrische Kraft« lieferten, so ist es im Fall von Paris vor allem der Zeitungsroman, der diese Kraft bezeugt und den Mythos von Paris publikumswirksam verbreitet. Im Kern geht es um den Widerstreit zwischen der »riesigen Stadt« und dem »legendenumwobenen Helden«, der aus den »Bezirken am Stadtrand, den unbekannten Gassen« ins »Herz der Stadt« vordringt, um über sie seine Herrschaft auszuüben. Das suggerieren jedenfalls die Romane eines Eugène Sue, eines Ponson du Terrail oder in letzter Übersteigerung die Figur des »Fantômas«. Ambitioniertere Autoren wie Baudelaire, aber auch Balzac in seiner *Histoire des Treize* liefern zu diesen Allmachtsmythen die theoretisierenden Entwürfe einer neuen »Adelsherrschaft«. »Keusche Revolutionäre«, geeint durch den Willen zur Macht und überzeugt, dass »die Gesellschaft in ihrer Gesamtheit einigen Wenigen gehören müsse«, verbündeten sich, so die Vision, in einem »Orden«, nach dem Vorbild der Societas Jesu, »der schönsten Gesellschaft, die jemals gebildet wurde«, um der Stadt, der Gesellschaft, der Welt eine neue Ordnung zu geben. Caillois schließt sich dem an und plädiert mit großem verbalem Aufwand für den Aufbau einer Doktrin, einer »Orthodoxie«, die sowohl das Erkenntnisvermögen wie die Affektivität

[20] Siegfried Jüttner hat in der Paris-Literatur des 18. Jahrhunderts noch Bezeichnungen wie »neues Athen, Welttheater und Kloake oder Lichtburg« ausfindig gemacht. Zit. n. Karlheinz Stierle, *Der Mythos von Paris*, München: Hanser 1993, S. 916, Anm. 80.

»mit gebieterischer Anziehungskraft« ansprechen und »unmittelbar mobilisieren« soll. Strenge, Schärfe, ja Brutalität in der Entscheidung wie in der Ausführung wären vonnöten, um eine Ordnung zu begründen, *»die den unhintergehbaren Forderungen des Menschen gerecht wird«*.[21] Genaueres erfahren wir nicht. Es fällt nur auf, dass die »lyrische Kraft«, das dominierend aggressive Moment nun eindeutig auf der männlichen Seite liegt.[22]

Man kann sich also, was die Gesamtanlage von *Der Mythos und der Mensch* angeht, die Frage stellen: Ist das Ganze lediglich ein Vexierbild, ein Blick ins Spiegelkabinett, bei dem sich der kastrierende Kannibalismus der Mantis zuletzt im aggressiven Herrschaftsanspruch einer Geheimgesellschaft reflektiert? Bei dem sich zwei Formen der sadistischen Gewaltsamkeit gegenüberstehen? Kastrationskomplex gegen Dominanzkomplex? Sicher nicht nur, dafür ist die gedankliche Kraft beider Essays zu groß, aber ein nicht unwesentlicher Moment ist damit getroffen.

Caillois' auch gegen sich selbst gerichteter Hang zur Härte, seine »eisige Höflichkeit«,[23] hat weit zurückreichende biographische Wurzeln, die nicht zu ergründen

[21] S. 198 im vorl. Bd. Zu dem Gesamtkomplex von Strenge, Kälte, Unerbittlichkeit wie auch zu den verführerischen Gegenstrebungen siehe Peter Geble, »Zeittafel II: Maske und Rausch, Gletscher und Steine«, in: von der Heiden u. Kolb (Hg.), *Logik des Imaginären*, S. 187–193.

[22] Es ist in diesem Zusammenhang nicht möglich, die schillernde Position Caillois' in der angemessenen Ausführlichkeit zu beschreiben bzw. zu analysieren. Vgl. hierzu Denis Hollier (Hg.), *Das Collège de Sociologie 1937–1939*, Frankfurt a.M.: Suhrkamp 2012. Die umfangreiche Dokumentation bietet alle Texte und Kommentare, die es braucht, um sich ein Urteil zu bilden.

[23] Marcel Schneider, *L'Éternité fragile. Mémoires intimes*, Bd. 1, Paris: B. Grasset 1989, S. 201. Schneider besuchte mit Caillois in den frühen 1930er Jahren die Kurse von Dumézil. Die wenigen, sehr persönlichen Seiten, die er Caillois in diesen Erinnerungen widmet, sind überaus eindrücklich, gerade aufgrund der unterschiedlichen Charaktere der beiden.

sind und über die zu spekulieren sinnlos ist. Erwähnt sei nur die wohl nur für einen – noch sehr jungen – Franzosen denkbare Identifikation mit der gefürchtetsten aller Gestalten der Französischen Revolution, Saint-Just, dem »Erzengel des Schreckens«, dessen »stählerne Kälte«[24] sich Caillois früh zum Vorbild nahm. Er schrieb später selbst im Rückblick: »Ich war ein naives, doktrinäres, absolutes, eher aggressives Wesen.«[25] Und im Rückblick auf das Collège de Sociologie, das Laboratorium, in dem seine »jugendlichen und anmaßenden Hirngespinste« Gestalt annehmen sollten: »Mit erhobener Stimme behaupteten wir unsere Lust an der Gewalt, Menschen am falschen Platz, die vielleicht die Verzweiflung gepackt hätte, wären unsere Wünsche in Erfüllung gegangen.«[26] Welche Chance hätte das Collège auch gehabt? Hitlerdeutschland auf der einen Seite, Mussolinis Italien auf der andern, der noch nicht beendete Spanische Bürgerkrieg ..., Gewalt war das Medium der Zeit. Aber aufs Ganze gesehen ist diese Seite des jungen Caillois wohl nur noch für Historiker und Spezialisten der politischen Ideengeschichte von Interesse. Für seine intellektuelle Entwicklung und seine künftige Statur, sein Wirken als Chefredakteur der Zeitschrift *Diogène*,[27] war es wesentlich wichtiger,

[24] Jules Michelet, *Geschichte der Französischen Revolution*, Bd. 4, Wien, Hamburg u.a.: Gutenberg o.J., S. 295. Noch im Lycée von Reims schrieb Caillois einen kleinen Text für eine Schülerzeitschrift, der, stark angelehnt an Michelet, die Identifikation mit jenem »ange exterminateur«, wie er ihn nannte, kaum verbergen kann. Roger Caillois, »Saint-Just«, in: ders., *Cahiers pour un temps*, Paris: Centre Georges Pompidou 1981, S. 148–151. Ein anderer vielsagender Text trägt den Titel »Über die Notwendigkeit des Stolzes«.

[25] Zit. n. Felgine, *Roger Caillois*, S. 72.

[26] Roger Caillois, »Êtres de crépuscule«, in: *Le Rocher de Sisyphe*, Paris: Gallimard 1946, S. 162, zit. n. Hollier (Hg.), *Das Collège de Sociologie 1937–1939*, S. 737.

[27] 1952 gründete Caillois im Auftrag der UNESCO die Zeitschrift *Diogène*, die er bis kurz vor seinem Tod leitete. Er gestaltete sie von Anfang an als Forum der »diagonalen

dass er aus den Trümmern seiner Überzeugungen das wichtigste Element, die Leitidee einer »einheitlichen Natur«, retten und zur Grundlage seiner späteren »diagonalen Wissenschaften« machen konnte. *Der Mythos und der Mensch*, mit seinen seltsam verschlungenen Motivsträngen zwischen Mantis und Fantômas, war dazu der erste Schritt.

Berlin, im Juni 2022
Peter Geble

Wissenschaft«. Siehe dazu Peter Geble, »Zeittafel III: Dichtung und diagonale Wissenschaften«, in: von der Heiden u. Kolb (Hg.), *Logik des Imaginären*, S. 263–270.

EDITORISCHE ANMERKUNGEN

Die vorliegende Übersetzung von Roger Caillois' *Le Mythe et l'homme* entstand im Rahmen eines Forschungsschwerpunkts der Abteilung für Kunstgeschichte und Kunsttheorie an der Kunstuniversität Linz. Den zentralen Begriff des Imaginären umkreisend und befragend, entwickelten sich unterschiedliche Auseinandersetzungen mit Caillois' Werk. Neben einem Austausch mit internationalen Kolleg:innen im Rahmen einer Tagung und eines Workshops entstand auch eine Reihe von Publikationen: In Zusammenarbeit mit Rainer G. Schmidt erschien eine kommentierte Übersetzung der autobiographischen Schrift *Le Fleuve Alphée*, in der Caillois sein Leben ausgehend von Kindheitserinnerungen als »langen Umweg durch den Ozean der Wissenschaften« beschreibt,[1] und es erschienen zwei Bände zu Caillois' *Logik des Imaginären*, die sein Konzept der »Diagonalen Wissenschaften« erörtern und seine Befragung der Zusammenhänge von Spiel, Raum, Kunst und Theorie aus wissenschaftlicher und künstlerischer Perspektive beleuchten.[2] Wir freuen uns sehr, dass wir diese Reihe – einer Idee von Peter Geble folgend – nun mit der Herausgabe der deutschen Übersetzung einer von Caillois' ersten und wegweisenden Schriften fortsetzen können.

[1] Roger Caillois, *Der Fluss Alpheios*, übers. u. m. Anm. v. Rainer G. Schmidt, hg. u. m. einem Nachw. v. Anne von der Heiden u. Sarah Kolb, Berlin: Brinkmann & Bose 2016. Im Orig.: *Le Fleuve Alphée*, Paris: Gallimard 1978.

[2] Anne von der Heiden u. Sarah Kolb (Hg.), *Logik des Imaginären. Diagonale Wissenschaft nach Roger Caillois*, Bd. 1: *Versuchungen durch Natur, Kultur und Imagination*, Berlin: August Verlag 2018, Bd. 2: *Spiel/Raum/Kunst/Theorie*, Berlin: August Verlag (in Vorbereitung).

Roger Caillois ist 25, als er mit *Der Mythos und der Mensch* am Vorabend des Zweiten Weltkriegs eine Studie zur »allgemeinen Phänomenologie der Einbildungskraft« veröffentlicht. Es ist das Jahr 1938, also die ereignisreiche Zeit des Collège des Sociologie, das er im Vorjahr mit Georges Bataille und Michel Leiris gegründet hat und das bald regen Zulauf findet. Gemeinsam mit seinen beiden deutlich älteren Kollegen setzt Caillois alles daran, eine Soziologie auf der Höhe der Zeit zu etablieren, die angesichts des beunruhigenden Aufflammens nationalistischer Bewegungen und einer gleichsam religiös motivierten Kultur des Sakralen im Herzen der zivilisierten Welt »den Schlüssel zu einem genauen Verständnis der gegenwärtigen Ereignisse liefern« könnte.[3] Durch die Etablierung einer »Soziologie des Sakralen« zielt das Triumvirat auf die Bildung neuer Gemeinschaften ab, auf ein »egalitäres Verhältnis zwischen Gleichen« und eine Kultur des Zusammenhalts, die gegen den drohenden Faschismus wirksam werden soll.[4] In Übereinstimmung mit den Grundsätzen des Collège steht auch *Le Mythe et l'homme* ganz im Zeichen einer Länder und Kulturen übergreifenden »Einheit des Geisteslebens«. Namentlich unternimmt das Werk den ehrgeizigen »Versuch einer Synthese« und umfassenden »Systematisierung«, die ausgehend vom unüberschaubaren »Labyrinth der Beobachtungstatsachen« eine »organische Totalität« in den Blick rücken soll, wie Caillois in seinem »Avertissement« von

3 Caillois in dem gemeinsam mit Bataille verfassten Vortrag »Die Sakralsoziologie der gegenwärtigen Welt«, zit. n. Denis Hollier (Hg.), *Das Collège de Sociologie 1937–1939*, übers. v. Horst Brühmann, editorisch bearb. u. m. einem Nachw. v. Irene Albers u. Stephan Moebius, Berlin: Suhrkamp 2012, S. 213.

4 Ebd., S. 15.

1937 (man kann den »Hinweis« durchaus auch als »Vorwarnung« deuten) verrät.

Wie allerorts im Kontext des Collège und anderer linksrevolutionärer Bewegungen der Zeit[5] schwingen auch in Caillois' Studie immer wieder problematische, ideologisch gefärbte Untertöne mit, die nur im Rahmen einer umfassenden, historisch weit ausgreifenden Analyse im Detail zu bewerten und damit, insbesondere unter Berücksichtigung späterer Aussagen und Nachjustierungen, wohl auch weitgehend zu entkräften wären.[6] Jenseits einer solch differenzierten Betrachtung und historischen Kontextualisierung sollte man Caillois' Studie über den Mythos aber zunächst einmal als das sehen, was sie ist – eine Aufsatzsammlung nämlich und eben keine systematisch zusammengestellte und im Detail durchkomponierte Monographie. Allein aus dieser Perspektive scheinen die Schlussfolgerungen nachvollziehbar, zu denen Caillois etwa am Ende des Bandes kommt, in jenem Schlusskapitel also, das er unter dem offensiven Titel »Für eine militante Orthodoxie« bereits 1936 in der gemeinsam mit Louis Aragon, Jules Monnerot und Tristan Tzara herausgegebenen Zeitschrift *Inquisitions* veröffentlicht hatte (namentlich im Anschluss an einen viel beachteten Leitartikel aus der Feder Gaston Bachelards, der den irrationalen und dogmatischen Tendenzen des Surrealismus die innovativen Methoden

[5] Genannt sei hier etwa auch die 1936 von André Breton und Georges Bataille gegründete Gruppe Contre-Attaque: Union de lutte des intellectuels révolutionnaires.

[6] Neben Denis Hollier, der diesbezüglich mit dem 1979 veröffentlichten Band *Le Collège de Sociologie* wertvolle Arbeit geleistet hat, sind in diesem Zusammenhang auch die Kritiken seitens der Frankfurter Schule relevant. Vgl. beispielhaft Maria Muhle, »Über den Mimetismus – eine Rezeptionsgeschichte. Paris, 1934 bis 1939«, in: von der Heiden u. Kolb (Hg.), *Logik des Imaginären*, Bd. 2 (in Vorbereitung).

des »Surrationalismus« gegenüberstellt).[7] Vor dem Hintergrund seines Glaubens an die »Kontinuität des Universums« lässt sich Caillois etwa zu der Vorstellung hinreißen, man könnte im Namen einer Gemeinschaft der Gleichgesinnten eine universell gültige Ordnung errichten, die gegen das »ungeordnete Chaos widerstreitender Forderungen« eine »einzige Weltanschauung« durchsetzt; schließlich komme es »einer Verleugnung der Ordnung gleich, die Spreu und den Weizen auf eine Stufe zu stellen« und sehenden Auges zuzulassen, »dass Schwäche und Inkonsistenz dieselbe Wertschätzung erfahren wie Scharfsinn und Kohärenz«.

Es sind nur wenige Passagen, in denen Caillois seine Vision einer neuen Gesellschaftsordnung mit solch provokantem Übermut formuliert – doch jedenfalls ist festzuhalten, dass der Band hinsichtlich seiner theoretischen Schlüsse mit einigen Untiefen (das Januswort scheint hier tatsächlich passgerecht) zu kämpfen hat, was die realpolitische Situation der ausgehenden 1930er Jahre betrifft. Ohne an dieser Stelle näher auf besagte Passagen, auf die Thesen der in dem Band versammelten Aufsätze oder auf dessen formales Zustandekommen einzugehen, ist zu Caillois' Verteidigung anzumerken, dass er in seiner Einführung zur »Funktion des Mythos«, die bereits 1935/1936 unter dem Titel »Le Mythe et l'homme« in den *Recherches philosophiques* erschienen war und die Grundidee des Buches

[7] Roger Caillois, »Pour une orthodoxie militante. Les tâches immédiates de la pensée moderne«, in: *Inquisitions. Organe du groupe d'études pour la phénoménologie humaine* 1 (Juni 1936), hg. v. Louis Aragon, Roger Caillois, Jules Monnerot u. Tristan Tzara, S. 6–14. Vgl. das Kapitel »Schluss« im vorl. Bd., S. 189–200.

gewissermaßen vorzeichnet,[8] durchaus mit Maß und Ziel argumentiert, was seine Idee einer übergeordneten Klassifikation für unterschiedliche Gegenstandsbereiche betrifft. In Anerkennung der »Heterogenität des Materials«, das seiner Phänomenologie der Einbildungskraft zugrunde liegen soll, betont er mit Nachdruck, jedes verallgemeinernde System sei letzten Endes »wahr durch das, was es setzt, und falsch durch das, was es ausschließt«. Und so warnt er auch davor, dass der »Anspruch, alles erklären zu wollen«, mit der Idee der Allgemeingültigkeit schnell in einen gefährlichen oder sogar fatalen »Deutungswahn« umschlagen könne – wohlgemerkt nicht ohne einzuräumen, hier bleibt Caillois seiner These treu, dass dieser Deutungswahn mitunter auch eine höchst »wirkungsvolle Untersuchungsmethode« darstellen könne. Endlich kommt Caillois zu dem Schluss, die uralten »triebhaften Kräfte« des Mythos, so überholt, »schüchtern, roh und rebellisch« sie dem aufgeklärten Denken auch erscheinen mögen, könnten selbst gegenwärtig noch »Anspruch auf die höchste Macht erheben«, ja diese vielleicht sogar erlangen und damit zu einer Neubewertung grundlegender Probleme und Unvereinbarkeiten beitragen, die mit der Konzeption der Vernunft als übermächtiger Gegenspielerin zum Imaginären in die Grundfesten neuzeitlichen Denkens eingeschrieben sind. Auch wenn Caillois diese Einschätzung später relativieren sollte, steht mit einer Formulierung aus seinem Essay über die »Logik des Imaginären« zu

[8] Roger Caillois, »Le Mythe et l'homme«, in: *Recherches philosophiques* 5 (1935/1936), S. 252–263. Vgl. Kap. I im vorl. Bd., S. 19–38.

hoffen, dass gerade seine wiederholte Absage an jeden Ausschließlichkeitsanspruch »im Gedächtnis haften« bleibt und in immer wieder neuen Wirklichkeiten »Gewicht, Einfluß, Fruchtbarkeit« erlangt.[9]

Dass Caillois, wie er im Vorwort von 1972 – nicht ohne ein gewisses Erstaunen – bemerkt, zeitlebens mit einer gleichsam »tyrannischen« Treue an seinen Anfängen festhielt, insofern seine späteren Bücher fast allesamt »Weiterentwicklungen des einen oder anderen Kapitels, wenn nicht nur eines einfachen Satzes« waren, mag als Beleg für die Sensibilität und Umsicht dienen, mit der er der Welt der Tatsachen als Gelehrter gegenüberstand, indem er stets auch die praktische Vernunft verteidigte. So ist auch das versöhnliche Fazit von 1972 zu verstehen: Aller visionären und argumentativen Stärken zum Trotz zeuge das Buch, so weiß Caillois, auch von einigen »Illusionen«, die er nicht mehr teile.

Im Kontext der Forschung und Lehre an einer Kunstuniversität erweist sich Caillois' Frühwerk als bereichernder Fundus an überraschenden Gedankenexperimenten und inspirierenden Verfahrensweisen. Caillois verstand es, Kunst und Wissenschaft, Literatur und Philosophie, theoretisches Wissen und praktische Erfahrung in höchst effektiver und ungewöhnlicher Weise zu verschränken und die engen Horizonte etablierter Fachdisziplinen damit zu sprengen. Dabei ist Caillois' Position besonders auch in Anbetracht seiner ambivalenten Haltung gegenüber dem zeitgenössischen Surrealismus interessant. Bereits mit 20 Jahren hatte er

[9] Vgl. Roger Caillois, *Der Krake. Versuch über die Logik des Imaginativen*, übers. v. Brigitte Weidmann, München, Wien: Hanser Verlag 1986, S. 139f. Im Orig.: *La Pieuvre. Essai sur la logique de l'imaginaire*, Paris 1973.

sich der Gruppe der Surrealisten angeschlossen und sich zunächst so intensiv involviert, dass ihn André Breton bald als eine Art »geistigen Kompass« der Bewegung betrachtete[10] – während Caillois selbst, bei allem Interesse am künstlerischen und disziplinenübergreifenden Ansatz, in Bezug auf die Rationalismuskritik und Wissenschaftsfeindlichkeit der Gruppe schnell an seine Grenzen stieß. So zeugen die beiden Artikel »La Mante religieuse« und »Mimétisme et psychasthénie légendaire«, die er 1934 und 1935 (in gekürzter Form) in der surrealistischen Zeitschrift *Minotaure* veröffentlichte und die später (in vollständiger Fassung) Eingang in *Le Mythe et l'homme* fanden, nicht nur von Caillois' Eigenständigkeit, was den radikal transdisziplinären und phänomenologischen Ansatz betrifft, sie konfrontieren uns auch mit einem Denker, der sich grundsätzlich weniger an bewährten Konzepten und Theorien als vielmehr an den Tatsachen selbst orientieren will – womit sich auch die Methodenfrage immer wieder neu stellt.

Diese im allerengsten Wortsinn künstlerisch-forschende Perspektive ist auch zentraler Einsatzpunkt von Caillois' erster Monographie, die 1935 unter dem Titel *Procès intellectuel de l'art* erschien.[11] Nicht nur eröffnet Caillois das Werk, in unverhohlener Provokation, mit jenem berühmt gewordenen »Brief an André Breton«, der Ende 1934 seinen Bruch mit der Künstlerbewegung besiegelt hatte.[12] Auch der Band als Ganzes versteht

[10] Vgl. Henri Béhar, *Les Enfants perdus. Essai sur l'avant-garde*, Lausanne: L'Age d'Homme 2002, S. 163.

[11] Roger Caillois, *Procès intellectuel de l'art*, Marseille: Les Cahiers du Sud 1935.

[12] Vgl. Sarah Kolb, »›Eine Form des Wunderbaren, die das Wissen nicht scheut.‹ Roger Caillois als Grenzgänger zwischen Literatur, Philosophie und Wissenschaft (Einführung)«, in: von der Heiden u. Kolb (Hg.), *Logik des Imaginären*, Bd. 1, S. 25–77, hier: S. 37ff.

sich als Plädoyer für »die Begründung und Systematisierung äußerst strenger experimenteller Methoden«, mit denen die »arrogante Zügellosigkeit« eines oberflächlichen Kunstbegriffs transzendiert und eine »allgemeine Phänomenologie der Einbildungskraft« begründet werden soll.[13] Neben der beiläufig angedeuteten Idee, den gegenwärtigen Tendenzen der Kunst (dem Surrealismus) den buchstäblichen Prozess zu machen, bringt der Titel *Procès intellectuel de l'art* die zentrale These zum Ausdruck, dass Kunst jenseits der ästhetischen Ebene stets auch mit einem intellektuellen Prozess verbunden sein sollte – ein Argument, das Bachelard 1936 in seinem Leitartikel zur Zeitschrift *Inquisitions* aufgreift und weitertreibt, indem er mit dem »Surrationalismus« für einen zukunftsorientierten, ergebnisoffenen Rationalismus eintritt, der künstlerische Sensibilität und wissenschaftliche Vernunft im Sinne eines Denkens jenseits etablierter Kategorien integriert.[14]

Nennenswert erscheint in diesem Zusammenhang auch, dass Caillois unter den wenigen zeitgenössischen Positionen, die er in seinen Schriften beim Namen nennt, gerade Marcel Duchamp als Beispiel heranzieht, um ausgehend von dessen Praxis des Signierens von Alltagsgegenständen unter dem Schlagwort des »Ready-made« eine Querverbindung zur »Natur als Künstlerin« zu ziehen[15] – eine Tatsache, die vor allem

[13] Caillois, *Procès intellectuel de l'art*, S. 50.

[14] Gaston Bachelard, »Le Surrationalisme«, in: *Inquisitions* 1 (1936), S. 1–6.

[15] Konkret bringt Caillois Duchamps Ready-mades mit der Praxis des Steine-Signierens in Verbindung, die im China des 19. Jahrhunderts gebräuchlich war: So gab es »Künstler, die sich, anstatt zu malen, damit begnügten, Marmorplatten zurechtzuschneiden, zu rahmen, ihnen einen Titel zu geben, sie zu signieren und sie so, als handelte es sich um wirkliche Gemälde, dem Publikum zu präsentieren.« Roger Caillois, »Natura pictrix. Anmerkungen zur figurativen und nicht-figurativen ›Malerei‹

insofern bemerkenswert ist, als Duchamps konzeptueller Ansatz, den er einmal in der Formel der »Präzisionsmalerei und Indifferenzschönheit« zusammenfasste, de facto überhaupt erst seit den 1960er Jahren breit diskutiert wurde.[16] Aber auch auf ganz grundlegender Ebene kommt Caillois immer wieder auf das Motiv einer egalitären Bewertung und Zusammenführung von Intellekt und Intuition zurück, so etwa, wenn er in *Le Mythe et l'homme* Henri Bergsons »fabulatorische Funktion« weiterdenkt oder dessen »Divergenzthese« in Bezug auf die Insektengesellschaften im Kontext des Collège de Sociologie im Sinne eines diagonalen Verfahrens wendet, durch das Mensch und Insekt in enge Relation gesetzt werden.[17]

In Extrapolation dieser epistemologischen Argumentationslinien zielt auch das Theoriemodell der »Diagonalen Wissenschaften«, das Caillois seit den frühen 1950er Jahren entwickelte, auf einen transdisziplinären Wissensbegriff ab, der auf realen Begegnungen von Forschenden aus unterschiedlichen Disziplinen basiert und durch den »jene vernachlässigten Korrelationen« ans Licht gebracht werden sollen, die den »transversalen Vorgehensweisen der Natur« seit jeher

in Natur und Kunst« (1959), in: von der Heiden u. Kolb (Hg.), *Logik des Imaginären*, Bd. 2 (in Vorbereitung). Vgl. Sarah Kolb, »Impossible! Bergson after Duchamp after Caillois«, in: Sjoerd van Tuinen (Hg.), *Speculative Art Histories. Analysis at the Limits*, Edinburgh: Edinburgh University Press 2017, S. 245–263.

[16] Vgl. u. a. Sarah Kolb, »›Präzisionsmalerei und Indifferenzschönheit‹. Bergson, Duchamp und der Topos der Intuition«, in: *ST/A/R: Städtebau, Architektur, Religion* 15 (Okt. 2007), hg. v. Heidulf Gerngross, S. 75–78. Zu erwähnen wäre im Übrigen auch die geteilte Leidenschaft fürs Schachspiel. Vgl. Roger Caillois, »L'Opposition et les cases conjuguées sont reconciliées, par Marcel Duchamp et Halberstadt (Édition de l'échiquier)«, in: *Nouvelle Revue Française* 288 (Sept. 1937), S. 511–514; ders., *Cases d'un échiquier*, Paris: Gallimard 1970.

[17] Vgl. Eva Johach, »Diagonale Verwandtschaften. Caillois, Bergson und die sozialen Insekten«, in: von der Heiden u. Kolb (Hg.), *Logik des Imaginären*, Bd. 1, S. 159–182.

innewohnen.[18] Dabei ist es Caillois zufolge neben der Offenheit gegenüber experimentellen Verfahren vielfach »nur der Zufall, verbunden mit einer gewissen imaginativen Kühnheit«, der Beziehungen offenlegen kann, »die einzig und allein ein polyvalentes Wissen herzustellen vermag«.[19] Beziehungen, die vom Insekt über den Menschen bis in die entlegensten Gegenden der belebten und unbelebten Welt reichen und die Caillois gegen Ende seines Lebens besonders im Universum der Steine und Mineralien wiederentdeckt, um sich ein letztes Mal der Leidenschaft zum Sammeln und Zusammentragen faszinierender Erscheinungen, Bilder, Objekte, Konzepte hinzugeben. Vielfach ist es das Ähnliche und Analoge, sind es geheime Korrespondenzen und Relationen, die Caillois' Interesse fesseln, die er minutiös verzeichnet, beschreibt, analysiert, kontextualisiert, zerschneidet, immer wieder dreht und wendet, um seine Phänomenologie der Einbildungskraft Stück für Stück zu vervollständigen.[20]

Während Caillois sein Lebenswerk im Rückblick gleichsam als Ausdifferenzierung jener ersten transversalen Linien betrachtete, die er in den 1930er Jahren zwischen Natur und Kultur, Mensch und Tier, Individuum und Gesellschaft, Kunst und Wissenschaft

[18] Roger Caillois, »Diagonale Wissenschaften«, in: von der Heiden u. Kolb (Hg.), *Logik des Imaginären*, Bd. 1, S. 15–22, hier: S. 22. Im Orig.: »Sciences diagonales«, in: *Nouvelle Revue Française* 76 (April 1959), S. 679–683. Zur Geschichte der *sciences diagonales* vgl. auch Kolb, »›Eine Form des Wunderbaren, die das Wissen nicht scheut‹«, S. 53ff.

[19] Caillois, »Diagonale Wissenschaften«, S. 22.

[20] Elisabeth Heyne zufolge liegt Caillois' Phänomenologie der Einbildungskraft, da sie den Blick auf die Gegenstände (Dinge, Tatsachen) und spezifische Verfahrensweisen lenkt, nicht nur ein »grundsätzlich anderer Begriff des Imaginären«, sondern vor allem auch »eine neue Vorstellung von Wissenschaft« zugrunde. Elisabeth Heyne: *Wissenschaften vom Imaginären. Sammeln, Sehen, Lesen und Experimentieren bei Roger Caillois und Elias Canetti*, Berlin: Edition Niemeyer 2020, S. 36.

aufgespannt hatte, knüpften parallel auch andere an diese Linien an. Mit ihnen erschließt sich ein Netz von Fäden und Querverbindungen zu theoretischen Fragen, die unsere Forschungen in vielerlei Hinsicht herausfordern und bereichern. Was Caillois' unmittelbares Umfeld angeht, so kam es sowohl im Kreis der Surrealisten als auch am Collège de Sociologie zu einem intensiven Ideenaustausch, der sich einerseits um konkrete Motive wie die Gottesanbeterin rankte,[21] andererseits vor allem im Bereich der Religionsphilosophie, der Sakralsoziologie und der Theorie der Feste zentrale Knotenpunkte fand.[22] Jenseits dieser naheliegenden Referenzen sollen an dieser Stelle exemplarisch nur zwei weitere Diskussionszusammenhänge, namentlich die Forschungen von Jacques Lacan und Maurice Merleau-Ponty Erwähnung finden, die unsere eigenen Caillois-Lektüren maßgeblich geprägt haben und die im Kontext aktueller Debatten wichtige Anhaltspunkte bieten können.[23] Beide hatte Caillois während seines Studiums an der École normale supérieure kennengelernt, und für beide sollten seine Thesen wesentliche Anstöße liefern.

[21] Vgl. Peter Geble, »Zeittafel I: Die Gottesanbeterin«, in: von der Heiden u. Kolb (Hg.), *Logik des Imaginären*, Bd. 1, S. 81–86.

[22] Vgl. Hollier, *Das Collège de Sociologie 1937–1939*. Vgl. auch Roger Caillois, *L'Homme et le sacré*, Paris: Gallimard 1939; dt.: *Der Mensch und das Heilige*, übers. v. Brigitte Weidmann, m. einem Nachw. v. Peter Geble, München, Wien: Hanser 1988.

[23] Die Liste weiterer Lektüren und Referenzen könnte hier lange fortgesetzt werden, man denke nur an die kritische Rezeption im Kontext der Frankfurter Schule, an Auseinandersetzungen um eine Theorie der Religion, die das Heilige im Zusammenhang der Relationen denkt, durch die es hergestellt wird, an Caillois' zentrale Rolle im Kontext der Rezeption lateinamerikanischer Literatur in Europa, an sein Engagement für die UNESCO und die Académie française, an die breite Rezeption im Feld der zeitgenössischen Kunst oder an Forschungsprojekte wie das DFG-Kolleg »Medien und Mimesis«. Vgl. für eine erste Einordnung die beiden oben genannten Bände zur *Logik des Imaginären*.

Von Interesse ist hier besonders Caillois' Konzept des »morphologischen Mimetismus«, auf das sich Lacan 1936 mit seiner Theorie des Spiegelstadiums bezieht, indem er das Phänomen der strukturellen Angleichung und Identifikation (in Übereinstimmung mit Caillois) auf eine »Zwangsvorstellung vom Raum« zurückführt, die klare Kategorien und Gegenstandsbereiche wie Innenwelt und Umwelt, Subjekt und Objekt, Selbst und Anderes infolge ihrer »entrealisierenden Wirkung« ineinander verschwimmen lässt.[24] Zu erwähnen sind ferner Lacans Vorlesung »L'Identification« (1961–1962) sowie sein Seminar »L'Angoisse« (1962–1963), in denen die Gottesanbeterin als überwältigendes Gegenüber in einem dunklen Raum in Erscheinung tritt. Lacans Beschreibung dieser Begegnung ist rätselhaft und scheint nicht nur auf die Bedrohung der Ich-Vorstellung und des Verhältnisses zwischen Ich und Anderem hinzuweisen, sondern auch auf die Frage nach ihrer Stabilität in der Gesellschaftsordnung. Und auch auf einer allgemeineren Ebene greift Lacan in seiner Konzeption des Subjekts immer wieder auf zentrale Begriffe aus Caillois' Theorie des Mimetismus zurück, so etwa, wenn er vom Sehfeld, vom Tableau, von Lichtflecken oder unterschiedlichen Formen der »Assimilation« an die Gestalt des Anderen spricht – wie im Fall

24 Jacques Lacan, »Das Spiegelstadium als Bildner der Ich-Funktion«, in: ders.: *Schriften*, Bd. 1, Frankfurt a.M.: Suhrkamp 1975, S. 61–70, hier: S. 66. Lacan stellte seine Theorie des Spiegelstadiums zuerst 1936 auf dem 14. Internationalen Kongress für Psychoanalyse in Marienbad und in überarbeiteter Form 1949 auf dem 16. Kongress in Zürich vor. Veröffentlicht wurde der Aufsatz nur in der Fassung von 1949. Vgl. dazu ferner den Abschnitt »1.2 Lacan. Das Imaginäre der Taube (1936/1949)«, in: Heyne, *Wissenschaften vom Imaginären*, S. 100–106.

der Spannung zwischen Versuchung und Schrecken hinsichtlich des Tierwerdens.[25]

Was Merleau-Ponty betrifft, so verweist dieser in seinen Schriften und seiner Lehre zwar nur vereinzelt auf Caillois,[26] allerdings eröffnen seine *Phänomenologie der Wahrnehmung* (1945) und seine posthum veröffentlichte Schrift über *Das Sichtbare und das Unsichtbare* (1964) ein ganzes Spektrum an Anknüpfpunkten zu Caillois' zentralem Denkbild der »Versuchung durch den Raum«.[27] Wichtigster Einsatzpunkt sind hier die grundlegenden topologischen Fragen, die Caillois in seinem Mimetismus-Text aufwirft. Bei Merleau-Ponty wird das topologische Konzept der Nichtorientierbarkeit zum zentralen Argument: So sind traditionelle Dualismen wie Körper und Geist oder Wahrnehmung und Welt aus seiner phänomenologischen Perspektive nicht länger haltbar, vielmehr geht er von einem grundlegenden Kontinuum aus, einem unauflöslichen In- und Durcheinander von Leib und Welt in dem, was er Fleisch (*chair*) nennt: Weder ist das Gesehene *im* Leib noch ist der Leib *in* der sichtbaren Welt, denn angesichts von »Fleisch, das es mit einem Fleisch zu tun hat«, gibt es in der realen sinnlichen Erfahrung nichts als »ein wechselseitiges Eingelassensein und Verflochtensein des einen ins andere«.[28]

[25] Vgl. Claudia Blümle u. Anne von der Heiden (Hg.), *Blickzähmung und Augentäuschung. Zu Jacques Lacans Bildtheorie*, Berlin, Zürich: Diaphanes 2005.

[26] In *Le Mythe et l'homme* sah Merleau-Ponty etwa den Versuch einer »psychoanalytischen Neuausrichtung, die darin besteht, nach gesellschaftsspezifischen Komplexen zu suchen statt nur nach ödipalen Formationen«. Zit. n. Maurice Merleau-Ponty, *Merleau-Ponty à la Sorbonne: résumé de cours, 1949–1952*, Grenoble: Cynara 1988, S. 126.

[27] Die »Versuchung durch den Raum« ist eines der zentralen Denkbilder aus Caillois' Aufsatz »Mimetismus und legendäre Psychasthenie«, siehe das gleichnamige Kapitel im vorl. Bd., S. 93–130, hier: S. 117.

[28] Maurice Merleau-Ponty, *Das Sichtbare und das Unsichtbare*, hg. u. m. einem Nachw. v. Claude Lefort, übers. v. Regula Giuliani u. Bernhard Waldenfels, München: Fink 1994, S. 182.

Wie bei Lacan kommt bei Merleau-Ponty ein Denken in Transformationen, Übergängen und Wendungen zum Tragen, welches auch in Bezug auf das Ineinandergreifen von Kunst und Theorie produktiv gemacht werden kann.

Mit *Le Mythe et l'homme* öffnet Caillois einen Raum, in dem sich Vernunft und Einbildungskraft auf Augenhöhe gegenüberstehen. Gespenster und Fabelwesen, Helden und Götter, Menschen und Tiere, Literatur und Steine, Biologie und Philosophie, Physik und Spiele, man könnte die Liste endlos fortsetzen: Im Mythos finden sie gleichberechtigt Platz und können sich gegenseitig befruchten, übertreffen, besiegen, vernichten, erneuern. Es ist dieses Oszillieren zwischen Wissenschaft und Kunst, diese radikale Offenheit gegenüber Disziplinengrenzen, durch die Caillois' Phänomenologie der Einbildungskraft das vermeintlich Unvereinbare in sich vereinen und im Sinne eines Prinzips der Polarität (auch Ambiguität) weiterdenken kann. Durch den Mythos wird das Subjekt ermächtigt, sich selbst als Objekt zu denken und sich damit in eine Geschichte einzuschreiben, in der es, »gefährliche[r] Luxus«, nicht mehr herrschen, ja mehr noch, sich nicht mehr beherrschen muss.[29] So führt uns Caillois mit seinem Text zum Mythos anhand ausgewählter Objekte, Mythen, Korrelationen ins Reich der Tatsachen zurück: »Spielst du Gespenst, bist du bald selber eins.«[30]

Abschließend sei uns als Herausgeberinnen ein Wort zur Übersetzung selbst erlaubt, die Peter Geble mit größter Sorgfalt, inhaltlicher Kenntnis und sprach-

[29] Vgl. das Kap. »Mimetismus und legendäre Psychasthenie«, S. 113.
[30] Ebd., S. 93.

lichem Feingefühl erarbeitet hat, wofür ihm großer Dank gebührt. Dass die vorliegende deutsche Fassung nach reiflichem Abwägen von der Verwendung einer gendergerechten Sprache absieht, ist in Übereinstimmung mit dem Vorschlag des Übersetzers einem gängigen verlegerischen Standard geschuldet, dem zufolge historische Texte nicht zuletzt die sprachlichen Eigenheiten der Zeit widerspiegeln und in die Gegenwart übertragen sollen. Dass die Verwendung einer gendersensiblen Sprache aus Sicht gegenwärtiger Theoriebildung unabdingbar ist, sei an dieser Stelle umso deutlicher betont. Das Gleiche gilt für Begrifflichkeiten, die ihrer diskriminierenden Bedeutungsdimension und ihres historischen Gebrauchs wegen heute keine Verwendung mehr finden sollten, die aus Gründen der Genauigkeit gegenüber dem Originaltext aber beibehalten wurden.

Die Herausgeberinnen danken Peter Geble für die zündende Idee, seine Geduld im Prozess der Anbahnung und die sorgsame und präzise Umsetzung des Projekts, Erich Brinkmann für die Zuerkennung der Rechte an bereits bestehenden Übersetzungen einzelner Abschnitte, die in die vorliegende Ausgabe mit eingeflossen sind, der Kunstuniversität Linz für die finanzielle Unterstützung, Caroline Salfinger für die editorische Mitarbeit sowie dem August Verlag und namentlich Morten Paul für die ausgesprochen umsichtige und kollegiale Zusammenarbeit.

Linz, im Juli 2022
Sarah Kolb und Anne von der Heiden

IMPRESSUM

Der Mythos und der Mensch erscheint im August Verlag. Der August Verlag ist ein Forum für Theorie im Schnittpunkt von Philosophie, Politik und Kunst. Seit 2021 ist der August Verlag ein Imprint von Matthes & Seitz Berlin.

Die Übersetzung wurde mit Unterstützung der Kunstuniversität Linz finanziert.

August Verlag
august@augustverlag.de
www.augustverlag.de

Erste Auflage Berlin 2023

Cover: »Magie préstigieuse chez la Manta Mendica« (1935), Foto: Le Charles.

Gestaltung: Selitsch Weig nach einem Entwurf von Christoph Stolberg
Satz: Selitsch Weig
Druck: GGP Media GmbH, Pößneck

Die Deutsche Nationalbibliothek verzeichnet diese Publikation in der Deutschen Nationalbibliographie; detaillierte bibliografische Daten sind über http://dnb.d-nb.de abrufbar

Printed in Germany

ISBN 978-3-7518-9006-9

BISHER ERSCHIENEN

Georges Canguilhem
DIE ERKENNTNIS DES LEBENS
ISBN 978-3-941360-00-6

Marietta Kesting,
Aljoscha Weskott (eds.)
SUN TROPES
Sun City and (Post-)Apartheid Culture in South Africa
ISBN 978-3-941360-04-4

Anselm Haverkamp
BEGREIFEN IM BILD
Methodische Annäherung an die Aktualität der Kunst (Antonello da Messina, August Sander)
Kleine Edition 1
ISBN 978-3-941360-02-0

Barbara Vinken
EINE LEGENDE DER MODERNE
Flauberts *Einfaches Herz*
Flaubert Lectures I
Kleine Edition 2
ISBN 978-3-941360-03-7

Volker Pantenburg
RÄNDER DES KINOS
Godard – Wiseman – Benning – Costa
Kleine Edition 3
ISBN 978-3-941360-08-2

Jacques Rancière
DER HASS DER DEMOKRATIE
Kleine Edition 24
ISBN 978-3-941360-01-3

Alain Badiou
KLEINES TRAGBARES PANTHEON
ISBN 978-3-941360-06-8

Maria Muhle, Kathrin Thiele (Hg.)
BIOPOLITISCHE KONSTELLATIONEN
ISBN 978-3-941360-05-1

Jean Starobinski
GESCHICHTE DER MELANCHOLIEBEHANDLUNG
ISBN 978-3-941360-09-9

Thomas Khurana,
Christoph Menke (Hg.)
PARADOXIEN DER AUTONOMIE
Freiheit und Gesetz I
ISBN 978-3-941360-10-5

Juliane Rebentisch,
Dirk Setton (Hg.)
WILLKÜR
Freiheit und Gesetz II
ISBN 978-3-941360-11-2

Christoph Menke
RECHT UND GEWALT
Kleine Edition 4
ISBN 978-3-941360-14-3

Jonathan Culler
WHY FLAUBERT?
and Jacques Neefs
LOVE, GODS, WARS
A modern epic prose
Flaubert Lectures II
Kleine Edition 5
ISBN 978-3-941360-15-0

Thomas Schestag
REALABSENZ, SCHATTEN
Flauberts Erziehung:
Zur *Education Sentimentale*
Flaubert Lectures III
Kleine Edition 6
ISBN 978-3-941360-16-7

Jalal Toufic
VOM RÜCKZUG DER TRADITION NACH EINEM UNERMESSLICHEN DESASTER
Kleine Edition 7
ISBN 978-3-941360-24-2

Branden W. Joseph
THE *ROH* AND THE COOKED
Tony Conrad and Beverly Grant in Europe (with an Essay by Tony Conrad)
ISBN 978-3-941360-18-1

Alexander García Düttmann
NAIVE KUNST
Ein Versuch über das Glück
Kleine Edition 8
ISBN 978-3-941360-13-6

Alain Brossat
PLEBS INVICTA
Kleine Edition 9
ISBN 978-3-941360-07-5

Jacques Rancière
UND DAS KINO GEHT WEITER
Schriften zum Film
ISBN 978-3-941360-19-8

Anselm Haverkamp
DIE ZWEIDEUTIGKEIT DER KUNST
Zur historischen Epistemologie der Bilder
Kleine Edition 10
ISBN 978-3-941360-23-5

Beate Söntgen, Gabriele Brandstetter
RENAISSANCEN DER PASSION
Flaubert Lectures IV
Kleine Edition 11
ISBN 978-3-941360-22-8

Isabelle Graw, Peter Geimer
ÜBER MALEREI
Eine Diskussion
Kleine Edition 12
ISBN 978-3-941360-28-0

Jacques Rancière
BÉLA TARR. DIE ZEIT DANACH
Kleine Edition 13
ISBN 978-3-941360-26-6

Björn Quiring (Hg.)
THEATRUM MUNDI
Die Metapher des Welttheaters von Shakespeare bis Beckett
ISBN 978-3-941360-17-4

Georges Canguilhem
DAS NORMALE UND DAS PATHOLOGISCHE
ISBN 978-3-941360-20-4

Thomas Khurana (Hg.)
THE FREEDOM OF LIFE
Hegelian Perspectives
Freiheit und Gesetz III
ISBN 978-3-941360-21-1

Eva Horn, Michèle Lowrie (Hg.)
DENKFIGUREN / FIGURES OF THOUGHT
Für / For Anselm Haverkamp
ISBN 978-3-941360-32-7

Andreas Fischer-Lescano
RECHTSKRAFT
Kleine Edition 14
ISBN 978-3-941360-29-7

Simon Rothöhler
HIGH DEFINITION
Digitale Filmästhetik
Kleine Edition 15
ISBN 978-3-941360-25-9

Stefanos Geroulanos, Todd Meyers
EXPERIMENTE IM INDIVIDUUM
Kurt Goldstein und die Fragen des Organismus
Kleine Edition 16
ISBN 978-3-941360-30-3

Rüdiger Campe, Christoph Menke, Anselm Haverkamp
BAUMGARTEN-STUDIEN
Zur Genealogie der Ästhetik
ISBN 978-3-941360-38-9

Friedrich Balke, Rembert Hüser
REISEN MIT KAFKA
Paris, Weimar
Kleine Edition 17
ISBN 978-3-941360-39-6

Jacques Lacan
STRUKTUR. ANDERSHEIT. SUBJEKTKONSTITUTION
Lacanian Explorations I
Kleine Edition 18
ISBN 978-3-941360-37-2

Leon Filter
BIEGEN
Mit einem Essay von Helmut Draxler
Kleine Edition 19
ISBN 978-3-941360-36-5

Volker Pantenburg u. a. (Hg.)
WÖRTERBUCH KINEMATOGRAFISCHER OBJEKTE
ISBN 978-3-941360-33-4

Jacques Rancière
DIE WÖRTER DER GESCHICHTE
Versuch einer Poetik des Wissens
ISBN 978-3-941360-42-6

Slavoj Žižek
THE WAGNERIAN SUBLIME
Four Lacanian Readings of Classic Operas
Lacanian Explorations II
Kleine Edition 20
ISBN 978-3-941360-41-9

Volker Pantenburg (ed.)
CINEMATOGRAPHIC OBJECTS
Things and Operations
ISBN 978-3-941360-34-1

Frédéric Paul
SARAH MORRIS
CAPITAL letters read better for Initials
ISBN 978-3-941360-46-4

David Joselit
NACH KUNST
ISBN 978-3-941360-47-1

Alexander García Düttmann
GEGEN DIE SELBSTERHALTUNG
Ernst und Unernst des Denkens
ISBN 978-3-941360-49-5

Eva Geulen
AUS DEM LEBEN DER FORM
Goethes Morphologie und die Nager
ISBN 978-3-941360-40-2

Daniel Loick
DER MISSBRAUCH DES EIGENTUMS
Kleine Edition 21
ISBN 978-3-941360-54-9

Georges Canguilhem
REGULATION UND LEBEN
Kleine Edition 22
ISBN 978-3-941360-43-3

Maria Muhle, Christiane Voss (Hg.)
BLACK BOX LEBEN
ISBN 978-3-941360-44-0

Astrid Deuber-Mankowsky
QUEERES POST-CINEMA
Yael Bartana, Su Friedrich, Todd Haynes, Sharon Hayes
Kleine Edition 25
ISBN 978-3-941360-55-6

Felix Trautmann (Hg.)
DAS POLITISCHE IMAGINÄRE
Freiheit und Gesetz V
ISBN 978-3-941360-31-0

Eric L. Santner
GESETZ UND PARANOIA
Freud, Schreber und die Passionen der Psychoanalyse
Lacanian Explorations III
ISBN 978-3-941360-53-2

Christoph Menke
RECHT UND GEWALT
Erweiterte Neuauflage
Kleine Edition 26
ISBN 978-3-941360-14-3

Richard Baxstrom, Todd Meyers
VIOLENCE'S FABLED EXPERIMENT
Kleine Edition 27
ISBN 978-3-941360-57-0

Christoph Menke
AM TAG DER KRISE
Kolumnen
Kleine Edition 29
ISBN 978-3-941360-62-4

Anne von der Heiden,
Sarah Kolb (Hg.)
LOGIK DES IMAGINÄREN
Diagonale Wissenschaft nach
Roger Caillois
Band 1: Versuchungen durch Natur,
Kultur und Imagination
ISBN 978-3-941360-58-7

Katja Müller-Helle (ed.)
THE LEGACY OF TRANSGRESSIVE OBJECTS
ISBN 978-3-941360-64-8

Samo Tomšič
THE LABOUR OF ENJOYMENT
Towards a Critique of Libidinal Economy
Lacanian Explorations IV
ISBN 978-3-941360-56-3

Gilles Deleuze, Claire Parnet
DIALOGE
ISBN 978-3-941360-48-8

Anne Sauvagnargues
ETHOLOGIE DER KUNST
Deleuze, Guattari und Simondon
Kleine Edition 30
ISBN 978-3-941360-60-0

Eric Fassin
REVOLTE ODER RESSENTIMENT
Über den Populismus
Kleine Edition 31
ISBN 978-3-941360-68-6

Jörg Dünne
KOSMOGRAMME
Geohistorische Skalierungen
romanischer Literaturen
Kleine Edition 32
ISBN 978-3-941360-69-3

Christian Maurel
FÜR DEN ARSCH
Mit einem Essay von Peter Rehberg
Kleine Edition 28
ISBN 978-3-941360-63-1

Anna Häusler, Elisabeth Heyne,
Lars Koch, Tanja Prokić
VERLETZEN UND BELEIDIGEN
ISBN 978-3-941360-70-9

Jörg Kreienbrock
DAS MEDIUM DER PROSA
Studien zur Theorie der Lyrik
ISBN 978-3-941360-66-2

Ludger Schwarte
DENKEN IN FARBE
Zur Epistemologie des Malens
ISBN 978-3-941360-71-6

Henning Trüper
SEUCHENJAHR
Kleine Edition 33
ISBN 978-3-941360-83-9

Hanna Hamel
ÜBERGÄNGLICHE NATUR
Kant, Herder, Goethe und
die Gegenwart des Klimas
ISBN 978-3-941360-80-8

Peer Illner (ed.)
UNWORKING
ISBN 978-3-941360-67-9

Gilles Châtelet
LEBEN UND DENKEN WIE
DIE SCHWEINE
ISBN 978-3-941360-79-2

Didier Debaise
VOM REIZ DES MÖGLICHEN
Natur als Ereignis
ISBN 978-3-941360-78-5

Martina Dobbe und
Francesca Raimondi (Hg.)
SERIALITÄT UND
WIEDERHOLUNG:
REVISITED
ISBN 978-3-941360-75-4

Johanna Bussemer, Katja Kipping
GREEN NEW DEALS
ALS ZUKUNFTSPAKT
Die Karten neu mischen
Kleine Edition 37
ISBN 978-3-941360-88-4

Hanna Sohns und
Johannes Ungelenk (Hg.)
BERÜHREN LESEN
ISBN 978-3-941360-84-6

Hervé Guibert
ZYTOMEGALIEVIRUS
Krankenhaustagebuch
Kleine Edition 36
ISBN 978-3-941360-87-7

Hervé Guibert
DEM FREUND, DER MIR DAS
LEBEN NICHT GERETTET HAT
ISBN 978-3-941360-86-0

Alexander García Düttmann
DIE HOFFNUNGSLOSEN
ISBN 978-3-941360-90-7

Saidiya Hartman
DIESE BITTERE ERDE
(IST WOMÖGLICH NICHT,
WAS SIE SCHEINT)
ISBN 978-3-941360-91-4

Hannes Bajohr
SCHREIBENLASSEN
Texte zur Literatur im Digitalen
ISBN 978-3-94136-097-6

Leander Scholz
DIE REGIERUNG DER NATUR
Ökologie und politische Ordnung
ISBN 978-3-94136-096-9

Niklaus Largier, Anja Lemke (Hg.)
THEORIEN DES MÖGLICHEN
ISBN 978-3-94136-074-7

Kathy Acker, McKenzie Wark
DU HAST ES MIR SEHR ANGETAN
E-MAILS 1995/96
ISBN 978-3-94136-099-0

Julian Radlmaier
BLUTSAUGER
ISBN 978-3-7518-9004-5

Volker Pantenburg
AGGREGATZUSTÄNDE
BEWEGTER BILDER
ISBN 978-3-94136-095-2

Jeffrey Jerome Cohen
STEIN
Ökologie des Nichthumanen
ISBN 978-3-7518-9005-2

Georges Canguilhem
ÜBER MAURICE HALBWACHS
Mit einem Essay von Henning
Schmidgen
Kleine Edition 41
ISBN 978-3-7518-9007-6